Ch. Eissing-Christophersen
und D. Le Parc (Hrsg.)

Marcel Réja

Die Kunst bei
den Verrückten

SpringerWienNewYork

Christoph Eissing-Christophersen
Dominique Le Parc
Hamburg, Bundesrepublik Deutschland

Titel der französischen Originalausgabe: „L'Art chez les Fous"
Copyright © Société du Mercure de France, Paris, 1907

Aus dem Französischen übersetzt von
Christoph Eissing-Christophersen und Dominique Le Parc

Umschlagbild: Théophile Leroy, Génie de l'Être; Quellennachweis S. 264, Abb. 68

© 1997 Springer-Verlag/Wien
Printed in Austria

Druck: A. Holzhausens Nfg., A-1070 Wien
Gedruckt auf säurefreiem, chlorfrei gebleichtem Papier – TCF

Mit 71 zum Teil farbigen Abbildungen

Die Deutsche Bibliothek – CIP-Einheitsaufnahme

Réja, Marcel:
Die Kunst bei den Verrückten / Marcel Réja. Ch. Eissing-
Christophersen und D. Le Parc (Hrsg.). – Wien ; New York :
Springer, 1997
  ISBN 3-211-82952-0

ISBN 3-211-82952-0 Springer-Verlag Wien New York

INHALTSVERZEICHNIS

VORWORT: MARCEL RÉJA, ENTDECKER DER KUNST
DER VERRÜCKTEN*

Die ersten Psychiater, die sich für die künstlerischen Arbeiten ihrer Patienten interessierten, haben diese vor allem unter medizinischem Gesichtspunkt betrachtet. Sie waren der Meinung, feste Wechselbeziehungen zwischen bestimmten Stilmerkmalen und umschriebenen Formen der Geistesstörung festlegen zu können. Françoise Levaillant, die eine Bestandsaufnahme der ersten psychiatrischen Untersuchungen über die Zeichnungen von Verrückten vorgenommen hat, bemerkt scharfsinnig, daß diese ersten stilistischen Analysen mehr über die künstlerische Bildung der Irrenärzte aussagen als über die Werke, die von ihnen als pathologisch angesehen werden[1]. Dabei wirke ihre Bildung erschreckend akademisch.

Jede Abweichung von den anerkannten Regeln der Darstellung kategorisierten jene wachsamen Psychiater in ihrem festgelegten Schönheitssinn als etwas Krankhaftes. Es sei hier angemerkt, daß die von ihnen erstellten pathognomischen Tabellen sich eher auf die Werke von Picasso, Klee oder Max Ernst anwenden lassen als auf das künstlerische Schaffen in den Irrenhäusern, das in seiner Gesamtheit weithin konventionelle Züge trägt.

In Deutschland und der Schweiz gab es dann Psychiater, die – mit weniger reaktionären Wertmaßstäben – empfänglicher waren für den deutlich künstlerischen Gehalt bestimmter Formeigenarten in diesen Werken. Wir nennen hier das von Oskar Pfister, einem Freund und Schüler Sigmund Freuds, 1920 in Bern und Leipzig veröffentlichte Werk: *Der psychologische und biologische Untergrund des Expressionismus.* Ein Jahr darauf brachte Walter Morgenthaler, Chefarzt der psychiatrischen Klinik in Bern, der dort bereits zehn Jahre vor Hans Prinzhorn 1910 ein kleines Museum eingerichtet hatte, sein Buch *Ein Geisteskranker als Künstler* heraus[2]. Mit diesem Werk war er der erste, der einem Patienten eine Monographie widmete und ihn auch namentlich erwähnte: Adolf Wölfli. Er überwand damit die Angewohnheit der Psychiater, die Patienten mit einem Pseudonym zu versehen, und stellte klar, der Künstler sei für ihn in diesem Falle wichtiger als der Geisteskranke. Morgenthaler bleibt auch einer der ersten, der die Geisteskrankheit nicht in Begriffen des Mangels beschrieb. Im Gegenteil bemühte er sich, in diesem Fall hervorzuheben, daß die psychotische Störung des Bewußtseins das Emporkommen schöpferischer Kräfte von ungeahntem existentiellen Reichtum begünstige:

---

   * Übersetzung aus dem Französischen durch Christoph Eissing-Christophersen und Dominique Le Parc.

   [1] Françoise Will-Levaillant, L'analyse des dessins d'aliénés et de médiums en France avant le surréalisme, *Revue de l'Art*, n° 50, Paris, 1980, 24–39.

   [2] Walther Morgenthaler, *Ein Geisteskranker als Künstler*, Ernst Bircher Verlag, Bern Leipzig, 1921, ins Französische übertragen und mit einem Vorwort versehen von Henri-Pol Bouché, Collection de L'Art Brut, Fascicule 2, Lausanne, 1964.

„Künstler aber scheint mir derjenige Mensch, in dem neben anderem diese Gesetze stärker wirken und reiner zum Ausdruck kommen. Was unter den Naturformen der Kristall, das ist unter den Menschen der Künstler, und so wie das Pendel in der anorganischen Natur den Rhythmus am reinsten zum Ausdruck bringt, so tut es der Künstler unter den Menschen.

Zwiefach ist die Aufgabe des Künstlers: Diese ihm von der Natur verliehene Form möglichst rein herauszukristallisieren, das ist seine eigentliche künstlerische Aufgabe. Diese Form aber mit Leben zu durchdringen und zu füllen, ist die allgemein menschliche Aufgabe des Künstlers.

Bei Wölfli kommt die Form manchmal wunderbar klar zum Vorschein. Durch einen Krankheitsprozeß wurde bei ihm ein großartiges Gerüst freigelegt. Es ist ein Teil jenes Gerüstes, in das Raffael seine zartesten Madonnen und Hodler seine gewaltigsten Krieger hineinkomponiert hat.

Wölfli füllt diese Form auch mit einem Inhalt, der ursprünglich tiefes Erleben gewesen ist, aber – ein krankhaftes Erleben. Heute haben wir davon nur noch starre Bruchstücke, die wir zum kleinsten Teil verstehen, und denen wir das Erlebnismäßige nicht mehr nachfühlen können."[3]

In diesem Zusammenhang lohnt es sich übrigens auch auf die Schriften von Charles Ladame sowie auf das Museum hinzuweisen, das er 1910 in der psychiatrischen Anstalt von Genf eingerichtet hat[4].

Das größte Aufsehen aber hat zweifellos das 1922 in Berlin erschienene Buch von Hans Prinzhorn, *Bildnerei der Geisteskranken*, erregt[5]. Man weiß, daß Paul Klee es zu seinem Lieblingsbuch erklärte. Auch Max Ernst erwarb ein Exemplar und schickte es Paul Eluard, der es ebenfalls in seinem surrealistischen Freundeskreis weiterreichte. Dieses Werk wurde in einer sorgfältigen Edition, die seine Bedeutung unterstreicht, in französischer Sprache herausgegeben[6].

Allerdings hat Prinzhorn in Frankreich einen Vorläufer, dem er sich verpflichtet fühlte, und den es sich lohnt heute wiederzuentdecken. Es handelt sich um Marcel Réja, der 1907 Bilder und Texte von Patienten in seinem Buch *L'Art chez les Fous*, von dem es wahrscheinlich nur noch einige wenige Exemplare gibt, veröffentlichte[7]. Dieses Buch wurde 1994 in Frankreich erneut herausgegeben[8] und liegt nun hiermit erfreulicherweise auch in deutscher Sprache vor.

*

[3] Walther Morgenthaler, op. cit., 1921, 91–92.

[4] Le cabinet du professeur Ladame, Fascicule 3, Collection de L'Art Brut, Lausanne, 1965. Lucienne Peiry, Charles Ladame ou le cabinet fou d'un psychiatre, Collection de L'Art Brut, Lausanne, 1991.

[5] Hans Prinzhorn, *Bildnerei der Geisteskranken*, Springer, Berlin Heidelberg New York, 1922/23, 1968, 1983 und Springer, Wien New York, 1994.

[6] Hans Prinzhorn, *Expressions de la folie*, hrsg. von Marielène Weber, Übersetzung aus dem Deutschen von Alain Brousse und Marielène Weber, Vorwort von Jean Starobinski, in der Reihe Connaissance de L'Inconscient, Gallimard, Paris, 1984.

[7] Marcel Réja, *L'Art chez les Fous*, Société du Mercure de France, Paris, 1907/1908.

[8] Marcel Réja, *L'Art chez les Fous*, hrsg. von Fabienne Hulak, Vorwort von Pierre Vermeersch, Z'éditions, Nice, 1994.

Marcel Réja wurde gemeinhin für einen Literaten gehalten, der mit der Medizin nichts zu tun hatte[9]. Tatsächlich verbirgt sich hinter diesem Pseudonym ein Psychiater, Dr. Paul Meunier, ein Mitarbeiter von Dr. Auguste Marie (1865–1934), dem Chefarzt der Anstalt von Villejuif.

Paul Meunier wurde am 20. August 1873 in Puiseaux im Departement Loiret geboren, wo sein Vater als Arzt praktizierte. In seiner Jugend schrieb er unter dem Pseudonym Marcel Réja Gedichte, die an Baudelaire und Mallarmé erinnern, wie auch Tanz- und Theaterkritiken[10]. Er war als Arzt später in verschiedenen Anstalten im Departement Seine tätig. Am 15. November 1900 legte er unter seinem Geburtsnamen seine Doktorarbeit an der medizinischen Fakultät der Universität Paris vor[11]. Sein Interesse für die Kunst der Verrückten ist am ehesten durch seine Zusammenarbeit mit Auguste Marie zu erklären, der von 1900 an eine Sammlung von Zeichnungen, Skulpturen und Stickereien seiner Patienten in der Anstalt von Villejuif angelegt hatte[12]. 1901 veröffentlichte Paul Meunier erneut unter dem Namen Réja einen Artikel mit Patientenbildern in der *Revue Universelle*, der sicherlich dazu beitrug, die Neugier vieler Künstler und weiter Teile der Öffentlichkeit für die Werke von Verrückten zu wecken[13]. Die meisten der abgebildeten Werke gehörten zur Sammlung Marie. Auguste Marie war offenkundig durch das Interesse der Öffentlichkeit ermutigt und entschied sich 1905 dazu, seine Sammlung in einem kleinen „Musée de la folie" auf dem Gelände der Anstalt Villejuif einzurichten, das interessierten Besuchern zugänglich war. Er stellte sein Museum zudem in einem mit Abbildungen versehenen Artikel in einer populärwissenschaftlichen Illustrierten vor[14]. Im gleichen Jahr veröffentlichte Rogues de Fursac, ein ehemaliger Student von Marie,

[9] Cf. Alfred Bader, Leo Navratil, *Zwischen Wahn und Wirklichkeit*, Bucher, Luzern Frankfurt, 1976, 17–18, ebenso eine biographische Notiz, die Marielène Weber Marcel Réja in Hans Prinzhorn, op. cit., 1984, 393, widmet. Ein Manuskript von Auguste Marie mit einem gestrichenen Verweis auf das Buch, „das Dr. Meunier unter dem Pseudonym Réja geschrieben hat", führte uns auf die Spur. Mit Alfred Bader, der mehrfach die Bedeutung von *L'Art chez les Fous* betont hat, haben wir danach geforscht, um welche der drei folgenden Personen es sich handeln könnte, Léon-Joseph, Paul oder Raymond Meunier. Letztlich fand dann aber die Bibliothekarin der psychiatrischen Klinik Lausanne-Cery die Antwort in dem *Dictionnaire des pseudonymes* von Henry Coston, Paris, 1969, 148: Marcel Réja ist das Pseudonym für Paul Meunier.

[10] Marcel Réja, *La vie héroïque*, Mercure de France, Paris, 1897; *Ballets et variations*, Mercure de France, Paris, 1898.

[11] Paul Meunier, *Mesure de quelques modifications physiologiques provoquées chez les aliénés par l'alitement thérapeutique*, Librairie G. Jacques, Paris, 1900.

[12] Cf. Michèle Edelmann und A. Wolff, La Collection du Docteur A. Marie, Collection de L'Art Brut, Lausanne, Fascicule 9, 1973, 79–140. Auguste Marie hat der Kunst der Verrückten eine Reihe von Artikeln gewidmet, die bedauerlicherweise noch nicht zu einem Band zusammengestellt worden sind. Cf. insbesondere *L'art et la folie*, Revue Scientifique, n° 67, 1929, 393–398. Was von der Sammlung Marie übriggeblieben ist, wurde von seiner Witwe der Collection de l'Art Brut in Lausanne überlassen.

[13] Marcel Réja, *L'Art malade: dessins de Fous*, Revue Universelle, Larousse, Paris, 1901, vol. 2, 913–915, 940–944.

[14] Auguste Marie, Le Musée de la folie, *Je sais tout*, Jahrgang 1, n° 9, 15. Okt. 1905, 353–360. Wir danken Alfred Bader, der uns diesen Artikel zur Verfügung gestellt hat.

ein erstes Buch zu diesem Thema[15]. Im Gegensatz zu Marie, der wie Réja die Werke der
Verrückten von einem künstlerischen Standpunkt aus betrachtete und bestrebt war,
Analogien zur zeitgenössischen Kunst zu ziehen, hielt sich Rogues de Fursac – wie es
schon der Titel seines Werkes erkennen läßt – eher an eine klinische und symptomato-
logische Perspektive.

Drei Jahre später veröffentlichte Marcel Réja unter diesem Namen im Verlag
Mercure de France, bei dem bereits seine Essays erschienen waren, sein Hauptwerk,
L'Art chez les Fous, in dem er seinen Artikel von 1901 weiterentwickelte, und das er
mit Kapiteln zur Poesie und Prosa sowie zu den Kinderzeichnungen und der Kunst
der Wilden ergänzte. Die Tatsache, daß er sich für ein Pseudonym entschieden und
den Mercure de France als Verleger gewählt hat, zeigt zweifellos, daß es in seinem
Buch nicht um ein Gebiet der Medizin geht, sondern um Ästhetik, Gebiete, die er
in seinem Werk und vielleicht auch in seiner Person so deutlich voneinander ge-
trennt behandelt. Im Gegensatz dazu gehört das Buch, das er 1910 unter seinem
Geburtsnamen und in Zusammenarbeit mit einem Kollegen in einer wissenschaftlichen Reihe veröffentlichte, dem Gebiet der Medizin an: In *Les Rêves et leur inter-
prétation*[16] geht es unter anderem darum, eine Beziehung zwischen Träumen und
psychotischen Störungen herzustellen. Obwohl darin auf Arbeiten in deutscher Sprache verwiesen wird, findet man nicht die leiseste Anspielung auf Sigmund Freuds
bereits zehn Jahre vorher erschienene *Traumdeutung*[17]. Tatsächlich hatte die absolute Autorität von Pierre Janet in Frankreich für mehr als ein Jahrzehnt das Eindringen der Theorien Freuds verhindert[18]. Danach veröffentlichte Paul Meunier nur noch
ein literarisches Buch unter seinem Pseudonym[19]. Er starb in Paris am 19. März 1957.
Bis zum Ende seines Lebens scheint er sich hinter seinem Pseudonym versteckt zu
haben. Sogar 1956, dem Erscheinungsjahr von Robert Volmats *L'art psycho-
pathologique*[20], welches das allgemeine Interesse für dieses Gebiet bestätigte und
eine Bestandsaufnahme aller bis dahin erschienenen Arbeiten zu diesem Thema
vollzog, zeigte Paul Meunier kein Bedürfnis, die Urheberschaft für sein Buch zu
beanspruchen. Selbst Hans Prinzhorn scheint von seiner Identität nichts gewußt zu
haben – trotz der bedeutsamen Lobrede, die er auf ihn hält:

„Das in seiner allgemeinen Haltung höchststehende französische Werk über die Kunst der
Geisteskranken findet sich sonderbarerweise nirgends zitiert: Marcel Réja, *L'Art chez les Fous.*
Hier wird zum ersten (und überhaupt bisher einzigen) Male nicht von einem engen klinischen
Gesichtspunkt aus ein Symptom verfolgt und auf diagnostische Verwertbarkeit geprüft, sondern

    [15] Joseph Rogues de Fursac, *Les écrits et les dessins dans les maladies nerveuses et mentales:
essai clinique,* Alcan, Paris, 1905.

    [16] Paul Meunier et René Masselon, *Les Rêves et leur interprétation, essai de psychologie
morbide,* Collection de psychologie expérimentale et de métapsychie, Paris, 1910.

    [17] Sigmund Freud, *Die Traumdeutung,* Leipzig Wien, 1900.

    [18] Cf. Alain de Mijolla, La psychanalyse en France: *Histoire de la Psychanalyse,* hrsg. von
Roland Jaccard, Hachette, Paris, 1982, Bd. 2, 9–105.

    [19] Marcel Réja, *Au pays des miracles,* Editions des Portiques, Paris, 1930, 144.

    [20] Robert Volmat, *L'art psychopathologique,* P.U.F., Paris, 1956.

das Phänomen, daß ein für das Leben verlorener Geisteskranker Werke von unbestreitbarer künstlerischer Qualität schaffen kann, deren Wirkung auf den Betrachter in allen wesentlichen Teilen der eines echten Kunstwerkes entspricht – dieses, abgesehen von aller Psychiatrie, erschütternde Phänomen ist Réja zum Bewußtsein gekommen und bestimmt seine Einstellung. Infolgedessen ist er fähig, einige feine Bemerkungen über die Verwandtschaft des echten künstlerischen Schaffens mit der Produktion der Geisteskranken zu machen, die weit über die Plattheiten hinausragen, durch die Lombroso den in mancher Beziehung richtigen Kern seiner Lehre von ‚Genie und Irrsinn‘ entwertet hat."[21]

Der unvorbereitete Leser läuft Gefahr, das zu übersehen, was sich an Revolutionärem in der ästhetischen Herangehensweise von Marcel Réja zeigt, und sich auf bestimmte unhaltbar gewordene Behauptungen oder einzelne Urteile von akademischem Wert zu fixieren. Man sollte hierbei aber nicht vergessen, daß *L'Art chez les Fous* 1907 erschienen ist, und daß die Hauptgedanken zum bildnerischen Schaffen bereits 1901 für die *Revue Universelle* verfaßt worden sind, das heißt vor den großen künstlerischen Umwälzungen, die das allgemeine ästhetische Empfinden grundlegend verändern sollten. Übrigens ist es möglich, wenn nicht sogar wahrscheinlich, daß die bahnbrechenden Künstler am Anfang dieses Jahrhunderts Kenntnis von beiden Veröffentlichungen hatten, auch wenn sie nicht davon gesprochen haben. Die *Revue Universelle* war eine Zeitschrift mit hoher Auflage und der *Mercure de France* ein wichtiger Verlag, der nicht auf wissenschaftliche Arbeiten spezialisiert war. In jedem Fall erlebte *L'Art chez les Fous* einen großen Erfolg; bereits im Erscheinungsjahr wurde eine zweite Auflage vorbereitet. Es wäre wenig fruchtbar, uns an einigen akademischen Vorurteilen im Namen einer ästhetischen Vorstellung zu stoßen, zu deren Erneuerung Marcel Réja beigetragen hat.

Man sollte daran erinnern, daß die Zeitgenossen Réjas über Ausdrucksformen, die von der Akademie nicht anerkannt waren, nichts wußten. Zu Kinderzeichnungen tauchen zum Beispiel erste Studien nicht vor Anfang des Jahrhunderts auf[22]. Vorher hielt man Kinderzeichnungen für reines Gekritzel, dem Aufmerksamkeit zu schenken sich nicht lohnte. Rudolphe Toepfer[23] ist einer der wenigen, der ihre Bedeutung erkannt hat. Gerade die ersten Artikel hatten Wunderkinder zum Thema, die wie Erwachsene zeichneten. Marcel Réja aber, der einer der ersten ist, der Kinderzeichnungen abgedruckt hat, spricht von einem spezifischen „puerilen Stil", dessen Merkmale er herausarbeitet, nämlich sein Schematisieren, seinen ideographischen Ausdruck und seine Bedeutung im Begreifen der objektiven Welt: „Als Ganzes bildet sich die innere

---

[21] Hans Prinzhorn, Zeitschrift für die gesamte Neurologie und Psychiatrie, Bd. 52, 1919, 311–312.

[22] Pierre Naville, Eléments d'une bibliographie critique relative au graphisme enfantin jusqu'en 1949, Enfance, n° 3–4, Mai–Oktober 1950, 310–408. Naville unterließ es, Réja zu zitieren.

[23] Rodolphe Toepfer (1799–1846), Genfer Schriftsteller und Zeichner, Autor gezeichneter und kalligraphierter Alben, die als Vorläufer der Comic-Hefte anzusehen sind. In seinen 1848 erschienenen *Réflexions et menus propos d'un peintre genevois* greift er die ästhetischen Dogmen an und zeigt ein erstaunliches Interesse für Graffitis und insbesondere für Männekens, die die Buben mit Kreide oder Kohle auf Mauern malen.

Vorstellung aufs Papier ab."[24] Bereits vor Georges-Henri Luquet[25] entdeckt Réja, daß der bildnerische Ausdruck in den ersten Lebensjahren anderen Gesetzmäßigkeiten folgt als denen des perspektivischen Abbildens, und daß man konsequenterweise spezifische Entwicklungsstadien annehmen muß, durch die der kindliche Ausdruck sich grundsätzlich von dem Weltbild des abendländischen Erwachsenen unterscheidet.

Auch über die primitiven Künste waren sich die Kunsthistoriker, die Ethnologen und die Ästhetiker bis Anfang des 20. Jahrhunderts in ihrer Geringschätzung einig. Jean Laude hat treffend die Ideologie analysiert, die sich um die ersten Völkerkundemuseen rankte, und die letztlich darauf hinzielte, den kolonialen Imperialismus im Namen der moralischen, kuturellen und technischen Überlegenheit des Abendlandes zu rechtfertigen[26]. Die Skulpturen und Masken waren unzusammenhängend oder – um es genauer zu nehmen – so spektakulär wie möglich als monströses Gegenstück zu den Werken der Zivilisation ausgestellt. Nun ist es aber Réja zu verdanken, die Einzigartigkeit der schwarzafrikanischen und ozeanischen Skulpturen nicht auf ein technisches Unwissen oder eine grobe Geisteshaltung zurückzuführen, sondern auf deren spezielle Wahrnehmungs- und Darstellungsprinzipien. In diesem Sinne hätten also die Primitiven die Formen, die sich in ihrem kindlichen Ausdruck abzeichnen, zu einer eigenen Kultur weiterentwickelt: „Die Wilden, die ja bereits über eine relativ hochentwickelte und kultivierte Kunst verfügen, haben zwar sicherlich mit der kindlichen Vorgehensweise abgeschlossen; aber sie haben die wesentlichen Merkmale des puerilen Stils kunstvoll und schön aufgenommen und sie auch zu ästhetischen Prinzipien verfeinert."[27] Eine solche Beobachtung nimmt erstaunlicherweise vorweg, was Claude Lévi-Strauss als polymorphe anthropologische Disposition des Kindes verstehen wird, das heißt den ganzen Umfang der latenten geistigen Möglichkeiten des Kindes, aus dem jede Kultur das schöpft und entfaltet, was ihre Besonderheit ausmacht.

Was die Kunst der Verrückten betrifft – der Einfachheit halber bleiben wir bei diesem Ausdruck – blieb sie im 19. Jahrhundert und auch später ausschließlich die Domäne der Psychiater. Ein grundlegendes Werk ist *L'homme de génie* von Cesare Lombroso (1835–1909), das einen wichtigen Abschnitt über „das Genie bei den Verrückten" enthält und bereits 1889 ins Französische übersetzt wurde[28]. Lombroso entwickelt eine romantische Gleichsetzung von Genie und Wahn – jedoch nicht, um die Absonderung der Geisteskrankheit aufzuheben, sondern um stattdessen auch das Genie auszugrenzen, das sodann unter ätiologisch-diagnostischem Gesichtspunkt als

---

[24] Marcel Réja, *Die Kunst bei den Verrückten*, hrsg. von Ch. Eissing-Christophersen, D. Le Parc, Springer, Wien New York, 1997, 92.

[25] Georges-Henri Luquet (1876–1965), Gymnasiallehrer in Paris, veröffentlichte 1927, *Le dessin enfantin*, das erste zusammenfassende Werk über die spezifischen Merkmale der kindlichen Ausdrucksweise.

[26] Jean Laude, *La peinture française (1905–1914) et l'art nègre*, Klincksieck, Paris, 1970.

[27] Marcel Réja, op. cit., Wien, 1997, 98.

[28] Cesare Lombroso, *L'homme de génie*, F. Alcan, Paris, 1889, *Genio e folia*, Mailand, 1864 (ab 5. Aufl. unter dem Titel: *L'uomo di genio*, Turin, 1888), *Genie und Irrsinn*, Leipzig, 1887.

Degenerationserscheinung angesehen werden kann. Lombroso könnte als Verkünder eines psychiatrisierten Staates angesehen werden, wenn er sich bemüht, alle Ausdrucksformen, die nur ein wenig von der Norm abweichen, in die große Schublade der Psychopathologie zu werfen. Wenn Réja dann am Anfang seines Buches diese Verwandtschaft zwischen Genie und Wahnsinn wiederaufnimmt, tut er dies nur, um die Perspektive Lombrosos umzukehren: Unter dem literarischen Pseudonym versteht er es, die Kunst der Verrückten der Reduktion auf den klinischen Standpunkt zu entziehen und sie auf das Feld der vergleichenden Ästhetik zu heben.

Diese Vorgehensweise ist insofern ausgesprochen ungewöhnlich, als die interessierten Psychiater bis heute noch in den Schriften und Zeichnungen ihrer Patienten nur klinische Dokumente sehen. In Ermangelung speziellen Wissens um die Kunst übertragen sie einfach die Grundsätze der medizinischen Symptomatologie auf diese Werke: Die akademischen Normen der Darstellung wie auch das herkömmliche Verständnis von Körper und Geist gelten ihnen als Richtschnur für die Gesundheit, wogegen sie die Abweichungen von der Norm ins Pathologische verweisen. Es geht ihnen also darum, bestimmte stilistische Besonderheiten mit psychopathologischen Symptomen zu verknüpfen. Der Trend zum Positivismus, zur pseudowissenschaftlichen Objektivierung und zum Klassifizieren überwiegt in diesem Bereich umso mehr, als er dem psychiatrischen Machtstreben entspricht: Diese Experten der seelischen Gesundheit sind ja aufgefordert, über Internierungen zu entscheiden, vor Gericht auszusagen und sich gewissermaßen anstelle von Richtern zu setzen. Sie müssen also den Anschein einer wissenschaftlichen Objektivität wahren und sich auf klinisch faßbares Material beziehen. Vor allem die Untersuchung und Einordnung der Schriften von Verrückten führen zu einer wahrhaft hysterischen Taxonomie, wobei jeder Autor mit seinen eigenen Neologismen daherkommt und von Jargonographie, Paralallie, Agrammatismus, Akataphasie, Psittazismus, Kenoglossie, Atelophemie, Apatelophasie, Spasmophrenie usw. spricht, ohne zu bedenken, daß – was die Jargonographie betrifft – sie selbst die ersten wären, die unter diese diagnostische Kategorie fallen würden[29]. Was die bildende Kunst angeht, sind die Artikel von Max Simon maßgebend, die bezeichnenderweise in den *Archives d'anthropologie criminelle et des sciences pénales* erschienen sind[30]. In der Tat bemüht sich Max Simon, einen Zusammenhang zwischen den stilistischen und ikonographischen Eigenheiten der Zeichnungen von Verrückten und den verschiedenen umschriebenen Geisteskrankheiten zu schaffen und so eine Diagnostik zu begründen. Das Schicksal dieser symptomatologischen Perspektive für die Bildende Kunst bis in unsere Zeit ist ja bekannt[31].

---

[29] Michel Thévoz, *Le langage et la rupture*, P.U.F., „Perspectives critiques", Paris, 1978, 41–52.

[30] Max Simon, „Les écrits et les dessins des aliénés", *Archives d'anthropologie criminelle et des sciences pénales*, Lyon, 1888, n° 3, 318–355.

[31] Helmut Rennert, *Die Merkmale schizophrener Bildnerei*, Jena, 1962, und Leo Navratil, *Schizophrenie und Kunst*, München, 1965.

Um so erstaunlicher ist es, wie Réja sich dem Thema nähert, indem er einfach jegliche nosologische Bezugnahme fallen läßt. Er verneint sogar, daß es einen spezifischen Stil der Irren gibt, indem er klarstellt, daß man die Zeichnung eines Geisteskranken genauso wenig identifizieren kann wie einen Verrückten auf der Straße. Die einzigen allgemeinen Merkmale, sagt er, „sind, ganz wie bei dem gesunden Künstler: Offenheit, Einfallsreichtum und Geduld.“[32] Kann man besser auf den Zusammenhang von Gesundsein und Krankheit aufmerksam machen? Indem er eine Gegenposition zu der Tendenz der Psychiatrie einnimmt, alles pathognomisch objektivieren zu wollen, legt Réja den Akzent auf die Analogien und weniger auf die Unterschiede zwischen der akademischen Kunst und jener aus dem Irrenhaus. Das Genie wie auch der Verrückte entziehen sich der Norm. Und wenn es darum geht, einen Gegensatz in der Frage der Ästhetik herauszuarbeiten, bestünde er eher zwischen dem Künstler – sei er verrückt oder auch nicht – und dem künstlerisch unproduktiven normalen Bürger. Allenfalls geht es bei der Verrücktheit um eine Intensivierung der Vorgänge, die sich in gleicher Weise bei jedem beliebigen Künstler abspielen: „Jedenfalls ist es offensichtlich, daß der Wahnsinn in bestimmten Fällen die Entstehung künstlerischen Schaffens begünstigt. Die psychischen Bedingungen, die in diesen beiden Zuständen vorherrschen, sind durchaus gleichen Ursprungs, wobei der Verrückte in übersteigerter Form zeigt, was wir bei dem Künstler nur als unaufdringliche Andeutung sehen.“[33]

*

Die Wirkung des Wahnsinns ist daher mit derjenigen bestimmter Drogen zu vergleichen, die eine normalerweise zurückgehaltene schöpferische Energie freisetzen. Durch den Wahn wird es möglich, besondere, von Künstlern schon immer gesuchte Zustände hervorzurufen: „… wogegen ja viele Künstler sich schon immer für die schöpferische Arbeit durch bestimmte Rituale vorbereitet haben, die sie als Manie bezeichnen, und von denen man als kleine Merkwürdigkeiten erzählt, die aber in Wirklichkeit als Versuche betrachtet werden müssen, einen Ausnahmezustand und damit einen Zustand der Inspiration zu erreichen.“[34] Réja verdeutlicht in dieser Hinsicht, daß bei dem anerkannten Künstler „das vernünftige Ich nie sehr weit in den Hintergrund tritt“, während sich bei den Verrückten hingegen „… eine Art Persönlichkeitsverlust, vergleichbar dem Schlaf-Wach-Zustand oder dem Somnambulismus“ ereignet[35]. Hier klingt ein – wenn auch nicht expliziter – Hinweis auf Pierre Janet und seine Theorie des psychischen Dualismus an[36]. Janet hatte psychische Phänomene herausgearbeitet, die sich unabhängig von der Persönlichkeit und dem Bewußtsein ausbreiten und die nur im Traum, im Somnambulismus, im Zerstreutsein und in der Hypnose manifest

---

[32] Marcel Réja, op. cit., Wien, 1997, 22.
[33] Marcel Réja, op. cit., Wien, 1997, 18.
[34] Marcel Réja, op. cit., Wien, 1997, 18.
[35] Marcel Réja, op. cit., Wien, 1997, 18.
[36] Pierre Janet, *L'automatisme psychique*, Alcan, Paris, 1889, wiederherausgegeben von der Société Pierre Janet, Paris, 1973.

werden. Allerdings geht es hier für Janet, worauf der Titel seines Werkes *L'auto-matisme psychologique* bereits schließen läßt, nur um einen automatischen, stereo-typen Vorgang, dem er keinen symbolischen Wert beimißt. Réja hingegen spricht von einem reicheren, unbewußten Leben, das die Verwandtschaft zwischen Genie und Irrsinn erklärt. Obwohl man dem verrückten Künstler nachsagt, er ließe sich von seiner Phantasie so weit treiben, daß er seine Themen halluziniere, ist Réja der Auffassung, daß dies geradezu das Besondere am genialen Maler sei und ihn von den mittelmäßigen Künstlern, die an der sichtbaren Wirklichkeit haften, unterscheide: „Jeder Künstler, der sich nicht der Photographie bedient, stilisiert, und selbst in Fällen, in denen sich seine Darstellung von den natürlichen Vorbildern unendlich entfernt, sollte man nicht von Wahnsinn sprechen."[37] Als Réja diese Zeilen schreibt, ist Picasso dabei, *Les demoiselles d'Avignon* zu malen.

Réjas Beobachtungen lassen sich genau so gut auf die namhaften Schriftsteller übertragen, die sich wie die Verrückten von der Vorherrschaft des Verstandes zu befreien wissen und sich eher von den Rhythmen und den Assonanzen der Prosodie leiten lassen. Kurz, Réja läßt keine Gelegenheit aus, die Trennung zu relativieren, die der gesunde Menschenverstand zwischen Normalität und Wahnsinn sowohl im Be-reich der Kunst wie auch im allgemeinen macht.

Letztlich interessiert sich Réja für die Kunst der Verrückten, nicht um der Sympto-matologie der Geisteskrankheiten weitere Merkmale hinzuzufügen, sondern, wie er es selbst ausführt, um „… die Bedingungen des künstlerischen Schaffensprozesses zu erhellen."[38] Außer der manchmal karikaturhaften Übertreibung, welche ja nur die Kraft symbolischen Schaffens verdeutlicht, besteht für die Kunst der Verrückten kein spezi-fisches Merkmal. Da die Verrückten akademische Techniken und Kunstgriffe nicht anwenden, erscheint die Art des Gestaltens, die gerade durch den Wahnsinn zutage tritt, umso bemerkenswerter – insbesondere bei denen, die vor Ausbruch der Psychose über keine künstlerische Ausbildung verfügten. Für Réja sind gerade diese die interes-santesten Fälle, und durch sein ganzes Buch hindurch betont er die künstlerischen Qualitäten von Naivität, Aufrichtigkeit und Wahrheit gegen leere Virtuosität und Gaukelei. „Es gibt hier kein Können, was soll's: aber eine Seele, desto besser."[39] In dieser Hinsicht interessiert sich Réja besonders für die abstrakten Werke eines Patienten von Marie, der unter dem Namen *Le Voyageur français* bekannt ist: „So befreit er sich von einem schablonenhaften Tradieren, und, indem er mit der trivialen Berufsausübung bricht, widmet er sich lustvoller Kühnheit im Dekorieren, wo Linien und Farben manchmal zu sehr seltsam anmutenden Werken führen."[40] Eine solche Offenheit für Naivität und Abstraktion einige Jahre vor Kandinsky und Le Douanier Rousseau ist wirklich bemerkenswert. Réja weist auch auf das Paradox hin, daß die Kunst der Verrückten uns einen leichteren Zugang zum künstlerischen Schaffen ermöglicht, als

37 Marcel Réja, op. cit., Wien, 1997, 30.
38 Marcel Réja, op. cit., Wien, 1997, 18.
39 Marcel Réja, op. cit., Wien, 1997, 29.
40 Marcel Réja, op. cit., Wien, 1997, 30, s. Biographische Hinweise.

es die Werke der gefeierten Genies tun, deren Perfektion eher blendet als erhellt. Wenn
wir uns von der respektvollen Haltung befreien, die üblicherweise Meisterwerken
entgegengebracht wird, zeigt uns die Kunst der Verrückten in aller Klarheit den
künstlerischen Vorgang, der sonst durch die betörende Wirkung der Schönheit verschleiert bleibt.

Die Sensibilität und geistige Offenheit Réja's erklärt sich weniger durch seine medizinische Ausbildung als aus der Tatsache, daß er selbst Dichter, Kunstkritiker und Dra-
maturg war. Das war auch seine Motivation, psychiatrische Objektivierung und sym-
ptomatologische Diagnostik gegen die hermeneutische Haltung einzutauschen. Um
zum Beispiel das phonische und graphische Grundmaterial in der Sprache der Psychose
zu benennen, lehnt Réja die unzähligen belehrenden Wortneuschöpfungen ab, die eine
Störung eher etikettieren, anstatt sie zu verstehen. Und er schenkt der Ausdruckskraft
der Klänge mehr Bedeutung als ihrem Sinngehalt, was zum Beispiel auch für die Symbo-
listen das Wesen der Lyrik ausmachte. Man könnte an Mallarmé oder Valéry denken,
wenn Réja über die *fous littéraires* schreibt: „Der Reim, die Assonanz und das Wortspiel
sind vor allem äußere Bezugspunkte, die sie lieber benutzen als den gesunden Menschenverstand oder gar die Logik, um ihre Sätze zu verdichten. Sie denken in Wörtern im
Sinne von Lauten und nicht im Sinne von Trägern für Ideen oder Bilder."[41] Übrigens ist
Réja der erste, der sich für Jean Pierre Brisset[42] interessiert hat, den man mit Joyce,
Roussel, Artaud und Wolfson in Verbindung bringt – immer dann, wenn es um die
großen Subversionen in der Sprache des 20. Jahrhunderts geht. Réja spürt bei der Lektü-
re von *La Science de Dieux*, daß die Worte um die Dinge schwirren und die Realität dem
Diskurs unterjocht wird. Er spricht von einer „tatsächlichen Tyrannei der Sprache"[43].

In der sogenannten „ornamentalen" Tendenz der Kunst von Verrückten, Medien,
Kindern und Primitiven erkennt Réja etwas Ähnliches wie die Prävalenz des *signifiant
plastique* über den *signifié iconique*. In ihren Bildern setzen die Verrückten auf
verschiedene Weise dekorative, geometrische und sich wiederholende Motive in Szene,
die sich frei von zwingenden Vorgaben und entsprechend ihrer eigenen Logik entwik-
keln: „Man begreift hier den Gestaltungsdrang in seiner ursprünglichen Form, eine
Arbeit, die durch sich selbst zu genügen sucht."[44] Der Verrückte zeichnet sich ja gerade
durch seine Fähigkeit aus, einen Inhalt im Nachhinein auf einen zufällig entstandenen
graphischen oder plastischen Träger zu projizieren, der ursprünglich nicht für ihn
bestimmt war: „Wo wir bloß eine Wolke erblicken, hätte Polonius so viel Getier
vorbeiziehen sehen, wie es nur not getan hätte. Nun, für diese Art der Objektdeutung
hat der Verrückte eine gewisse Vorliebe. Mit einer Kerbe hier und einer Öffnung dort
gelingt es ihm, die seiner Einbildungskraft entspringenden Formen sichtbar zu machen."[45] Was diese Vorgehensweise betrifft, fand Paul Klee in den Abbildungen des

---

[41] Marcel Réja, op. cit., Wien, 1997, 112.
[42] Marcel Réja, op. cit., Wien, 1997, 149–151, s. Bibliographische Hinweise.
[43] Marcel Réja, op. cit., Wien, 1997, 153.
[44] Marcel Réja, op. cit., Wien, 1997, 33.
[45] Marcel Réja, op. cit., Wien, 1997, 22.

Buches von Prinzhorn „den besseren Klee" wieder. Wie wir bereits gesehen haben, erkennt Réja, daß diese Funktion des Wort- oder Bildträgers, die durch die Psychiater in pathologischen Begriffen interpretiert wird, in Wahrheit die Strategie der Avantgarde auszeichnet. Es ist bedeutsam, daß Réja sich auf symbolistische Künstler wie Odilon Redon und James Ensor bezieht, nicht um die Moderne Kunst zum Gegenstand des psychiatrischen Urteils zu machen, wozu viele Psychopathologen des Ausdrucks[46] neigen, sondern um diese unzuträglichen Behauptungen zu relativieren und die pseudowissenschaftliche Stigmatisierung durch die Verständnisebene zu ersetzen. Es wäre doch erstaunlich, sollte *L'Art chez les Fous* und insbesondere, was die Werke des „Le Voyayeur français", Emile-Josome Hodinos und Xavier Cottons, genannt „Le prêtre adamique", betrifft, den zeitgenössischen Künstlern entgangen sein, die den klassischen Standpunkt verwarfen und mit Ideen zur Formgebung spielten, aus denen der Kubismus und die abstrakte Kunst hervorgegangen sind[47].

Weit davon entfernt, die psychotischen Wesenszüge in klinisch-psychiatrische Kategorien zu zwingen, macht Réja sie zum Gegenstand eines anthropologischen Erforschens ihrer symbolischen Funktion, indem er Bezüge herstellt zum gestalterischen Schaffen von Kindern, Gefangenen, Medien und Primitiven. Gewiß, es ist üblich geworden, die „groteske Triade von Kind, Dichter und Verrückten" zu belachen[48]. Mit diesen soziokulturellen Abweichungen, die den unorthodoxen Ausdrucksformen Spielraum geben, stellt jedoch Réja die aus der Renaissance übernommen Prinzipien der Darstellung – Garant einer wirklichkeitstreuen Abbildung – erstmalig theoretisch in Frage. Er setzt sich in seinem Buch immer wieder mit der kulturellen Bedingtheit von Kopie und Perspektive der Erscheinungen auseinander. Er gesteht übrigens, „aufrichtiges Gestammel" wohlgelungenen Pastiches vorzuziehen, und ist daher auch geneigt, bis an die Ursprünge der Kunstgeschichte zurückzugehen. Réja hat dazu beigetragen, die Grundlagen einer vergleichenden Ästhetik zu schaffen und die akademischen Lehrsätze zu erschüttern.

Davon abgesehen bleibt *L'Art chez les Fous* jedoch moderner durch die Fragen, die es aufwirft, als durch die Antworten, die es gibt. An vielen Stellen schließt der Autor eine subtile und vielversprechende Analyse abrupt durch ein massives, reaktionäres, ja fast wütendes Urteil ab, als schrecke er vor seiner eigenen Faszination zurück. Er selbst beachtet in diesen Augenblicken den nützlichen Grundsatz nicht, den er seinen Lesern in der Einleitung seines Buches gibt, wenn er sie auffordert, jegliche überkommene Ästhetik aufzuheben: „… ist es unentbehrlich, daß wir unsere eigene Vorstellung von

---

[46] Robert Volmat, op. cit., 216; Volmat macht hier eine Bestandsaufnahme der psychiatrischen Untersuchungen, die seit Ende des 19. Jahrhunderts die Kunst der Verrückten und die Moderne Kunst unter gleichem Blickwinkel betrachten, um sie im Namen der geistigen Gesundheit abzuurteilen.

[47] „Le Voyageur français", Marcel Réja, op. cit., Wien, 1997, 31, Abb. 19–21, 50–53, s. Biographische Hinweise. – Emile Josome Hodinos, Marcel Réja, op. cit., Wien, 1997, 31, Abb. 22, 23, 54–67, s. Biographische Hinweise. – Xavier Cotton, Marcel Réja, op. cit., Wien, 1997, 27, 32, 152, Abb. 12, 38, 46–48, s. Biographische Hinweise.

[48] Gilles Deleuze, *Logique du sens*, Edition de Minuit, Paris, 1969, 101.

Schönheit beiseite lassen."[49] Zur Verteidigung des Naiven, der Entdeckung des Abstrakten und der anerkannten Autonomie des verbalen oder plastischen *signifiant* gesellen sich bei ihm merkwürdigerweise ästhetische Vorurteile dazu, die er sogar noch – jedesmal, wenn er sie in Gefahr sieht – unruhig bestärkt. Auch hierbei sollte man natürlich der ästhetischen Ideologie am Anfang des Jahrhunderts Rechnung tragen. Und all dies geschieht, als wenn Réja mehr oder weniger bewußt dieser Ideologie seinen Tribut zollt und sich damit seiner ästhetischen Verantwortung entledigt, um für viel feinere Analysen offen zu bleiben, als diese vernichtenden Urteile es vermuten lassen.

*

Vielleicht erklärt diese theoretische Unsicherheit das literarische Pseudonym, hinter dem sich Paul Meunier bis zu seinem Tode versteckt hat. Wohlbemerkt erschien *L'Art chez les Fous* zu einer Zeit, in der die Macht der Psychiatrie ihre größte Arroganz erreicht hatte. Die geistige Norm mußte an allen Fronten verteidigt werden, und für jede Abweichung drohte die lebenslängliche Gefangenschaft in der Psychiatrie: Camille Claudel, Aloïse, Séraphine de Senlis, Simon Marye, Louis Soutter und andere wissen davon zu erzählen (und wieviele Frauen sind auf dieser Liste …)! Die Regeln der Sprache und des bildnerischen Ausdrucks sind wesentliche Bestandteile dieses normativen Systems. Es ist also äußerst wichtig, den Gebrauch dieses Systems durch höhere Instanzen zu überwachen und gegen die Subversion, wo immer sie sich zeigt, vorzugehen. Aus diesem Grunde werden die Avantgarde und die Kunst der Verrückten in die gleiche Schublade geworfen, als seien sie Symptome geistiger Störung.

Also begeben sich die für die Kunst ihrer Zeit offenen Psychiater in eine unerträgliche Situation, da sie geneigt sind, für die Außenseiter Partei zu ergreifen. Die symptomatologischen Kriterien zu verwerfen heißt, nach und nach das ganze System psychiatrischer Objektivierung in Frage zu stellen. Den abtrünnigen Psychiatern bleibt nichts anderes übrig, als sich geistig zu spalten oder aufzugeben. In dieses gleiche Dilemma geriet auch Hans Prinzhorn, als er sein Buch schrieb. Als Assistent des Professor Wilmanns an der psychiatrischen Klinik von Heidelberg wurde ihm die Aufgabe übertragen, die an der Klinik gesammelten Zeichnungen von Geisteskranken wissenschaftlich zu bearbeiten. Aber Prinzhorn ist zu empfänglich für die zeitgenössische Kunst und in seinem Denken zu wenig angepaßt, um sich nicht für diese Werke zu begeistern, die er doch als diagnostisches Material betrachten sollte. Dazu schreibt Marielène Weber folgendes:

„Während Prinzhorn die ihm übertragene Aufgabe sorfältig erfüllt, erschüttert er die gängige Meinung zu diesen Werken. Indem er die traditionelle psychiatrische Vorgehensweise anwendet, stellt sich für ihn die Frage nach dem symptomatologischen Wert des untersuchten Materials. Und im Vorwege verläßt er jegliche nosologische Klassifikation zugunsten einer Darstellung, die von niedrigen Ausdrucksformen bis zu erstaunlichen Höhepunkten reicht, die dem Vergleich mit anerkannten Meisterwerken durchaus standhalten. Anstatt das Rohmaterial nur wissenschaftlich aufzuarbeiten, stellt er es aus. Wenn er sich auch sehr für die Frage des künstlerischen Schaffens

---

[49] Marcel Réja, op. cit., Wien, 1997, 15.

interessiert, scheint sie ihm erst bei der Entstehung des Buches deutlich geworden zu sein; und ohne auf wissenschaftliche Vorsicht zu verzichten, läßt er dieses Thema dann doch offen."[50]

In jeder Hinsicht – was das Familiäre betrifft, die Ideologie, die Kunst und den Beruf – war das Leben Prinzhorns von unlösbaren Konflikten zerrissen und stark geprägt durch die sozialen und politischen Dramen seiner Zeit. Ein Roman, sagt Proust, ist die Verdichtung eines Lebens. Das Leben Prinzhorns war die Verdichtung eines Jahrhunderts. Nach einem bewegten Leben, zahlreichen Ehen, unkonventionellen therapeutischen Versuchen und rastlosen Vortragsreisen durch ganz Europa versagte ihm die Stimme, ohne daß eine medizinische Ursache gefunden werden konnte. Er starb an einer Lungenembolie am 14. Juni 1933, nachdem er folgende Verse geschrieben hatte:

> Was Euch trügt – mich täuscht es nimmer
> Was Euch lockt – als Wahn erkannt ich's
> Was ich weiß – Ihr mögt's nicht wissen
> Was ich sah – Ihr wollt's „nicht glauben"[51]

Dieses zerrissene und geradezu selbstmörderische Schicksal eines Psychiaters am Rande der Institution zeigt deutlich die Unruhe eines Geistes, der in sich die wissenschaftliche Objektivität mit der eigenen ästhetischen Erfahrung versöhnen wollte. Meunier-Réja dagegen hat sich für die Spaltung seiner Persönlichkeit entschieden, indem er mittels der Pseudonymie seine ästhetischen Arbeiten von seinem Beruf als Psychiater abgetrennt hat. Das sind zwei Möglichkeiten, mit der gleichen Abdrift umzugehen. Réja und Prinzhorn haben beide einen abweichenden Weg eingeschlagen, der sie von der institutionalisierten Psychiatrie entfernt hat. Auf beide beziehen sich zum einen die Theoretiker des Art Brut, zum anderen die Verfechter der Antipsychiatrie.

Michel Thévoz

---

[50] Hans Prinzhorn, *Expressions de la folie*, Paris, 1984, 18–19.
[51] Hans Prinzhorn, *Nachgelassene Gedichte*, Lübeck, 1934, 50.

EINLEITUNG

Die Auseinandersetzung mit den künstlerischen Arbeiten von Geisteskranken geht über das marktschreierische Darbieten gewisser Texte und Bilder hinaus. Gerade durch die Vielfalt ihrer Ausdrucksformen berühren diese Werke ja Gebiete von allgemeinem Interesse. In mancher Hinsicht erklären sie das Verhältnis zwischen dem Genie, in anderen Worten dem schöpferischen Drang, und dem Wahn. Andererseits verschaffen sie einen aufschlußreichen Einblick in die inneren Bedingungen des Entstehens schöpferischer Kräfte, die sie auf einer frühen Entwicklungsstufe zeigen.

Es scheint übertrieben, das Wort „Kunstwerk" für die Arbeiten zu benutzen, die wir uns nunmehr anschauen werden. Doch um ein so besonderes Genre schätzen zu können, ist es notwendig, daß wir unsere eigene Vorstellung von Schönheit beiseite lassen. Uns geht es hier um den Vorgang selbst, nämlich um den Gestaltungsdrang.

Dieses Bedürfnis, das den Patienten zu völlig nutzlosen Vorhaben zwingt, ist üblicherweise das hervorstechende Merkmal des Wahns. Die öffentliche Meinung ist stets bereit, den armen Künstler als ein „bißchen verrückt" zu bezeichnen, wenn er unter Mißachtung seiner materiellen Interessen Chimären nachjagt. Sobald aber pekuniäre Erfolge das Bemühen eines Künstlers rechtfertigen, ändert sich dieser Standpunkt, während das Werk weiterhin für sich selbst spricht. Wenn sich eine berühmte Persönlichkeit unserer Bewunderung bemächtigt, sind wir sprachlos, denn das Genie wie auch der Verrückte machen in der Öffentlichkeit den Eindruck des Anormalen. Jedoch ist es eine unbestreitbare Vereinfachung, zwei unterschiedliche Außenseiter wie diese in die gleiche Kategorie zu stecken.

Aber diese Unklarheit der Begriffe taucht in der Geschichte immer wieder in verschiedenen Variationen auf. In der Antike, in der es die Kategorie *geisteskrank* nicht gab, wurden seelische Unruhen und geniale Einfälle auf göttliches Eingreifen zurückgeführt. Alles, was von der unmittelbaren bewußten Geistesverfassung abwich, wie der Traum, das Delirium oder die Erleuchtung, deutete auf göttliche Eingebung hin, und folgerichtig hatte auch der Delirant an der Bewunderung teil, die dem Außergewöhnlichen entgegengebracht wurde. Die Sibyllen deuteten das Orakel in einem durch spezielle Drogen hervorgerufenen Rausch, oder, dem Schlaf-Wach-Zustand vergleichbar, in einem durch Hypnose verursachten Ausnahmezustand. Wenn der Verstand sich gegen das Absurde und die Inkohärenz des Orakels auflehnte, war es immer er, der Unrecht hatte. Diese geistigen Zustände finden sich in allen Kulturen wieder. Und auch die jüdischen Propheten wahrsagten aus der Mitte des Deliriums heraus.

Im Mittelalter ist das Delirium nicht mehr Zeichen der Gunst, sondern der Strafe Gottes. Immerhin ließ es sich, wenn auch durch Vermittlung des Teufels, von ihm ableiten. Heute ist das alles anders. Für uns haben die Geistesstörungen nichts mehr mit übernatürlichen Botschaften zu tun, sondern sie sind zu einem Kapitel der Pathologie geworden. Die meisten der Nicht-Normalen lassen sich durch das Etikett „verrückt" ausreichend einordnen. Das Genie hat heute an dem Ruch des Verrücktseins teil, wie einstmals der Verrückte der Gunst des Genies teilhaftig wurde. Wenn ein außergewöhnlicher Mensch für wahnsinnig gehalten wird, ist die Öffentlichkeit hierfür immer ganz Ohr.

Sei er nun genial oder nur Anwärter auf ein solches Etikett – das nimmt man nicht so genau –, bietet sich der Künstler für Mißachtung und Verurteilung an, weil er ja nicht normal ist und ihm praktischer Verstand fehlt. Und das Verdikt der öffentlichen Meinung über einen Menschen, der über einen solchen Verstand nicht verfügt, ist unerbittlich. Er gilt sodann als Träumer, als Spinner, als Tagedieb, mit einem Wort, als ein Verrückter. Ganz offensichtlich schafft hier der öffentliche Konsens kein entscheidendes Kriterium. Trotzdem lohnt es sich, diese Haltung zu untersuchen. Wenn man nämlich auf diese Weise von einem Werk spricht, das jeglichen praktischen Sinnes entbehrt, meint man eigentlich damit die Befriedigung selbst, die zur Vollendung führt. Diese Anmerkung ist nicht unbedeutend: beinhaltet sie doch, daß dieser Konsens den physiologischen Notwendigkeiten entgegenläuft. Vor allem liegt das einzige Muß – ich möchte sagen, die einzige Freude – eines Lebewesens in der Ausübung der Funktion, für die es geschaffen wurde, das heißt, für welche es eine besondere Veranlagung hat. Die Bestimmung eines Rennpferdes heißt Rennen. Ob es nun das Rennen gewinnt oder nicht.

Unter Zeitvertreib versteht die öffentliche Meinung nutzloses Handeln. Davon zeugt die Welt des Sports: Es ist doch durchaus berechtigt, von einer solchen wenn auch unproduktiven Beschäftigung lediglich das Spiel mit den physischen Kräften zu erwarten. Auch ist es verständlich, daß der Whist- oder Dominospieler in seinem Lieblingszeitvertreib ein Übungsfeld für seine intellektuellen Fähigkeiten sucht. Warum sollten wir dann nicht zugeben, daß außergewöhnliche Menschen im Ausüben ihrer Begabung Befriedigung finden? Denn nur dort finden sie die wahre Entfaltung ihres Lebens.

Für all diese Personen drückt sich eine solche Aktivität in besonderer Unwiderstehlichkeit und in deutlicher Spontaneität aus. Es geht hier um Leidenschaft, wenn nicht gar um eine Manie, und es ist ihnen nicht unbedingt gegeben, sich dieser Leidenschaft zu widmen oder zu entziehen. Kennt man doch nur allzu gut die Antwort Ovids an seinen Vater, keine Verse mehr zu schreiben. Auch ist der „Metromane" von Piron bekannt. Hier braucht man nicht gleich von Genie zu sprechen, um doch die Augenblicklichkeit dieses Dranges und seine Unwiderstehlichkeit zu erkennen: eine wirklich sehr eigene Neigung.

Der einzige Grund zum Staunen, den uns die Künstler geben können, liegt ja in der mehr oder weniger bezaubernden Qualität ihrer Werke.

Weniger oberflächlich argumentieren die Wissenschaftler, um die Geistesverwandtschaft zwischen dem Künstler und dem Verrückten einzuordnen. Hier zeigt sich das intuitive Beurteilen der Öffentlichkeit nicht mehr so unbefangen. Denn der Wissenschaftler äußert ja seine Meinung nur, wenn er authentische Dokumente vorzuzeigen vermag. Jedoch kann diese Vorgehensweise auch zum Hindernis werden. Und tatsächlich ergibt der augenblickliche Stand der wissenschaftlichen Diskussion eine eher unübersichtliche als klärende Literatur. Übrigens ist unter diesen Publikationen immerhin ein Meisterwerk zu erwähnen, nämlich *Démon de Socrate* von Lélut[1]. Diese genaue und detaillierte Studie legt unanfechtbar dar, daß der Meister von Aristoteles und Plato ein Verrückter war und genau die Symptome zeigte, die unsere modernen Größenwahnsinnigen kennzeichnen: ein Verrückter, der seinen Weg in der Welt gemacht hat. Davon gibt es noch mehr, und nicht gerade die Unbedeutendsten.

Nun scheint es mir aber in diesen Arbeiten zwei prinzipielle Schwächen zu geben, die ihre Aussagekraft schmälern: es geht dabei um den mißbräuchlichen Umgang mit der Theorie der Veranlagung und dem Ausdruck „ziemlich verrückt". Denn eigentlich sind diese beiden Schwächen darauf zurückzuführen, daß hier die Auswirkung der Ermüdung in einem überforderten Organismus verkannt wird.

Der mißbräuchliche Umgang mit dem Ausdruck „ziemlich verrückt" ist umso mehr zu bedauern, als er eigentlich eine gewisse Berechtigung hat. Aber berechtigt denn das Festhalten der Anzeichen einer vorübergehenden Neurasthenie – wie zum Beispiel fixe Ideen, Schlaflosigkeit, Gemütserregungen und Phobien, also die Anzeichen, die bei jedermann infolge einer Überanstrengung auftreten können – bereits zum Gebrauch des Wortes Wahnsinn? Genauso gut könnte man sagen, ein durch eine lange Etappe völlig erschöpftes Pferd sei nur ein einfacher Klepper.

Auf der anderen Seite kann die Theorie der Veranlagung in gewissen Händen eine gefährliche Waffe sein. Bemerken Sie etwa bereits im Gesamtwerk eines großen Schriftstellers, der an progressiver Paralyse starb, die Ursache seines Todes? Mir ist klar, daß unter bestimmten Umständen eine solche im nachhinein vollzogene Diagnostik durchaus legitim ist. Bestimmte Geisteskrankheiten beginnen mit einem Erregungszustand, in dem die intellektuellen Fähigkeiten verstärkt erscheinen. Im Wahnsinn zeigt sich also etwas ähnliches wie unter dem Einfluß toxischer Substanzen, wie der Alkohol zum Beispiel, der uns einen momentanen Glanz verleiht, um uns nachher in eine dumpfe Trübsal abstürzen zu lassen. Aber dieses doch sehr bekannte Beispiel gerät zur unbedachten Behauptung, wenn man es vorschnell verallgemeinert, und es gibt gute Gründe, einem solchen Denkansatz mit Zweifeln zu begegnen.

Zweifelsohne sind Personen mit einem übersteigerten Intellekt eher für Geisteskrankenheiten prädisponiert als andere. Von einer ganz anderen Seite allerdings geht unsere Studie an dieses Thema heran: Wir suchen nicht danach, wieweit ein Künstler als verrückt gelten kann, sondern inwieweit ein offenkundiger Wahnsinn künstlerischen Ausdruck ermöglicht.

Nun ist es aber nicht selten, daß die künstlerische Aktivität und der Wahn, insbesondere wenn er drängt, quasi gleichzeitig auftreten. Ein Patient zum Beispiel, der tagaus tagein sein Holz hobelt, oder ein anderer, der dauernd umständlich seine Rechnungen aufstellt, empfinden, sobald sie krank sind, das Bedürfnis, ein Kunstwerk zu schaffen, etwas wie das Aufblitzen eines Genies. Wieder gesund, denken sie hieran nicht mehr: der eine greift wieder nach seinem Hobel, der andere schreibt weiter seine stumpfsinnigen Rechnungen.

---

[1] Lélut, Louis-François: *Le Génie – La Raison et la Folie – Le Démon de Socrate*, Paris, 1836.

Jedenfalls ist es offensichtlich, daß der Wahnsinn in bestimmten Fällen die Entstehung künstlerischen Schaffens begünstigt. Die psychischen Bedingungen, die in diesen beiden Zuständen vorherrschen, sind durchaus gleichen Ursprungs, wobei der Verrückte in übersteigerter Form zeigt, was wir bei dem Künstler nur als unaufdringliche Andeutung sehen.

Ohne uns mit spitzfindigen metaphysischen Fragen zu belasten, können wir festhalten, daß der Verrückte sich vom Nicht-Verrückten dadurch unterscheidet, daß er seinem unruhigen Gedankenfluß unterworfen ist, anstatt ihn zu lenken. Alle rationale Kontrolle hat er verloren. Viele Patienten beklagen zum Beispiel zu Beginn ihrer Erkrankung diesen Vorgang sehr deutlich. Ihr vernüftiges Ich kämpft anfangs noch gegen das Ausbreiten dieses unvernünftigen Ichs, das ihnen verrückte Gedanken eingibt. Sodann wird der Widerstand schwächer und verschwindet ganz. Die Unterwerfung ist total. Es ist, wenn man so will, eine Art Persönlichkeitsverlust, vergleichbar dem Schlaf-Wach-Zustand oder dem Somnabulismus.

Ein solcher Zustand kann sich in sehr verschiedenartigen Intensitätsstufen zeigen, wobei die Trugbilder, die man normalerweise im Traum erlebt, in diesem Sinne am wenigsten intensiv sind.

Nun aber zeigen die Bedingungen für die schöpferische Tätigkeit häufig einen ähnlichen Ablauf. Der gewöhnliche Ausdruck für *Inspiration* ist in dieser Hinsicht bezeichnend. Denn hier, und das ist ein wesentlicher Unterschied, tritt das vernünftige Ich nie allzu weit in den Hintergrund. In der Glut des Schaffensprozesses zieht es sich lediglich zurück.

Das Ich, das großartige Werke schreibt, kann sich von dem Alltags-Ich unterscheiden, wie es sich in einer banalen Unterhaltung zeigt. Ich habe eine große Künstlerin beobachten können, die sich dem freien Gestalten nur dann hingeben konnte, wenn sie sich vorher in einen Ausnahmezustand versetzt hatte. Ohne Hypnotiseur gelang es ihr, durch einfache Handlungen selbst diesen Zustand zu erschaffen, was zwar übertrieben anmutet und auch selten ist; wogegen ja viele Künstler sich schon immer auf die schöpferische Arbeit durch bestimmte Rituale vorbereitet haben, die sie als Manie bezeichnen und von denen man als kleine Merkwürdigkeiten erzählt, die aber in Wirklichkeit als Versuche betrachtet werden müssen, einen Ausnahmezustand und damit einen Zustand der Inspiration zu erreichen.

Was die Werke der Verrückten nun angeht, erhellt ihre systematische Untersuchung die Bedingungen des künstlerischen Schaffensprozeß. Was ist denn nun eigentlich ein Kunstwerk? Wo entsteht es, und welche sind, vom psychologischen Standpunkt aus gesehen, die Bedingungen, die in dem Künstler die wunderbare Gabe des künstlerischen Schaffens wecken? Diesen Schaffensdrang, der sich so tyrannisch bei den großen Künstlern offenbart, als das Trachten nach Höherem zu bezeichnen, ist eine zu einfache Erklärung, um diese Fragen beantworten zu können.

Die Kunstkritik, die eigentlich eine beobachtende Wissenschaft sein sollte, bemüht sich, uns durch das unmittelbare Studium künstlerischer Arbeiten über diese wichtigen Fragen zu belehren. Sie widmet sich ausschließlich dem Meisterwerk, preist die berühmten Künstler und krönt sie. Ihr Gegenstand ist stets der prominente Künstler, und sie interessiert sich für seine Lebensbedingungen, für das Klima seines Landes, für die Sitten seiner Zeit.

Leider aber macht uns diese Art der Kunstkritik, abgesehen davon, daß sie ja das Untersuchungsfeld erheblich eingrenzt, mit solchen starken Persönlichkeiten vertraut, die sich mit den gängigen Normen nicht einordnen lassen.

Darüber hinaus wenden wir uns mit dem Meisterwerk dem Studium der Kunst in ihrer höchsten Vollkommenheit zu, das heißt in ihrer höchsten Vielschichtigkeit, also in einem Augenblick, in dem sich Spontaneität, Absicht und Verarbeitung präzis zusammenfügen. Muß man sich da wundern, daß die meisten Kunstwerke noch einer weiteren Auseinandersetzung bedürfen? Wer könnte schon aufgrund des einfachen Studiums unserer heutigen Gesellschaft die Grundsätze der allgemeinen Soziologie erläutern? Bisher haben alle Geisteswissenschaften ihre Erklärung und Prinzipien im Studium elementarer Phänomene begründet. Denn das Studium des Einfachen erleichtert das Verständnis des Komplexen.

Eigentlich ist es doch verständlich, daß wir uns als Betrachter nur für die Meisterwerke interessieren. Die Mittelmäßigkeit in der Kunst ist etwas schwer Erträgliches. Wenn aber die Kunstkritik den Anspruch hat, uns etwas über die Schönheit zu sagen, muß sie sich zunächst einmal den Grundformen des künstlerischen Schaffens zuwenden.

Kunst entsteht nicht als Meisterwerk. Neben ihm steht eine Anzahl fundamentaler Werke, die von Kindern, Wilden, Gefangenen und Verrückten geschaffen werden. Jedes von ihnen verdient eine besondere Aufmerksamkeit. Doch was das Studium der literarischen und graphischen Arbeiten betrifft, zeigen die Verrückten etwas Besonderes, insofern, als sie unsere Zeitgenossen sind und über eine Erwachsenen-Mentalität verfügen, aber trotzdem, entsprechend ihres krankhaften Zustandes und ohne über technisches Verständnis zu verfügen, beständig in einfachen Formen zeichnen und schreiben. Trotz der Erkrankung ihrer Schöpfer sollten diese Werke nicht als etwas angesehen werden, das keine Verbindung zum Normalen hat. Denn auch in der Natur gibt es kein Monster, das nicht eine Übertreibung oder eine Karikatur des Normalen wäre, dessen Beschaffenheit das Monster durch sein Sosein ja geradezu verständlich macht. Das Genie zeigt den menschlichen Geist in seiner ganzen Schönheit, während der Verrückte ihn durch arglose Unbeholfenheit in seiner Nacktheit enthüllt. Wir werden hierdurch weniger geblendet, haben dafür aber die Chance, klarer zu sehen.

KAPITEL I
DIE ZEICHNUNGEN DER VERRÜCKTEN

Noch nie wurde die Frage der Kunst bei den Verrückten in systematischer Weise behandelt. Es gibt dafür so manche Ursachen, deren wichtigste in der Schwierigkeit besteht, diese Dokumente überhaupt in die Hand zu bekommen, da sie von den Pflegern, Ärzten und den Verwandten ihrer Schöpfer meist konfisziert oder zerstört werden. In diesen Arbeiten sehen viele tatsächlich nichts anderes als einen harmlosen Zeitvertreib oder ein sonderbares Schauspiel, das allenfalls zur Belustigung der Kinder oder vielleicht auch der Erwachsenen taugt.

Indessen verwirklichen die Verrückten ihren Gestaltungsdrang in allen Bereichen der Kunst – Bildhauerei, Malerei, Musik, Tanz, Literatur etc. Und obwohl es keinen Grund gibt, sie wie andere Künstler nach Schulen zu ordnen, findet man bei ihnen jedoch eine bestimmte Anzahl immer wiederkehrender Merkmale, welche die Grundlage ihres gestaltreichen Vagabundierens bilden. Der Wahn besteht eben nicht, wie man denken könnte, nur aus einer Ansammlung ungeordneter Variationen auf den gesunden Verstand.

Wenn man die Fülle dieser Arbeiten betrachtet, fällt es auf, daß der künstlerische Impuls in sehr differenzierten Abstufungen zum Ausdruck kommt, wie zum Beispiel in einfachen Kopien, annähernd getreuen Abbildungen von Erinnerungsinhalten, in ziemlich gekonnten Pasticcios und endlich in der wirklich eigenen Darstellung.

Wenn auch die Zeichnung und die Literatur die meistgenutzten Ausdrucksformen sind, kann man jedoch sagen, daß sie sich jeder Kunstform bedienen. Hier spielt dennoch das intellektuelle Niveau eine gewisse Rolle. Die Idioten am untersten Ende interessieren sich fast ausschließlich für Musik und Bildhauerei: bescheidene Adepten, die zu den Meistern stehen, wie der Kohlenstaub zum Diamanten. Welche Gestalt ihre urwüchsigen Objekte! Welche Musik ihre sonderbaren Gesänge!

Im Gegensatz dazu findet sich der literarische Ausdruck, besonders als Prosa, nur bei relativ wenig verblaßter Intelligenz … Im übrigen sind Patienten, die zugleich zeichnen und schreiben, keine Seltenheit; sie werden uns noch Anlaß geben festzustellen, daß die Literatur als intellektuellste Ausdrucksform obendrein das empfindlichste Reagens für geistige Unruhe ist.

Neben der Kunst im eigentlichen Sinne ist auch das Kunsthandwerk vertreten. Zum Beispiel fertigen Patientinnen, die vordem nie etwas anderes als Hausfrauen waren, nunmehr befreit von der beruflichen Routine, dekorative Stickereien an, deren kühne Farbgebung und verwegenes Arrangement manchmal gelungene Effekte aufweisen (Abb. 1). Manche bekleiden bunte Puppen, die den Fetischen der Wilden nicht unähnlich sind. Andere besticken Hausschuhe unter geschickter Verwendung allergröbsten Materials. Weitere bauen in ihrer künstlerischen Begeisterung Sessel, die von Ornamenten derart beladen sind, daß sie ihrer Bestimmung nicht mehr nachkommen können.

Da also unter der Kategorie „Verrückt" eine Vielfalt von Persönlichkeiten anzutreffen ist, gibt es kein allgemeingültiges Merkmal, das die Herkunftsbestimmung eines ihrer Werkes erlauben würde, genausowenig wie es sichere Anzeichen gibt, an denen ein Verrückter auf der Straße zu erkennen ist. Die wesentlichen Qualitäten, die dieses Schaffen sichtbar durchdringen, sind wie bei dem gesunden Künstler auch: Offenheit, Einfallsreichtum und Geduld. Bei den Verrückten sind diese Eigenschaften übermäßig ausgeprägt.

Es gibt in der Bildhauerei der Verrückten eine nicht unbedeutende Besonderheit. Mit der ihnen eigenen Wirklichkeitsverkennung deformieren sie häufig, wie wir wissen, bestimmte Objekte bis zur Unkenntlichkeit. Wo wir zum Beispiel bloß eine Wolke erblicken, hätte Polonius so viel Getier vorbeiziehen sehen, wie er wollte. In der Tat hat der Verrückte für diese Art der Objektdeutung eine gewisse Vorliebe. Mit einer Kerbe hier und einer Öffnung dort gelingt es ihm, seiner Einbildungskraft Form zu verleihen.

Aber nicht nur für den Verrückten ist diese Arbeitsweise typisch. Die Chinesen wenden sie bei der Jadeverarbeitung an und die Japaner in der Art, wie sie beim Holzschnitt auf die Maserung achten. Dem Verrückten geht es hierbei nicht um handwerkliches Geschick, sondern um den Ausdruck seiner künstlerischen Inspiration.

Was die Verrückten betrifft, die sich an eine Kunstform heranwagen, erkennen wir nunmehr zwei unterschiedliche Gruppen: Verrückte ohne künstlerische Vorbildung und Verrückte, die bereits Künstler waren. Von diesen beiden großen Gruppen handelt unsere Studie.

I. Verrückte ohne künstlerische Vorbildung

Betrachten wir zunächst einmal künstlerische Äußerungen, die nur infolge des Wahnsinns sichtbar werden. Sicherlich treffen wir hier auf die interessantesten Fälle. In dieser Kategorie, die auch jene Verrückten einschließt, die ohne Absicht Kunst machen, zeigt sich das Ungeschick eines mit bestimmten Arbeitsweisen noch nicht vertrauten Lehrlings. Doch trifft man hier auch auf andere Dinge. Um uns nunmehr in diesem Durcheinander von Arbeiten Klarheit zu verschaffen, berücksichtigen wir deshalb drei gut voneinander zu unterscheidende Kategorien, die uns eine Vielfalt von Werken bieten.

1. Zeichnungen intellektuell Schwacher.
2. Zeichnungen, die weder mit Emotion noch aus klaren Gedanken entstehen. Dekorative Kunst.
3. Werke, in denen Ideen und Gefühle zum Ausdruck kommen.

1. Zeichnungen intellektuell Schwacher

Die erste Kategorie liefert uns ungestalte Anfänge. Die Ungeschicklichkeit läßt in diesen Werken lediglich die Ausführung eines einfachen kindlichen Stils zu, sei es, daß

Abb. 1. Stickereien auf einer Schürze (Anmerkung des Autors)

der Verrückte sich um die Darstellung von ordnungslos zusammengefügten und kurz
skizzierten Personen oder Gegenständen bemüht, sei es, daß er, ohne das rechte
Können dafür zu besitzen, bestrebt ist, ein anmutiges Werk zu schaffen, und sich damit
begnügt, seine Buchstaben mit Linien oder gleichmäßig angeordneten Punkten zu
überladen (Abb. 2). Im übrigen gibt es sämtliche Zwischenstufen, von der völligen
Ungeschicklichkeit bis zu fehlerfrei ausgeführten, aber albernen Verzierungen.

Man muß schon festhalten, daß es hier nichts Künstlerisches oder Schönes gibt.
Denn diese Verrückten zeichnen wie jemand, der nicht zeichnen kann. Würde man
zum Beispiel hundert zufällig ausgewählte Arbeiter bitten zu zeichnen, erbrächten sie
möglicherweise die gleichen Ergebnisse. Aber zweifelsohne würden die Befragten auf
ein solches Ansinnen nicht eingehen. Wozu sollten sie auch? Der Verrückte hingegen
zeichnet aus sich heraus und erfreut sich seiner Werke.

2. Zeichnungen, die weder mit Emotion noch aus klaren Gedanken entstehen. Dekorative Kunst

In der zweiten Kategorie gibt es etwas darüber Hinausweisendes: ein Betätigungsdrang,
der noch ohne ersichtlichen Grund ist, der aber auch zeigt, wie der Verrückte mit der
eigenen Ungeübtheit umzugehen weiß. In der Kunst des Zeichnens geht er komplexeren Formen aus dem Wege, die sein Ungeschick offenbaren würden. Zum Beispiel
wäre möglicherweise auch die Symmetrie zu komplex für ihn. Daher begnügt er sich
mit der unendlichen Wiederholung gleicher und überdies sehr einfacher, der Geometrie entliehener Motive. Mit diesem anspruchslosen Eifer hat er sodann eine simple
Anordnung geschaffen, die nicht ohne einen gewissen dekorativen Reiz ist.

Wir werden dieses Entlehnen der geometrischen Formen noch häufiger vorfinden,
die unter dem Aspekt der Vereinfachung einen sehr guten Halt für die Unbeholfenheit
bilden (Abb. 3). Auch kommt es vor, daß diese geometrische Anordnung in ihrer
äußersten Strenge die ganze Komposition ausmacht, wie in diesem Stadtplan (Abb. 4),
der übrigens den Grundriß des antiken Babylon wiedergibt, mit der Ausnahme, daß
zwei diagonale Verkehrsadern zusätzlich eingefügt sind. Wir sehen hier eine anschau-
liche Schematisierung.

Andere wiederum stellen Zusammenhänge her und scheinen in der Vernetzung
ihrer Formen etwas wie eine dunkle Empfindung zu suchen, einem unausgesprochenen
Gedanken gleich. Wie die maurischen Zeichner widmen sie sich den geometrischen
Formen, um sich von dem Abbilden realer Gegenstände zu befreien, unbekümmert
gestalten zu können und sich ihrer überbordenden Phantasie hinzugeben, ohne um die
Abbildungstreue ihrer Werke bangen zu müssen (Abb. 3).

Es ist erstaunlich, daß dieses unbeholfene und mühsame Gestalten, dem eigentlich
eine konkrete Idee fehlt, trotz einer so bedingten Geschicklichkeit manchmal doch zu
einem wirklich originalen Stil führt.

Ein Hauptmerkmal der Skulpturen und Zeichnungen dieser Unglücklichen ist die
deutliche Ähnlichkeit mit den archaischen Formen der Kunst. Die Verrückten schei-

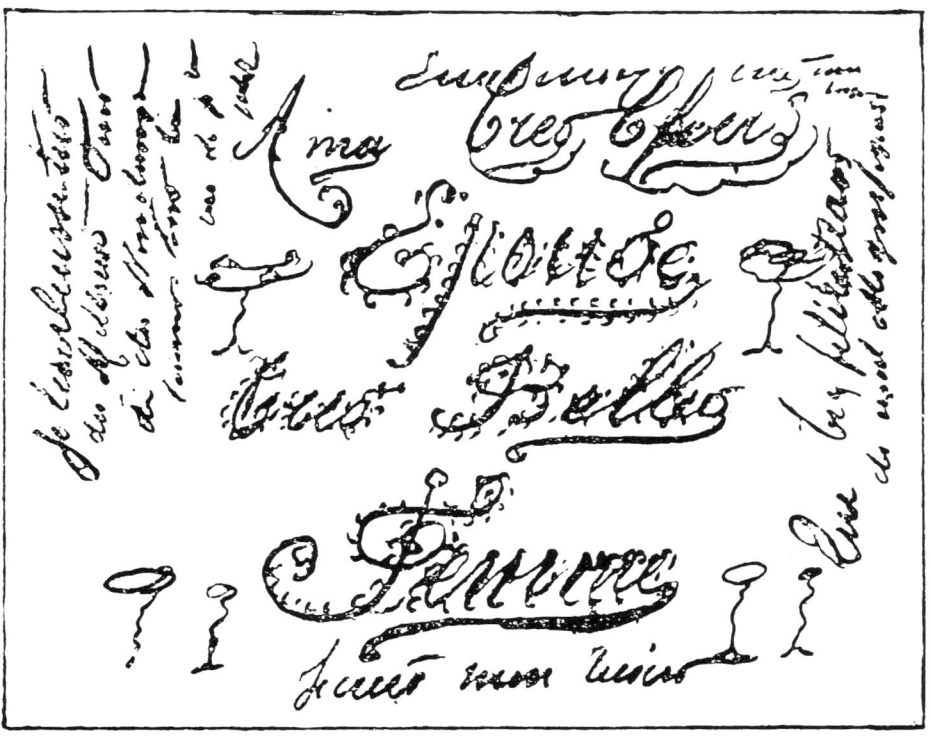

Abb. 2. Ausgeschmückte Schrift, Sammlung Dr. Ameline (Anmerkung des Autors)

nen hier die Suche des menschlichen Geistes nach dem Schöpferischen zu wiederholen. Aber dieser Weg kann unterschiedlich weit führen.

Zum Beispiel ist es offensichtlich, daß diese Holzskulptur (Abb. 5) weder von einem erfahrenen Bildhauer noch von einem spielenden Kind gefertigt ist. Andererseits ähnelt sie erstaunlich den Fetischen, wie sie von wilden Volksstämmen geschnitzt werden: die Augen durch Ellipsen dargestellt, der Mund scharf aufgespalten, monströse Proportionen, die an einen Fötus erinnern, grob-großzügige Bearbeitung der Hände verdeutlichen diese Ähnlichkeit.

Eine andere Skulptur gleicher Art (Abb. 6) zeigt bereits eine weitergehende Ausarbeitung. Hier geht die Gestaltung mehr ins einzelne; der Stil ist weniger primitiv. Das Gespür fürs Detail und für die Proportion kommt unauffällig zum Vorschein.

Die Photographie dieser Statuetten (Abb. 7) zeigt annähernd fortgeschrittene Stadien diesen wilden Stils, Ergebnisse eines ungeschickten Zusammenfügens und einer noch unbeholfeneren Ausführung.

Eine unbestreitbare Harmonie hingegen weist das Werk (Abb. 8) auf, ein Flachrelief in Holz, das mit einem äußerst rudimentären Werkzeug ausgeführt wurde: einer einfachen Glasscherbe. Es ist primitiven Stils, aber nicht ohne dekorative Eleganz; man sieht hier eine Folge ländlicher Szenen, die auf eine schlichte Weise und mit anmutiger Unbefangenheit dargestellt wurden. Hier das schwere Fuhrwerk mit den massiven Rädern, das die Egge zieht. Dort hält ein Schäfer seinen Hirtenstab unter einem Schutzdach, das seine Pflanzlichkeit durch zwei Blätter und durch eine fein ausgearbeitete Frucht beweist, ein bei den primitiven Künstlern beliebtes Verfahren. Es folgen ein Pflug und ein dicker, friedlicher Hund. Dann, knapp angedeutet, schüren ein Mann und eine Frau das Feuer unter einem Kessel, der größer ist als sie selbst, und schließlich, vom Arbeitstag niedergeschlagen, zwei grob angeritzte, aber in der Schlichtheit ihrer Gestaltung ziemlich ausdrucksstarke Esel, die den ländlichen Zug abschließen. Das ist schon ein Entwurf ins Ornamentale, anonym wie die Volkskunst und von rührender Ungeschicklichkeit.

Eine größere Vielfalt finden wir bei den Zeichnungen. Ein Verrückter, von dem wir im Zusammenhang mit geometrischen Formen gesprochen haben, stellt beständig Zeichnungen rein dekorativer Tendenz her, deren charakteristischer Stil durch die Gleichförmigkeit und regelhafte Strenge der Posituren sowie den breit angelegten und nicht immer ungeschickten Linienaufbau an ägyptische Kunstwerke erinnert (Abb. 3). Aber das Seltsame geht hier bis ins Absurde, die Hände verlängern sich ins Unendliche, die rätselhaftesten Ornamente sind im Überfluß, darin eingeflochten die inkohärentesten Sätze, sich jeglicher Bedeutung entziehend. In diesen gänzlich überladenen Bildern wird nicht versucht, etwas darzustellen oder darzulegen.

In diesem Zusammenhang trifft man Werke an, die auf die gleiche rudimentäre Art und mit der gleichen eigentümlichen Unbeholfenheit gezeichnet sind, und denen es einer gewissen Anmut nicht mangelt: ausgewogene Vereinfachung der Zeichnung, Fehlen der Perspektive, Starre des Ausdrucks, Auge im Profil gesehen und von vorne gezeichnet. Man spürt hier den Hauch eines munteren Lebens, etwas von einem Schoß, ersonnen von einer Intelligenz, jeglicher Kompliziertheit entblößt.

In anderen Werken mit gleichen Merkmalen finden sich bestimmte Details wieder, die eindeutig auf die Art hinweisen, wie Kinder gestalten. In der Tat malt ein Schüler selten ein Männchen, ohne ihn seine Pfeife rauchen zu lassen, oder einen Esel, ohne zu zeigen, wie er seine Köttel fallen läßt. Niemals aber würde ein Kind den Schwanz des Tieres allzu genau anbringen. Eher würde es daraus ein Anhängsel machen.

Nun, diese dekorative Gestaltung findet sich in einer Stickerei wieder, in der die grellen Farben einen gewissen Eindruck von Wildheit vermitteln, der mit der einfachen Machart des Bildes übereinstimmt (Abb. 9). Komplexe Handlungen gilt es nicht auszudrücken; Personen, Tiere und Bäume sind nur als Schmuck da.

3. Werke, in denen Ideen und Gefühle zum Ausdruck kommen

Wenn aber in einer Zeichnung sich die oben beschriebene Unerfahrenheit zeigt, um einen im Entstehen befindlichen Gedanken zum Ausdruck zu bringen, so ändert sich die Ausführung. Es eignet sich also der Ungeschickte eine graphische Vorgehensweise an, die er selber verbessert, und die für ihn die Bedeutung eines Stils einnimmt. Die Notwendigkeit, Gedanken oder Gemütsbewegungen auszudrücken, verleiht seinen Figuren dann ein schemenhaftes Leben.

Ein Bauer, der sich für den Heiligen Geist hält, zeichnet das Porträt verschiedener Verwandter, die er sehr schön sieht, auf eine ungeschickte und seltsame Weise und in einer Ausarbeitung, die, abgesehen von allem Talent, an den belgischen Maler James Ensor erinnert (Abb. 10). Der Vergleich ist umso erstaunlicher, als dieser Maler für seine halluzinatorischen und närrischen Zeichnungen bekannt ist.

Ein anderer malt Bilder im Stil Epinal's[1]. Er hat sich auf die Darstellung von Kavallerie im Sturmangriff spezialisiert, und dank der ständigen Wiederholung des gleichen Motivs hat er eine Art einfachen Geschicks im Darstellen von Pferden und Reitern erworben (Abb. 11). Die Ausgestaltung ist kindlich und die Zeichnung voll von Unfertigkeiten. Es zeigt sich jedoch eine geschickte Komposition mit einem Sinn für Perspektive, Bewegung und Schwung im Bildganzen.

Wie häufig beim Normalen, ist der Ausdruck sexueller Regungen dem Verrückten nicht gleichgültig. Die Anzahl der von Verrückten ausgeführten schlicht obszönen Zeichnungen ist gewaltig. Hier findet man noch, entsprechend der Geschicklichkeit und dem künstlerischen Empfinden des Urhebers, alle Abstufungen von der vulgärsten Obszönität bis zum geschmackvollen Stilisieren. Der Schöpfer des *Prêtre Adamique*, ein von der Fleischeslust gequälter Mystiker, hat in dieser Art Meisterwerke geschaffen, die schwierig zu veröffentlichen sind (Abb. 12). Im übrigen ist er in der Zeichenkunst nicht unbewandert.

Wenn es darum geht, nicht mehr ein Gefühl oder eine Gemütsbewegung, sondern einen Gedanken auszudrücken, stehen wir einer Art zu zeichnen gegenüber, die merklich an jene der Gefangenen erinnert. Die Zeichnung ist hier eine ideographische

---

[1] *Image d'Epinal* ist eine im Französischen übliche Bezeichnung für volkstümliche Bildkunst.

Schrift, ein Mittel, Gedanken anschaulicher und lebendiger zu äußern, als es das geschriebene Wort vermag. Es ist nicht die Absicht des Autors, seine Gedanken zu verschlüsseln. Auch sind die Figuren stilisiert und als Schemen mit einem Text versehen (Abb. 13). Der Autor schert sich überhaupt nicht um die Kunst, sondern will gut verständlich machen, worum es geht. Allerdings steht dieses ideographische Bemühen nicht immer für sich allein; ein gewisser schöpferischer Drang gesellt sich auch hinzu.

Eigentlich ähneln einige dieser Zeichnungen auf den ersten Blick einfachen kindlichen Kritzeleien. Jedoch sind sie in ihrer Ungeschicklichkeit von gleichem Gehalt und ähnlicher Struktur. Sie stellen eine symbolische Handlung dar, die für den Künstler von allergrößter Bedeutung ist. Unglücklicherweise verstehen wir hiervon nicht viel, weil es sich um eine im üblichen Sinne unvernünftige Gedankenfolge handelt. Manchmal sind diese Figuren durch einen kryptographischen Text kommentiert (Abb. 14).

In dieser Art gibt es auch Stickereien, wie z. B. Abb. 15. Hier geht es darum zu erklären, wie eine alte Frau jedermann mit ihren Bosheiten verfolgt. Die ziemlich geschickt angeordneten Personen haben alle einen Vogelkopf, und der Schnabel ist um so länger, je furchteinflößender die Boshaftigkeit ihres Trägers ist. Die Perspektive fehlt, und das Dessin erinnert stark an Kinderzeichnungen, wenn auch mit viel größerem Geschick angefertigt und von erstaunlicher Ausdruckskraft.

Nun kommt ja im eigentlichen Kunstwerk häufiger eine Emotion zum Ausdruck. Dies erscheint auch in einem Bilderzyklus, den ein einfacher Landpostbote gezeichnet hat, in welchem sich zur offenkundigen Unerfahrenheit im Zeichnen ein wahres Gespür für Bildaufbau und Ausgestaltung gesellt. Diese Bilderfolge könnte man nennen: „Unglücksfälle eines armen Mannes“. Die aufeinanderfolgenden Zeichnungen haben zum Ziel, uns das lange Leiden des Autors bildhaft zu erläutern. Ist es nötig zu sagen, daß sich tatsächlich all diese Geschichten nur im Hirn dieses armen Mannes ereignet haben? Aber er ist von ihrer Realität überzeugt. Und da er meint, daß Worte Bildhaftes nicht hervorzurufen vermögen, versucht er, die Wirklichkeit seiner Qual uns durch seine Zeichnungen stärker einzuprägen.

Das Bild (Abb. 16) zeigt uns die Weihe des Märtyrers. Wie in den Fresken des Fra Angelico, in den Geschichten der Heiligen oder gar auch in den Bildern der Primitiven wird der Held in unterschiedlichen Situationen auf demselben Bild dargestellt. Rechts sieht man ihn als Überbringer eines geheimnisvollen Kastens unschuldig vor dem Haus des Schmerzens daherkommen. Jedes Fenster rahmt einen grinsenden Kopf ein. Vor der Tür hält eine Frau ein großes Kind im Schoß und betrachtet die Hauptszene: Ein Priester im Chorhemd weiht den Helden zum Märtyrer, während eine Anzahl Menschen, wie auf magische Weise schwebend, im Blattwerk erscheint, was der Handlung Feierlichkeit verleiht. Weiter nach links in diesem Garten mit gelungenen Perspektiven sehen wir dann unseren Held völlig nackt und in den Händen der Henker, die ihm kleine Holzstücke in den Kopf treiben und andere delikate Quälereien an ihm verrichten. An anderer Stelle ist der Kopf des Märtyrers auf den Boden gerollt und mit einigen Banderillas geschmückt.

Doch ist der Märtyrer nicht am Ende seiner Qualen (Abb. 17): Man hält es nicht für möglich, wie entwickelt die Leidensfähigkeit bestimmter Menschen ist. In dem folgenden Bild ist unser Mann in den Händen dreier Henker, die je mit einem Stock, einem Pflasterstein und einer Forke bewaffnet sind. Nicht weit davon wird der Herd der Qual angeheizt, und auf dem Boden bezeugen abgehackte Füße und ein Schädel die Grausamkeit dieser Individuen. Vier der finsteren Schurken sind bereits an den Ästen der umstehenden Bäume aufgeknüpft, was doch zeigt, daß das Verbrechen oft bestraft wird. Links im Bild betrachtet eine Frau, ihr Kind im Arm haltend, diese Szene mit einem gewissen Mitleid, während ein Arbeiter in seinem Laden hierfür keine Aufmerksamkeit hat und sich zwischen zwei Beilhieben ungezwungen ausruht.

Das seltsamste dieser Bilder ist mit Sicherheit jenes, in dem sich der Grund all dieser Leiden erhellt (Abb. 18). Die Gestaltung ist hier immer noch unbeholfen, aber der Ausdruck lebhaft und dramatisch. Die Gruppierung der Personen ist gelungen, ihre Posen sind erstaunlich vielfältig. Die Überreste des Märtyrers liegen auf der Erde; einer der Henker hat das Blut und die Eingeweide in einen Kessel gegeben und bereitet das Ganze zu einem gewöhnlichen Suppentopf. Unterdessen liegt ein geistiger Würdenträger auf seinem Sterbebett. Die um ihn Versammelten drücken ihm, jeder auf seine Weise, Jammer und Verzweiflung aus. Der Arzt reicht dem Sterbenden als letzte Möglichkeit einen mit dem Blut des Märtyres gefüllten Kelch dar.

Gewiß ist die Komposition dieser drei Werke unvollkommen. Was ihnen aber eine unbestreitbare Orginalität verleiht, ist, trotz ihrer Unvollkommenheit, jene intuitive Ausgestaltung von Gruppierung und Attitüde und insbesondere diese erstaunliche Ausdruckskraft.

Hier zeigt der Künstler einen brennenden Glauben für das, was er schuf. Das hier ist für ihn kein Spiel, sondern eine Wahrheit, unter der er leidet, und die er mit den bescheidenen Mitteln des Laien naiv umsetzt. Zwar gibt es hier kein Können, was soll's: aber eine Seele, desto besser.

II. Verrückte mit künstlerischer Vorbildung

Es kommt aber auch vor, daß der Verrückte bereits Vorbildung im Umgang mit künstlerischen Mitteln besitzt, in denen er sodann Ausdruck für seinen neuen Geisteszustand sucht. Auf diese Kategorie kann man die bekannte Legende beziehen, das Genie werde durch die Inspiration des Wahns geboren. Wir stellen unsere drei bereits genannten Kategorien wieder auf.

1. Fortschreitende Inkohärenz beim reinen geistigen Verfall.
2. Dekorative Kunst.
3. Werke, in denen Ideen und Gefühle zum Ausdruck kommen.

1. Fortschreitende Inkohärenz beim reinen geistigen Verfall: Die erste Kategorie bringt uns nichts Neues.

2. Dekorative Kunst

Was die anderen Werke betrifft, verleiht die Krankheit dem Stil und der Ausführung eine grunglegende Deformation, mal glücklich, mal unglücklich. Dieser Musterzeichner zum Beispiel, der normalerweise ganz passable Blumen für gewöhnliche Dekorationszwecke industriellen Stils zeichnete und dann unter dem Einfluß der Krankheit seine Gestaltungsweise änderte. Die Größenideen lassen ihn glauben, er wisse alles und sei zu allem fähig. So befreit er sich von einem schablonenhaften Tradieren, und, indem er mit der trivialen Berufsausübung bricht, widmet er sich lustvoller Kühnheit im Dekorieren, wo Linien und Farben manchmal zu sehr seltsam anmutenden Werken führen. Durch die Reinheit und den sicheren Glanz ihrer Farben wie auch die unbestreitbare Großzügigkeit ihrer Ausgestaltung ist es bald eine japanische Landschaft von echtem dekorativen Wert (Abb. 19). Bald ist es ein Aquarell, in dem die Einbildungskraft an imaginären Verbindungen Gefallen findet (Abb. 20). Das Zusammendrängen der farbigen Arabesken, deren Kraft eine gewisse dekorative Harmonie ausstrahlt, ist doch ein ziemlich sonderbares Ganzes, das die Absicht widerspiegelt, die Realität nicht abzubilden, sondern sie eher zu stilisieren.

Mehr Gliederung und Ausgewogenheit finden sich in diesem anderen Werk (Abb. 21) des gleichen Künstlers. Die Ausführung ist großzügiger angelegt. Diese archaisch anmutenden Wikingerboote harmonisieren mit der Wiedergabe des strahlend untergehenden Himmelskörpers. Und das Meer ist ein tatsächliches Meer, und man weiß nicht, ob das, was den Horizont begrenzt, Riffe oder einfache Wolken darstellt. All dies trägt zur Anmut des Ganzen bei. Allein verwunderlich, daß Ähren in einer solchen Landschaft stehen, sowohl weil das Meer üblicherweise nicht das Gedeihen von Getreiden fördert, als auch wegen der Andersartigkeit des präzisen und gründlichen Stils, der nicht unbedingt in Einklang mit der restlichen Umgebung steht.

Hier also haben wir Werkbeispiele rein dekorativer Tendenz, wo die Objekte der realen Welt lediglich als Vorwand für ornamentale Spielereien dienen, ohne daß hier eine klare Idee Ausdruck sucht. Man weiß im allgemeinen, daß der Verrückte das sieht, was er glaubt, und nicht das, was er sieht. Es herrscht hier eher die Imagination und der Wille des Künstlers, aber kein serviles Nachbilden der Natur.

Auf den ersten Blick wäre es eine verlockende Hypothese, dieses Sich-Entfernen von den natürlichen Gegebenheiten als ein Merkmal der Kunst der Verrückten anzusehen. Immerhin entspricht dies auch bestimmten Zügen ihrer geistigen Ordnung. Wenn es aber etwas Wahres an dieser Behauptung gibt, dann hätte sie keine allgemeine Gültigkeit. Jeder Künstler, der sich nicht der Photographie bedient, stilisiert, und selbst in Fällen, in denen sich seine Darstellung von den natürlichen Vorbildern unendlich weit entfernt, sollte man nicht von Wahnsinn sprechen.

Gleichwohl ist es eine glückliche Ausnahme, wenn manche Verrückte weiterhin richtig zeichnen. Viel häufiger aber sind die Fälle, in denen ein talentierter Künstler unter dem Ansturm des Wahns einem gräßlichen Mittelmaß verfällt. Diese Störung der Talente kann auf verschiedene Art zum Ausdruck kommen, sei es durch ein allgemeines Verblassen der Person, sei es durch das Auftreten spezifischer Merkmale in ihren Werken.

Eines der auffallendsten Merkmale besteht, neben anderen, in der Übertreibung eines beliebigen Bildelementes auf Kosten des Ganzen. Ein ehemaliger Radierer zum Beispiel reproduziert immer wieder verschiedene Figuren, wobei die sorgfältige Ausgestaltung eines beinahe unförmig geratenen Körperbaus fast das ganze Werk bestimmt (Abb. 22, 23). Neben gelungenen Details zeigen Unstimmigkeiten und unerklärliche Disproportionierungen, daß der Autor, obwohl er gut zu zeichnen wußte, sich doch auch zu Ungenauigkeiten hinreißen ließ, die zudem an den Stil von Marc-Antoine Raimondi, seinem Vorläufer in der Kunst des Kupferstichs, erinnern.

Im übrigen gibt es noch auffallendere Merkmale. Das Fehlen der Perspektive ist eine Schwäche derer, die nicht zu zeichnen wissen. Aber die perspektivische Umkehr ist schon ein verrückter Einfall, welcher hinter der Unbeholfenheit etwas Schöpferisches vermuten läßt (Abb. 24).

Eine weitere Deformation in den Werken der Verrückten besteht darin, die Proportionen nicht gemäß der Perspektive, sondern entsprechend der Gewichtung zu verändern, die der Künstler seinen Figuren beimißt (Abb. 25). Hier haben wir ein idealistisches Vorgehen par excellence. Es sei an dieser Stelle darauf aufmerksam gemacht, daß in der archaischen Kunst diese Vorgehensweise durchaus üblich ist, solange das Wissen um die Perspektive das Abbilden der räumlichen Tiefe nicht ermöglicht, um die gleiche Absicht auszudrücken.

3. Werke, in denen Ideen und Gefühle zum Ausdruck kommen

Im Gegensatz zu dem, was wir bei Le Voyageur français gesehen haben, gibt es schließlich, wenn auch seltener, Werke, in denen die Geistesstörung nicht so sehr durch formale Stilelemente zu erkennen ist. Wobei es natürlich auch Künstler gibt, die gelungene Werke schaffen, in denen sich Inhalt und Form die Waage halten.

Obwohl die Abbildung 26 in der Art ihrer Ausführung ein in sich ziemlich geschlossenes Werk darstellt, fehlt hier der großzügige und schöne Eindruck eines Meisterwerkes, das Kraft und Gesundheit ausstrahlt. In der Gesamtheit der Arbeiten desselben Künstlers gibt es eine Spur von Seltsamkeit, die nicht unbedingt als ernstzunehmende Originalität gelten kann. Die starre Haltung sowie der sonderbare Ausdruck der Figuren sind nicht weniger verwirrend als die Grelle der Farben, mit denen sie koloriert sind. Etwas Ähnliches finden wir in der Malerei der Primitiven, eingeschlossen das anspruchsvolle Streben nach Symbolik, mit dem der Künstler sein Werk kommentiert:

> Dieses Bild stellt die Ära des Freilichttheaters dar, am Kreuzweg der enthüllten Geheimnisse und Mysterien des Priesteramtes. Dem Übersetzen der Hieroglyphen ist diese Neuerung zu verdanken.
> Diese Szene stellt die Freilichtschule dar, die Volksschule oder die Erziehung für alle. Diese Schule bekam den Titel „Krippe Jesu oder Heiland".
> Heute beginnt dieser Titel verstanden zu werden: um die Menschen zu retten, ist eine uniforme Erziehung für alle nötig. Also stellt dieses Bild allegorisch und in altem Stil diese

Tatsache dar, deren ein jedes Emblem, das wir hier finden, den exakten und definierten Sinn dieser Ära des Caesar Augustus, vermutlich Schöpfer des Evangeliums, ausdrückt.

Das Evangelium ist also ein populäres Theater, das aus der dogmatisch überlieferten Tragödie, der Komödie und der Rhetorik besteht.

Ein Faun (die Kritikwissenschaft), der über die Beweglichkeit des Vorhanges oder über den Einfluß der Öffentlichkeit auf das Theater verfügt.

Etwas ausgereifter im Stil finden sich die gleichen symbolischen und metaphysischen Vorstellungen in einer Reihe von Werken (Abb. 27, 28). Sind sie einmal geschaffen, werden diese Figuren von dem Künstler mit akribischer Genauigkeit reproduziert. Offensichtlich hat er den endgültigen Ausdruck seiner Gedanken gefunden und begnügt sich damit, sie mit leichten Varianten fortwährend zu wiederholen. Hier ist die Ähnlichkeit mit den Figuren des ägyptischen Stils sichtbar.

Ein anderer, weniger ehrgeiziger Künstler begnügt sich damit, eigene Erfindungen darzustellen. In einem seltsamen „Luftschiff" verschmelzen Ballon und Gondel zu einem einzigen Schiffsrumpf. Indem er das Notwendigste sofort erledigt und zweifelsohne davon überzeugt, daß die erste Voraussetzung zu leben oder gar zu fliegen – was für einen Ballon Ein und Alles ist – darin besteht, schön zu sein, hat der Künstler sein Fluggerät sorgfältig mit allen bekannten Fahnen geschmückt. Um die Schnelligkeit seines Fluges auszudrücken, hat er es auf einen Pfeil gespießt, der die Seele des Rumpfes bildet. Am Bug spielt ein Erzengel Trompete in einer Haltung, die an den Sieg von Samothrake erinnert; und an beiden Seiten konkurrieren riesige Flügel mit den Segeln, um die Beweglichkeit des Schiffes zu unterstreichen. Als kreativer Erfinder hat sich unser Künstler nicht immer an gewichtige Fragen herangewagt. Seine blühende Einbildungskraft wußte um die Phantasie und das Unvorhergesehene lustigen Verlangens. Unter anderem zeigt er uns ein recht eigenartiges Werk: ein Karnickelzirkus, in dem die Tiere alle von winzigen Jockeys beritten und von einem musizierenden Akrobaten im Freien präsentiert werden. Zwei Hunde, gewöhnlichen Schweinen nicht unähnlich, scheinen Interesse für dieses Hindernisrennen zu haben; oder begehren sie ganz einfach die Karnickel? Hinten im Bild begrenzen riesige Bäume das Halbrund, in dem sich eine neugierige Menge zusammendrängt. Es handelt sich hier um einen wirklich orginellen Zeitvertreib, zur Kinderbelustigung geeignet. Hier sind die Anordnungen verstandesgemäß betont, ohne daß die Gemütsbewegung, welche Kunst entstehen läßt, zum Tragen kommt.

Mit mehr Geschick sind die Zeichnungen des Fulmen Cotton, Autor des *Prêtre Adamique* ausgeführt (Abb. 12). Er drückt seine Gedanken ohne die störende Hilfe eines Begleittextes aus. Und so erinnert hier, bis auf die Art, den Text in das Bild selbst einzufügen, nichts an archaische Formen. Dazu ist der Text noch auf Eigennamen reduziert, wie es die schlechten Karikaturisten tun. Was hier befremdet, sind die unglaubliche Überladung der Zeichnung, der komplizierte Aufbau und die überraschenden, kunstvoll arrangierten Details und Ornamente, insbesondere auch das extreme Bemühen um spiegelbildliche Symmetrie (LEMOTAM – MATOMEL). Auf der Suche nach der Bedeutung dieses *Prêtre Adamique,* in dem sich der Autor selbst darstellen wollte, sieht man, wie die Fremdartigkeit der Formen mit der Absurdität seiner Gedanken übereinstimmt. Letztlich kann man nicht bestreiten, daß sich in diesem Werk, das mehr spirituelle als vernünftige Ideen enthält, ein ausgesprochenes Talent zeigt.

Nun haben wir Schritt für Schritt die wichtigsten Ausdrucksformen der Kunst bei den wahrhaft Verrückten an uns vorüberziehen lassen; Verrückte, die man hat einsperren müssen, weil ihnen das soziale Leben unmöglich geworden war.

Es erschließen sich uns also in der Gesamtheit dieser Werke drei Kategorien unterschiedlicher Gewichtung:

Die erste Kategorie, die sich auf den geistigen Zerfall bezieht, ist kindlichen Charakters, allerdings mit dem Unterschied, daß es sich hier, im Gegensatz zum Kinde, um eine rückläufige Bewegung handelt.

Die zweite besteht in der ornamentalen Kunst und lebt aus dem Dekorieren, ohne eine bestimmte Idee oder Emotion ausdrücken zu wollen. Von der Entstehungsgeschichte dieser Werke aus betrachtet, ist dies vielleicht der erstaunlichste Ausdruck. Man begreift hier den Gestaltungsdrang in seiner urwüchsigsten Form, ein Schaffen, das durch sich selbst zu genügen sucht. Insbesondere bei den Verrückten, die nicht zu zeichnen wissen, haben wir gesehen, auf welche Mittel sie zurückgreifen, um zu gestalten. Da sind die einfachen Formen der Symmetrie, der Wiederholung und des Geometrisierens, die ihnen den gleichen Halt zu geben scheinen wie Versmaß und Assonanz in Lyrik und Prosa. Die Zügellosigkeit ihrer Imagination und das Abweichen von natürlichen Vorbildern verraten nichts von den speziellen Entstehungsbedingungen in einer Anstalt. Denn ein jeder Künstler stilisiert seine Werke auf seine individuelle Art.

In der dritten Kategorie nun tritt der unbändige Gebrauch von Symbolen hervor, sobald es Gedanken oder Gefühle auszudrücken gilt. In diesen Werken zeigt sich vor allem diese Art der Übersteigerung als Ergebnis krankhafter Einflüsse. Überdies werden wir eine solche geistige Verwirrung auch in den Literaturkapiteln wiederfinden. Wir haben sodann fast immer einen ziemlich deutlichen archaischen Stil vorgefunden, der mitunter ein großes Talent offenbarte. Trotzdem kann man in der Auswahl der Werke, die wir untersucht haben, doch nur ein vereinzeltes, wenn auch brillantes Funkeln wahrnehmen. Ganz offensichtlich fehlt hier immer etwas, um den Ausdruck Genie gebrauchen zu können.

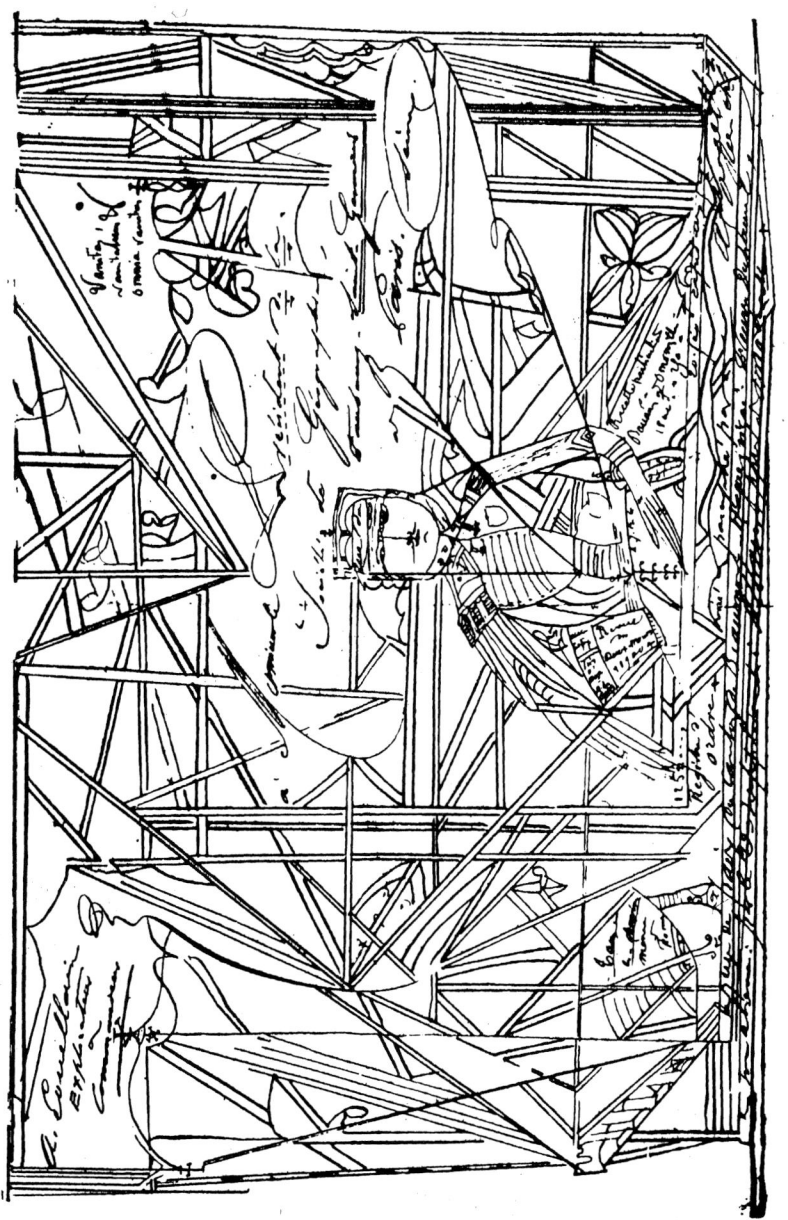

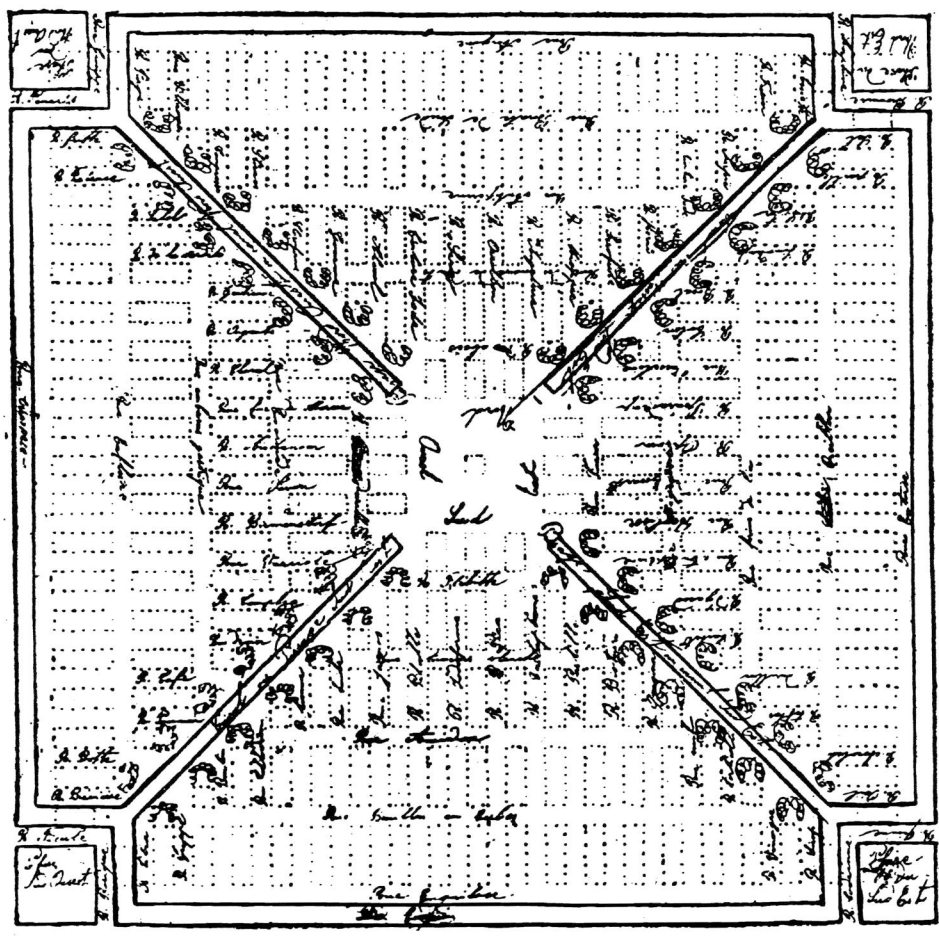

Abb. 4. Ohne Titel. Plan einer imaginären Stadt. Die Stadt ist von Leuchttürmen an allen 4 Ecken flankiert. Die Straßennamen sind dem medizinischen und pharmazeutischen Vokabular entlehnt „Erysipel-Straße", „Magenverstimmungs-Straße", „Lebertran-Straße" etc. (Anmerkung des Autors)

Abb. 5. Holzskulptur, Sammlung Dr. A. Marie (Anmerkung des Autors)

Abb. 6. Holzskulptur, Sammlung Dr. A. Marie (Anmerkung des Autors)

Abb. 7. Phantastische Wurzel, Holzfiguren (Genre fétiche), phantastischer Stein, Büste, Sammlung Dr. A. Marie (Anmerkung des Autors)

Abb. 8. Gravierungen auf einer Sitzbank (Anmerkung des Autors)

Abb. 9. Stickerei, Sammlung Dr. E. Toulouse (Anmerkung des Autors)

Abb. 10. Darstellung der Heiligen Dreieinigkeit (Anmerkung des Autors)

Abb. 11. Eugène Barbier. Kavallerie im Sturmangriff (Anmerkung des Autors)

Abb. 12. Fulmen Cotton, Le Prêtre Adamique. Komplexer Ausdruck von Wahnideen. Dekorative Komposition (Anmerkung des Autors)

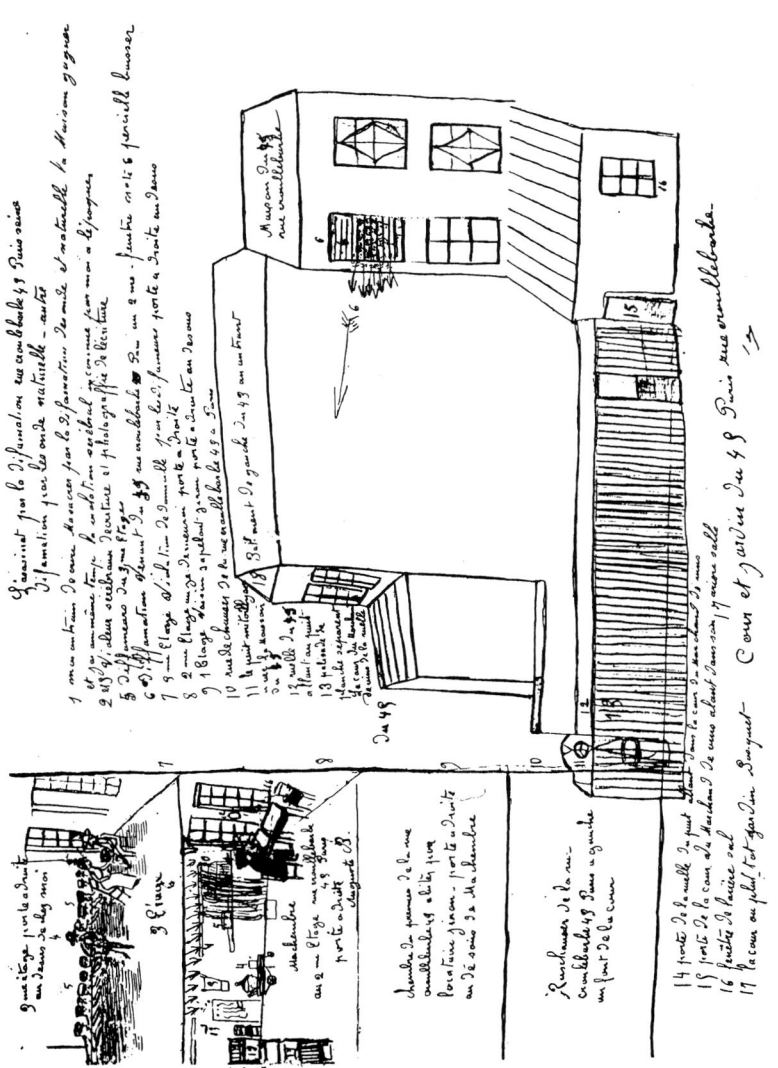

Abb. 13. Auguste Baerthelé, Hof und Garten 49 Paris Straße M…, Zeichnung eines Wahnverfolgten. Ideographische Schrift (Anmerkung des Autors)

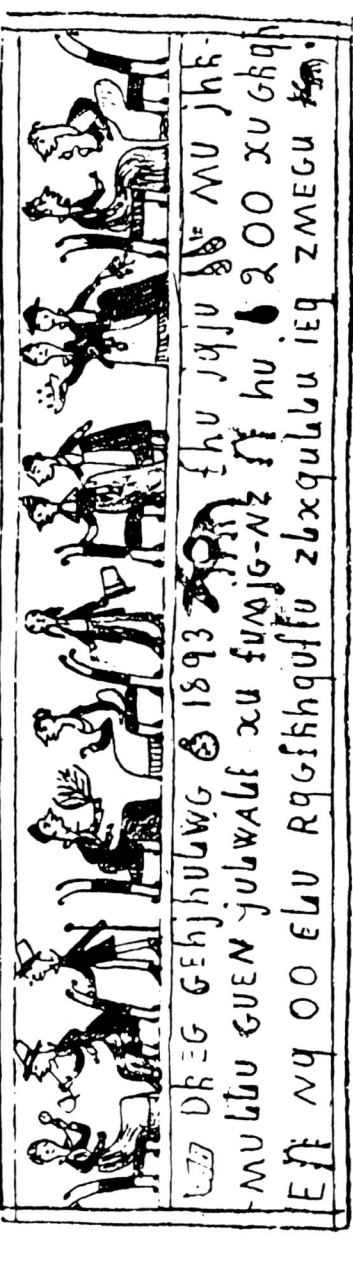

Abb. 14. Symbolische Zeichnung, kommentiert durch einen kryptographischen Text, Sammlung Dr. Sérieux (Anmerkung des Autors)

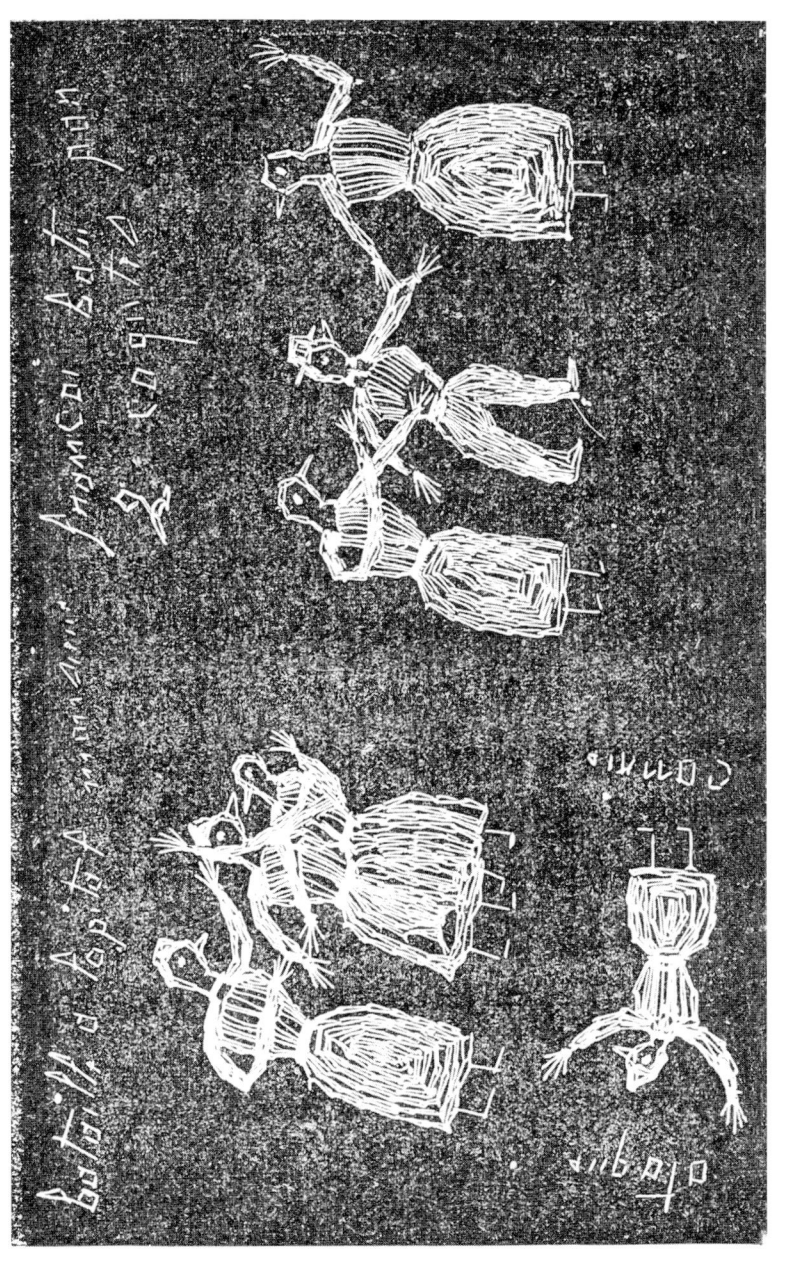

Abb. 15. Stickerei einer Wahnverfolgen (Anmerkung des Autors)

Abb. 16. Maxime G.

Abb. 17. Maxime G.

Abb. 18. Maxime G. Zeichnung eines Wahnverfolgten. Der Tod des Prälaten, Sammlung Dr. Rogues de Fursac (Anmerkung des Autors)

Abb. 19. Le Voyageur français. Japanische Landschaft (Anmerkung des Autors)

Abb. 20. Le Voyageur français. Dekoratives Aquarell. Chaos von Linien und Farben (Anmerkung des Autors)

Abb. 21. Le Voyageur français. Dekoratives Aquarell (Anmerkung des Autors)

Abb. 22. Emile Josome Hodinos. Sammlung Dr. Sérieux (Anmerkung des Autors)

Abb. 23. Emile Josome Hodinos, Reinigung der Werkzeuge. Systematische Disproportionierung, Sammlung Dr. Sérieux (Anmerkung des Autors)

Abb. 24. Zeichnung eines Paralytikers, Umkehr der perspektivischen Verhältnisse, Sammlung Dr. Luys (Anmerkung des Autors)

Abb. 25. Zeichnung eines Paralytikers, die Bedeutung der Figuren verändert die Perspektive
(Anmerkung des Autors)

Abb. 26. Ausschnitt einer Freske, symbolische Darstellung, Sammlung Dr. Luys (Anmerkung des Autors)

Abb. 27. Théophile Leroy. Metaphysische Zeichnung, Darstellung synthetischer Tiere, Sammlung Dr. Sérieux (Anmerkung des Autors)

Abb. 28. Théophile Leroy. Metaphysische Zeichnung, Darstellung eines synthetischen Tieres, Sammlung Dr. Sérieux (Anmerkung des Autors)

Wie wir gesehen haben, bilden die Zeichnungen der Verrückten keine in sich vollständig abgegrenzte Ausdrucksform oder gar etwas Monströses, das von dem allgemeinen Kunstschaffen isoliert ist. Unter den verschiedenen Merkmalen lassen einige an Pasticcios archaischer Kunstformen denken, andere rufen die Analogie zu Zeichnungen von Randgruppen hervor, wie zum Beispiel der Gefangenen, der Medien, der Kinder und der Wilden. Diese verwandten Ausdrucksformen erhellen und erklären einander, so daß ihre Ähnlichkeit manchmal zur Übereinstimmung wird. Es ist unerläßlich, von dieser geistigen Verwandtschaft zu wissen, um die Kunst der Verrückten wirklich schätzen zu können.

Für die Gefangenen – wie übrigens auch für viele Wahnverfolgte – ist die Zeichnung lediglich eine ideographische Schrift. Der Autor fertigt eine Zeichnung an, um seine Gedanken auszudrücken, seinen Stolz zu befriedigen und sich seinem Verlangen nach Rachsucht zu entledigen. Er kümmert sich überhaupt nicht darum, etwas Schönes oder Originelles zu gestalten, vermischt ohne Scheu die verschiedenen Genres oder fügt, um verstanden zu werden, Schriftzeichen in sein Werk ein.

Diesen ursprünglichen Schaffensdrang und die damit verbundenen Gestaltungsmerkmale finden wir auch in den Zeichnungen der Verrückten und der Medien wieder. Das hat nun nicht zu bedeuten, daß zum Beispiel M. Victorien Sardou, Autor mediumistischer Zeichnungen, verrückt sei, umso weniger, als eine Analogie zwischen Traum und Wahnsinn noch lange nicht besagt, daß jeder, der träumt, ein Irrer ist (Abb. 29). Das Medium führt bald Zeichnungen kindlichen Stils aus, bald stark befremdend wirkende Werke von sonderbarem Reiz. Man braucht ja nur die Zeichnungen von Spiritisten denen von Verrückten gegenüberzustellen, um sofort von der Analogie betroffen zu sein.

Wichtig scheinen aber vor allem die Analogien zu den Kinderzeichnungen und zu denen der Wilden. Insofern ist es nötig, von einer klaren Vorstellung über beide Genres auszugehen.

I. Kinderzeichungen

Das Kind eignet sich das, was es als schön empfindet, relativ spät an. Davor hat es doch andere Dinge zu tun. Aus der Sicht der anerkanntesten Kinderpsychologen – James Sully, Baldwin, Pérez – wird die erste ungerichtete Freude, die das Kind empfindet, durch Töne hervorgerufen. Es liebt die einfachen, klaren Rhythmen, die es unmittelbar in Bewegung der Arme und Beine umsetzt. Was das Visuelle anbelangt, richtet das Kind sein Interesse auf das, was glänzt. Flimmernde Gegenstände und grelle Farben vermögen seine Freude auszulösen, und wie der Wilde liebt es den Flitter. Formen, welche auch immer, scheinen nicht seine Begeisterung zu erregen. Das Zeichnen als Ausdrucksmittel findet sich jedoch bei fast allen Kindern.

Bei den ersten Versuchen, mit denen das Kind sich an das Zeichnen herantastet, finden wir etwas Gleiches, wie bei seinen anderen ersten Lebensäußerungen und überhaupt all den Anzeichen seines ersten eigenen, noch so unvoreingenommenen Denkens. Es geht hier um einen eigenständigen Stil, den *puerilen Stil.*

Vor allem als Bilderschrift haben diese Zeichnungen ihre dokumentarische Bedeutung. Diese Art der Sprache ist anschaulicher und unmittelbarer als die Abstraktion durch das Wort. Heute noch werden nach James Sully diese Ausdrucksmittel von den Wilden verwendet, um ihren Stammesgenossen eine Mitteilung zu machen.

Um dies zu erreichen, zeigt sich eine gewisse ästhetische Notwendigkeit, nämlich das Wesentliche des Inhaltes herauszuarbeiten, den es zu vermitteln gilt.

Hier haben wir dann den Schlüssel zum puerilen Stil, der uns nur so verwirrend und absurd erscheint, wenn wir versuchen, ihn nach unserem allgemeinen Wahrnehmungsmodus zu beurteilen.

Diesen Überlegungen folgend, ergibt sich die Qualität der Kinderzeichnungen. Und sobald das Kind ein Stadium erreicht hat, das den Stand seines augenblicklichen Wissens zusammenfaßt, erfreut es sich daran. Seine Ausdrucksweise wird nun mechanisch-stereotyp; bis zu dem Moment, wo seine Objektkenntnis sich mit neuen Zeichen angereichert hat, verändert es sie nicht weiter, und es nähert so seine zeichnerische Ausdrucksweise allmählich neuen, komplexeren Vorstellungen an. Hier finden wir eine Erklärung für die Bemerkung Jacques Passys über Kinderzeichnungen, die lautet, das Kind reproduziere einen ihm neuen Gegenstand immer erst in der gewohnten Ausdrucksform, über die es bereits verfügt. Dieser Wissenschaftler zeigte sich einem Kind im Profil, das gewohnt war, den menschlichen Kopf in Frontalansicht zu zeichnen, und sagte zu ihm: „Zeichne mich!" Nun aber kümmert das Betrachten des Modells das Kind wenig, und es hält seine Aufmerksamkeit zurück. Es sieht einen Menschen vor sich, und da es sich bereits eine Vorstellung vom Menschen gemacht hat, die ihm vorläufig genügt, kommt ihm die Gelegenheit gerade recht, sie einfach anzuwenden. Es gehorcht gleichsam dem Gesetz des geringsten Widerstandes.

Eine perfekte Zeichnung im übrigen, so schön sie auch sein mag, interessiert das Kind weniger als die Wiedergabe seiner eigenen Bilder. Sie wäre nämlich zu kompliziert und entspräche seiner einfachen, direkten Vorstellung nicht, die es in sich trägt. Den Hauptentwicklungsstufen der Kinderzeichnungen folgen heißt, das allmähliche Bewußtwerden des Kindes beim Begreifen seiner Welt mitzuerleben.

Das Bild, das sich das Kind vom Menschen macht, wird in der Reihenfolge ins Gedächtnis aufgenommen, wie die verschiedenen Merkmale der menschlichen Gestalt das kindliche Gemüt berühren und die das Kind dann auch versucht wiederzugeben. Aufgrund der Bedeutung dieses entstehenden inneren Raumes kümmert sich das Kind überhaupt nicht um die Vielfalt der realen Formen. Es spürt die Elemente, aus denen

Abb. 29. Victorien Sardou, La maison de Mozart, ville basse

seine bildliche Grundvorstellung besteht, und schafft daraus ein graphisches Ganzes. Es fügt sie auf dem Papier zusammen, wie sie in seinem Geist bereits bestehen, ohne zum Beispiel zu merken, daß ein En-face-Bild keinesfalls eine Nase im Profil zeigen kann. Man sagt, das Kind habe große Schwierigkeiten, die menschliche Gestalt im Profil darzustellen; in Wirklichkeit aber gibt es bei ihm weder Profil- noch Vorderansicht (Abb. 30). Einzig der Beharrlichkeit des Lehrers gelingt es, das Kind aus dieser Gewohnheit zu lösen, und nur widerwillig beschließt es, die Figur im Profil nur noch mit einem Auge zu zeichnen, wo der Mensch doch zwei besitzt. Oft sieht man noch den Hinweis auf das zweite Auge sich im Haar verlieren oder gar außerhalb der Figur selbst erscheinen, wie ein Beweis, daß es nicht aus mangelnder Sorgfalt vergessen wurde. Noch dazu ist dieses eine in der Profilansicht übriggebliebene Auge so gezeichnet, als wäre es von vorne.

Aus dem gleichen Grund zeichnet das Kind jedesmal, wenn es ein Haus darstellen möchte, dieses von drei Seiten. Die Frage der Transparenz und der Proportion stellt sich nicht; Dichte und Perspektive als Eigenschaften der Materie haben mit dem Reich der kindlichen Ideen nichts gemein.

Wenn das Kind Tiere zeichnen möchte, läßt es sich von der gleichen Anordnungsweise leiten, und der Hund, die Katze, das Pferd und die Ente, große Favoriten seines Zeichenstiftes, stehen en face Modell; das Kind vergißt auch nicht, ihnen zwei Augen zu geben. Wozu sich die Mühe machen und neue Formen suchen? Die Tierschnauze wird durch ein in die Horizontale gelegtes menschliches Gesicht dargestellt, das ist alles. Und was die Füße angeht, kann man eigentlich nur feststellen, daß es davon immer genug gibt. Erst später werden sie genau gezählt. Auf diese Weise erscheint zum Beispiel eine Schildkröte als Scheibe und mit beliebig vielen Extremitäten versehen.

Diese einfache Übertragung spielt eine große Rolle. Es ist nur zu verständlich, alles, was nach einer menschlichen Figur aussieht, auch auf sie zu beziehen. Sehen denn nicht Lokomotiven manchmal wie Tausendfüßler aus? Im übrigen wird die Bedeutung der Zeichnung als ein Grundmuster des bisher erlangten Wissens durch eine interessante Tatsache bekräftigt. Das ist die Angewohnheit, der Figur den Namen des Objektes hinzuzufügen, das sie darstellen soll. Die gleiche Sache wird auf zwei verschiedene Weisen ausgedrückt, die eine konkret, die andere abstrakt. Man kennt nichts, was ausdrücklicher und naiver wäre als die Absicht, nicht etwas Schönes zu schaffen, sondern ein klar verständliches Bild zu zeichnen.

Beschränken wir uns auf das Heranwachsen des kindlichen Bewußtseins, bieten uns die Kinderzeichnungen eine erstaunliche Entwicklungsreihe. Hierbei geht es um drei Abschnitte: Eine Phase der ungebändigten Kritzelei, des weiteren eine symbolische Periode, die den eigentlichen puerilen Stil bildet, und dann eine Phase der Hinwendung zu einer eher erwachsenen Entwicklung.

Die Anfänge zeigen ein objektfreies Durcheinander von Linien, in dem das Kind jedoch schon versucht, die Grundelemente von Mensch und Tier zu erkennen und zu zeichnen. Nebenbei bemerkt beginnen auf diese Weise auch die mediumistischen Zeichner ihre Arbeiten.

Abb. 30. Kinderzeichnung. Die Figur wird weder von vorne noch im Profil gesehen: eine einfache graphische Aufzählung der Merkmale (Anmerkung des Autors)

Die Unfertigkeit des jungen Zeichners ist nicht verwunderlich. Und wenn das Kind in diesem Durcheinander der Elemente seiner Vorstellung wiederfindet, erleben wir mit ihm etwas von seiner Wonne und Lebendigkeit an diesem projektiven Vorgang. Auf diese Weise kommen seine inneren Bilder zu ihren Ausdruck.

Aber diese Art des raumgreifenden Malens genügt dem Kind im dritten oder vierten Lebensjahr nicht mehr. Es bemüht sich nun um eine Darstellungsweise, die dem Entwicklungsstand seiner Wahrnehmung entspricht, wobei es ihm allerdings nicht um eine wirklichkeitsgetreue Abbildung geht. Zeigt uns nicht die Geschichte der Geisteswissenschaft, wie schwer es ist, die Dinge so zu sehen, wie sie sind? Und das „C'est l'esprit qui voit et oid" von Montaigne bestätigt doch, daß es in der Wahrnehmung um die Beziehung des Geistes zur Außenwelt geht. Das Studium der Kinderzeichnungen bestätigt dies in vieler Hinsicht. Dem Künstler vergleichbar, der auf der Höhe seines Genies Ideen durch Symbole darstellt, die er der materiellen Welt entnommen hat, stellt das Kind seine Begegnung mit der Welt auch in Symbolen dar. So gesehen läßt sich diese erste Phase, in der das Kind sich in seinen Zeichnungen real mit Figuren beschäftigt, als symbolische bezeichnen.

Um das zehnte Lebensjahr oder später, je nach dem kindlichen Entwicklungsstand und der Beharrlichkeit des Lehrers im Zeichenunterricht, wird jedoch die Ausschließlichkeit des Symbolisierens durch das reale Abbilden der Natur allmählich ersetzt. Das Kind wird nun zum ungeübten Zeichner. Der verschlüsselte Bildcharakter schwindet, und wenn das Kind auch weiterhin unbefangen zeichnet, so zeigen sich doch erste Spuren eines gewissen ästhetischen Bemühens. Es beginnt sich für das Abbilden realer Objekte zu interessieren, und fortan sind die Merkmale des puerilen Stils nur noch vereinzelt in seinen Zeichnungen zu sehen.

Die Phase des eigentlichen puerilen Stils ist also die Zeit der Symbole, und durch sie haben wir teil an dem Heranreifen des kindlichen Weltbilds.

Das erste Objekt, das sich ihm anbietet, seine Aufmerksamkeit unmittelbar weckt und sein Verlangen nach Begreifen reizt, ist die menschliche Gestalt (Abb. 31). Da ist zunächst einmal etwas annähernd Rundes, das mit ein oder zwei an Augen erinnernde Punkte oder auch Kreise versehen ist und das auf zwei Parallelen steht, die die Beine darstellen sollen. Außerdem ist es nicht selten, daß anstelle von zwei Augen nur eines gezeichnet ist, oder, wenn es überhaupt zwei sind, befinden sie sich untereinander. Dieses ist aber ohne Bedeutung, denn das Kind interessiert sich vor allem für das Auge als funkelndes und lebendiges Element: Dieses Objekt vergißt es nicht so schnell und verleiht ihm außergewöhnliche Dimensionen. Betont nicht jenes fünfjährige Mädchen diese naive Empfindung, indem es das Auge außerhalb des Kopfes zeichnet und dazu noch größer als ihn?

Nach dem Auge erscheint der Mund, der als einfache Horizontale beginnt, sich zu einem vergitterten Viereck entwickelt und übertriebene Proportionen annimmt. Im übrigen ist es eine allgemeine Erscheinung, ein neu entdecktes und ins Gestaltungsschema eingefügtes Element zu unterstreichen, zu erweitern und ins Lächerliche zu übertreiben.

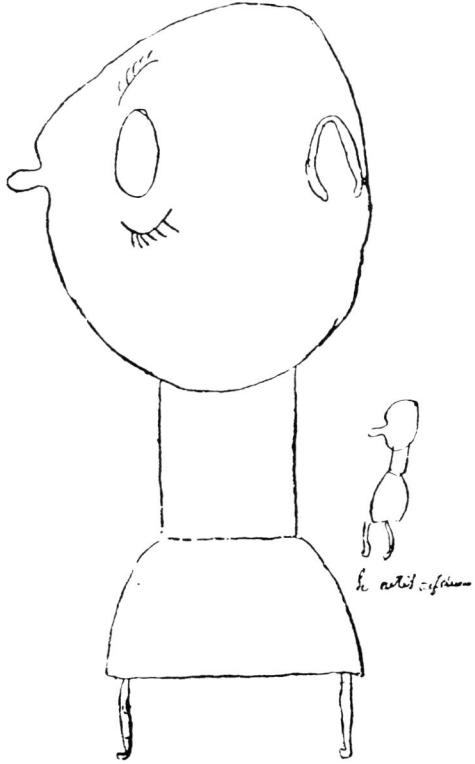

Abb. 31. Kinderzeichnung. Symbolische Periode (Anmerkung des Autors)

Die Nase, die in der Beobachtung der Erwachsenen vielleicht das wichtigste Element des Gesichtsausdruckes ist, regt das Beobachtungsvermögen des Kindes erst relativ spät an. Davor ist sie lediglich eine einfache Vertikale, danach ein Winkel, sodann ein gleichschenkelig nach oben gerichtetes Dreieck und manchmal gar eine halbrunde Klammer.

Die Darstellung von Ohren und Haaren erfolgt meist später und zeigt bereits eine Entwicklung vom Symbolisieren zum eher realistischen Abbilden an.

Füße und Hände, die eigentlich aktiven Organe, lenken bald die Aufmerksamkeit unseres Beobachters auf sich.

Die Beine, die zunächst mit dem Kopf zusammen das ganze Individuum bilden, werden durch zwei volle Striche, jeweils durch einen Querbalken beendet, gezeichnet.

Die Arme, deren Ansatzstelle auf den ersten Blick so eigenwillig scheint, entspringen einer noch rumpflosen Figur und setzen direkt am Kopf an oder eben an der Verbindungsstelle zwischen Kopf und Beinen (Abb. 32, 33). Aber die Arme an sich sind nicht interessant. Wenn das Kind sich für sie begeistert, dann, weil es von etwas auffallend Beweglichem angeregt wird, das sich an seinem Ende auch noch mehrfach aufgliedert. Eine merkwürdige Symbolisierung dieser Idee der Hand findet sich in einigen sehr einfachen Zeichnungen wieder, in denen der Arm von einem Querstrich rechtwinklig beendet wird, der mit lauter kurzen Linien versehen ist, die einer Papageienleiter ähneln (Abb. 33). Sodann hören die Querstriche auf und bilden schließlich an seinem äußersten Ende einen Fächer mit fünf Stengeln, der bereits als Schema der fünffingrigen Hand gelten kann. Letztendlich wird die Handinnenfläche als Kreis abgebildet. Ähnlich dem Auge bleiben die Finger ein wichtiger Bestandteil, und in bestimmten Zeichnungen, in denen die oberen Extremitäten als wie Fächer entfaltete Flossen erscheinen, erkennt man ein direktes Ansetzen der Hand an den Körper, wobei der Arm selbst nicht gezeichnet wird, da er ja wirklich nutzlos ist.

Schließlich erscheint als letztes Element der Körper selbst (Abb. 34). Man kann sagen, daß dies bereits eine gewisse Reife der kindlichen Vorstellung voraussetzt. Der Körper gestaltet sich in einfacher Art auf Kosten des oberen Abschnittes der Beine, wo das Kind eine Art Viereck oder Trapez anbringt. Wenn der Oberkörper seinen Platz im Gestaltungsschema gefunden hat, wandelt er sich zum Oval oder zum Dreieck, oft hervorgehoben durch eine Reihe funkelnder Knöpfe auf der Mittellinie. Von nun an ist die Vorstellung vom Menschen fast vollständig.

Die kindliche Seele ist aber kein Palast, in dem sich endlos Reichtümer anhäufen ließen. Man muß dem Kind nicht auf einmal von verschiedenen Dingen erzählen; es interessiert sich auf keinen Fall für allgemeine Erklärungen und große Zusammenhänge. Im Gegenteil behauptet das Kind immer deutlich seine Vorliebe für die kleinen Dinge. Die kleinen Blumen, die kleinen Hunde, die Mütterchen wie auch die kleinen Spielzeuge, die ein direkter Zugang zu seinen Bildern sind, befriedigen seine Neugier viel besser als die komplizierten Dinge. In einer Landschaft interessiert es sich für eine Blume; der Rest ist für das Kind noch nicht da. In einem beliebigen Zusammenhang, der für seine keimende Intelligenz immer zu kompliziert ist, klammert es sich an ein

Abb. 32. Kinderzeichnung. Ansatzstelle der Arme (Anmerkung des Autors)

Detail, das geeignet scheint, Bedeutung zu erlangen. Das erklärt im übrigen auch die Schwierigkeit des Kindes, Gruppierungen darzustellen. Die menschliche Figur erscheint ihm nicht als eine aus Elementen bestehende Einheit, sondern wie ein aus Einzelteilen und mehr oder weniger interessanten Details zusammengesetzter Komplex. Es sind die Details selbst, die das Kind interessieren: ein Hut, eine Person, eine Hand, also lauter Details, die sich ihm als Einheiten darstellen. Das Kind begnügt sich damit, solche Einheiten schlecht und recht zusammenzufügen, und aus dem Grund sind die Verbindungsstellen meistens so absurd. Deshalb ist ihm auch die Vorstellung einer Gruppe in der Zeichnung völlig unbekannt.

Das Kind hat also größte Schwierigkeiten, Objekte aufeinander zu beziehen. Selbst wenn seine Entwicklung schon so weit fortgeschritten ist, daß es über eine Vorstellung vom Menschen als Einheit verfügt, ist es dem Kind in seinen Zeichnungen nicht möglich, den Menschen auf andere Objekte bezogen darzustellen. Und auch der Reiter sitzt niemals richtig auf seinem Pferd (Abb. 35). Eine Folge der beschriebenen Tendenz ist, daß das Kind mit bestimmten Bildelementen überraschend gründlich umgeht. Es widmet sich immer pittoresken und interessanten Details. Der Hut zum Beispiel spielt eine sehr große Rolle in der kindlichen Phantasie. Kaum haben die Figuren ein Auge und zwei Füße erhalten, sind sie schon mit einem Hut versehen; der wiederum ist mit einer bemerkenswerten Ungeschicklichkeit auf den Kopf gesetzt (Abb. 36).

Die Pfeife, der Sonnenschirm, der Säbel oder der Spazierstock sind ebenfalls sehr anregend. An den Häusern, denen häufig die Türen fehlen, sind die Fenster mit der größten Sorgfalt gezeichnet, und, so unerfahren der Zeichner auch sein mag, vergißt er doch fast niemals die Gardinen, den Rauch des Schornsteins oder die Eselsköttel.

Später, nach diesen Zustandsbildern, wagt sich das Kind auch daran, Bewegungen und Handlungen auszudrücken. Es bedient sich zunächst der Symbolisierung des Vorganges, bevor es den realistischen Ausdruck versucht. Ein Kind von 5 Jahren, das zwei Menschen darstellen will, die sich die Hand geben, beginnt damit, sie einzeln, wie es das schon kann, jeden auf seiner Seite zu zeichnen, und verbindet sodann deren Hände mit einer Linie. Die Anwendung dieses Entwicklungsprinzips findet man immer wieder vor. Wenn das Kind sich also an das realistische Abbilden heranwagt, dann beginnt es zunächst damit, seinen Figuren Bewegungen zu verleihen, die in der Realität unmöglich sind, und erst ganz zuletzt entscheidet es sich dafür, die Natur zu betrachten und sie als Modell zu nehmen.

Der Rhythmus ist die erste ungerichtete Gemütsbewegung des Kindes, wie auch des Wilden oder des Geistesschwachen.

Diese Gemeinsamkeit im Ausdruck fällt vor allem beim Malen auf. Weder das Kind noch der Wilde versuchen, ein bestimmtes Muster nachzuahmen oder umzusetzen. Ihr hauptsächliches Bedürfnis besteht darin, Grundlegendes und Archetypisches wahrzunehmen und zum Ausdruck zu bringen. Ihre Kunst lebt von exzessiven Vorstellungen, denen schnell etwas Stereotypes anhaftet. Aber neben den unübersehbaren Analogien sollte man auch die sicher vorhandenen Unterschiede hervorheben.

Abb. 33. Kinderzeichnung. Albert P., 5 Jahre alt (Anmerkung des Autors)

Der puerile Stil ist ein Stil für sich, unabhängig von den Übungen, denen sich die Zeichenlehrlinge hingeben. Es stimmt, daß das Kind, ähnlich dem Wilden, den Zeichnungen eine Art geheimnisvollen Eigenlebens zuschreibt, wie dieses kleine Mädchen, das nicht wagte, ein Portrait von Croque-Mitaine anzufassen, aus Angst, gebissen zu werden. Aber das Beschwichtigen durch die Außenwelt läßt diesen Glauben rasch erlöschen: Ständige Unterweisungen lenken die kindliche Energie, und bringen die Kinder dazu, sich gemäß einer anderen Ordnung zu verwirklichen, so wie man es eben heute tut.

Das genaue Beobachten archaischer Darstellungen läßt die ganze ungebrochene Entwicklung und Ausreifung des puerilen Stils erahnen.

Aber es gibt noch eine andere, sehr weitreichende Analogie, die unübersehbar ist und die Arbeiten der Kinder mit denen der Wilden verbindet. Gewiß gibt es hier einen ästhetischen Reiz, der dort fehlt, aber in beiden Fällen findet man einen gerichteten Willen, sich der sichtbaren Realität nicht unterzuordnen. Hier wird ein Begriff übersetzt, dort eine Auffassung oder ein Gefühl verwirklicht, und wenn auch bestimmte Wilde bewundernswerte Künstler waren, spürt man doch überall das Bestreben, bei der Wirklichkeit des Körpers nicht stehen zu bleiben. Sicherlich wird auch kein Wilder eine im Profil gezeichnete Figur mit zwei Augen versehen, aber er zögert nicht, die gleiche Person in zwei Phasen ihrer Handlung zu zeichnen. Die übertriebene Bedeutung, die dem Gesicht zugeschrieben wird, die meist unstimmige Verbindung des Kopfes mit dem Rumpf, die hieratische und stilisierte Art, mit der Figuren und landschaftliche Umgebung dargestellt sind, führt uns wieder auf diese subjektive, ideelle oder gefühlsmäßige Vorstellung zurück, die das Kind ohne künstlerisches Geschick zum Ausdruck bringt.

Jeder Maler projiziert sicherlich einen mehr oder weniger beachtlichen Anteil seiner Persönlichkeit in sein Werk, und die Wilden wie auch die Kinder gehen in dieser Hinsicht eben äußerst weit. Eigentlich unterscheiden sich diese Künstler doch nur in dem Ausmaß, mit welchem sie sich diesem Prozeß hingeben. Aber da ist noch mehr: Die Liebe für merkwürdige und pittoreske Details, die für das Kind so kennzeichnend ist, findet sich hier in aller Klarheit wieder. Ein Element, das zwar nicht sichtbar, aber im Gedächtnis vorhanden ist, wie zum Beispiel ein Blatt in der Landschaft, wird schon bei den allerersten Wilden mit einer solchen Genauigkeit und Liebe dargestellt, daß es einen berührt. Hände und Gesichter, Blumen und Früchte, Stoffe und Waffen, werden aus einer unbefangenen Überzeugung heraus sorgfältig ausgearbeitet und lassen diese Arbeiten an wahrhaftige Kunstwerke heranreichen.

Man könnte noch auf weitere Analogien zwischen Kinderzeichnungen und archaischer Kunst hinweisen, wie zum Beispiel auf die Darstellung bestimmter Posen und, beim Kind besonders evident, auf die Neigung zur Stereotypie sowie auf das Fehlen von Gruppierungen.

In alldem spürt man eine wesentliche Verwandtschaft, die den Geist tief berührt. Die Wilden, die ja bereits über eine relativ hochentwickelte und kultivierte Kunst verfügen, haben zwar sicherlich mit der kindlichen Vorgehensweise abgeschlossen; aber sie haben die wesentlichen Merkmale des puerilen Stils kunstvoll und schön aufgenommen und sie auch zu ästhetischen Prinzipien verfeinert.

Abb. 34. Kinderzeichnung. Mensch mit Oberkörper (Anmerkung des Autors)

II. Archaische Kunst

Künstlerische Ausdrucksformen sind auf allen gesellschaftlichen Entwicklungsstufen anzutreffen. Sie sind nicht allein – wie der Luxus – die Eigenschaft reicher oder hochentwickelter Völker oder Individuen.

Man kann nicht umhin, die künstlerischen Zeugnisse zu bewundern, die uns der Höhlenmensch, dessen Leben doch als Prototyp einer unvollkommenen und rudimentären Existenz angesehen wird, in Form von Inschriften auf Rentiergeweihen, Knochensplittern und bearbeiteten Steinen hinterlassen hat.

Es fehlt gewiß noch einiges, bis wir wirklich Klarheit über die frühere Menschheit haben, aber es gibt gute Gründe anzunehmen, daß ihre Lebensbedingungen weit schwieriger waren als die irgend eines anderen heutigen primitiven Stammes. Aktuelle Diskussionen über prähistorische Kunst zeigen jedoch, daß das Ernstnehmen der Kunst bei den Urmenschen weit fortgeschritten war.

Im übrigen ist es bedeutsam, daß Boucher de Perthes, der sich als erster um diese Werke gekümmert hat, sofort über deren Ähnlichkeit mit ägyptischen oder assyrischen Stilen erstaunt war. Lassen wir einmal das persönliche Geschick und die Frage der Technik beiseite, so geht es hierbei tendenziell um einen gleichen realistischen und schlichten Kunstbegriff, der bemüht ist, die Wirklichkeit genau zu erfassen, indem er sie stilisiert und unter dem Aspekt eines harmonischen Gleichgewichts betrachtet.

Die prähistorische Kunst ist es wert, hier kurz erwähnt zu werden. Aber ihre Geschichte liegt zu sehr im Dunkel, als daß sie selbst irgend etwas zur Klärung beitragen könnte. Betrachten wir nur einmal, was sie uns an Vollkommenheit und Reife zeigt, die wir sogar bei den weiterentwickelten Wilden finden.

Hier und da ermöglichen verstreute Monographien und Beschreibungen von Reisenden, die zwischen geographischen, ethnographischen und sozialen Materialien diskret dürftige Hinweise über künstlerische Äußerungen eingeschoben haben, sich einen Gesamteindruck von den allerersten ästhetischen Tendenzen zu machen.

Ohne Zweifel gibt es solche und solche Wilde, und wenn auch die Konstitution, der Einfluß des Milieus und die angewandten Techniken erhebliche Unterschiede im Resultat erbringen, bleiben doch generelle Charaktermerkmale bestehen, die umso klarer betrachtet werden können, als sie den primitiveren Perioden angehören.

Des weiteren fehlt es nicht an Beispielen, die nachweisen, daß die künstlerische Entwicklung nicht parallel zur intellektuellen und sozialen verläuft. Die Eskimos sind weit bessere Zeichner als die Polynesier, die wiederum andere Techniken besser beherrschen. Die Inder, die Parsi, Tamilen und die Moslems, die alle sehr intelligent sind, verstehen nichts von unseren Bildern. Das bedeutet aber noch lange nicht, daß sie über keine eigenen, ihrer Mentalität entsprechenden ästhetischen Ausdrucksformen verfügen. Die Polynesier zum Beispiel, so unbegabt auch im Zeichnen von Tieren und Pflanzen, sind doch sehr geschickt in der reinen Ornamentik.

Im großen und ganzen wecken diese Werke in uns nicht gerade den Eindruck, daß es hier um das Schöne geht. Und doch lassen sich diese ersten künstlerischen Versuche

Abb. 35. Kinderzeichnung. Marcel D., 7 Jahre alt (Anmerkung des Autors)

nach Herkunft, Ausdrucksform und Stil ordnen. Und wie es zum Beispiel Stämme ohne Gott gibt, besitzen andere eben nur eine rudimentäre Gestaltungsweise.

Nach Olfield waren die Ureinwohner Australiens zum Beispiel unfähig, ein Portrait zu erkennen: „Es gelingt ihnen nur, ein Schema zu erkennen, in dem bestimmte Details sehr übertrieben dargestellt werden. Um ihnen zum Beispiel eine Vorstellung vom Menschen zu geben, muß man dann auch dessen Kopf überproportional zeichnen." Das entspricht genau der Entwicklungsstufe eines dreijährigen Kindes. Und auch andere Reisende bestätigen diese Naivität der Ureinwohner. Zweifelsohne würde eine vollständigere Dokumentation, insbesondere bei manchen Stämmen Zentral- und Nordafrikas, ähnliche Beispiele aufdecken.

„Bar jeglicher Kunst in unserem heutigen Sinne, haben diese Stämme nichtsdestoweniger einen eigentümlichen Sinn für Schönheit." Wenn man also auch hier der *ästhetischen Tendenz* begegnet, so findet man sie bei diesen Kinder-Völkern auf schlichte Weise in deren Vorliebe für allerlei Schmuck und Ornamente, deren wertvollste Eigenschaft in ihren Augen das Funkeln zu sein scheint. Das Dekorieren von Hüllen entspricht offensichtlich einem so zwingenden Bedürfnis, daß die Wilden, denen die Milde des Klimas es erlaubt, nackt zu bleiben, das Tätowieren entwickelt haben. In dieser Technik gelangen manche Stämme, wie zum Beispiel die Ureinwohner Neuseelands, zu wirklich erstaunlichen Ausführungen. Und hier werden wir doch an die schon erwähnte Art der Objektdeutung erinnert, die durch die Beschaffenheit des Materials – Holz, Papier, Haut etc. … – bestimmt wird.

Zu den frühesten Ausdrucksformen gehört die Bildhauerei. Man weiß ja, daß die Wilden, die mit dem Spiegelbild noch nicht vertraut sind, die größten Schwierigkeiten haben anzunehmen, daß ein Lebewesen im Spiegel ohne Tiefe sei. Das Abbilden in einer Zeichnung erfordert also einen Grad von Abstraktion, den die Wilden erst sehr spät erlangen, zumal die Perspektive sowie das Spiel von Licht und Schatten ihnen weitere Schwierigkeiten bereiten.

Plastik und Zeichnung werden im übrigen nicht gleichermaßen angewandt. Läßt man die archaischen Werke relativ entwickelter Gesellschaften außer acht und betrachtet das Gestalten der Urmenschen, sieht man, daß die Plastik mehr Bedeutung hat.

Die Statue drückt nicht im gewohnten Sinne das Bedürfnis nach Schönem aus. Sie hat vor allem einen sozialen und religiösen praktischen Gehalt. Man sollte nicht vergessen, daß fast alle Wilden eine sehr eigene Vorstellung vom Abbilden beseelter Wesen haben.

Was dies angeht, wären manch ungeduldige Reisende wegen ihres Unwissens beinahe zu Tode gekommen: denn der Wilde, von dem sie ein Bild machten, war der festen Überzeugung, die Abbildung sei seinem Leben entnommen. Sich ein Bildnis von jemand machen heißt, gegen diesen eine furchtbare Waffe schmieden, weil all das Böse, das man dem Bilde zufügt, vom Abgebildeten unmittelbar erlitten wird; wie bei den Wachsfiguren, mit denen der Zauberer aus der Ferne Feinde erdolchen oder den Feuertod erleiden lassen kann. Die Ähnlichkeit mit dieser Figur ist ein Teil der eigenen

Abb. 36. Kinderzeichnung. Jules L., 8 Jahre alt (Anmerkung des Autors)

Person. Diese Idee beherrscht das ganze Geistesleben der Wilden. Hierfür steht beispielhaft der Gebrauch des Fetisches.

Der Fetisch bewohnt einen Schrein, der ihm zugemessen ist, und wie er bekanntlich Leben und Tod verkörpert, ist es nicht erstaunlich, daß die meisten dieser Abbildungen einen überindividuellen und in sich ruhenden Eindruck machen.

In unserer Betrachtung geht es nicht um die Fetische, die erst später, im Zuge des Kontaktes mit den Europäern, entstanden sind. Nicht daß diese uninteressant wären, aber ihre sorfältige Verarbeitung hat doch allzu oft etwas Betrügerisches: Man hat den Eindruck eines durch einen Könner gefertigten Pasticcios im Stil der Primitiven. Diese Fetische zeigen so etwas wie einen Kompromiß zwischen der primitiven Kunst und der unseren. Hier scheint es sich nur noch um den Stil zu drehen; das Gesicht bleibt ziemlich ausdruckslos und der Körper lediglich deformiert. Und so lobenswert diese Arbeiten auch sein mögen, so sind sie doch in ihrer Ausführung von einer Art Reife, die wenig mit dem ursprünglichen Gestalten der Wilden zu tun hat.

Die allerersten Fetische sind ziemlich rar, denn, meist aus Holz, werden sie nach einer bestimmten Zeit Opfer der Würmer und müssen neugeschnitzten Platz machen. Aus diesem Grunde sind die ursprünglichsten erhaltenen Formen aus Stein.

Durch eine symmetrische Anordnung und die Schematisierung der menschlichen Gestalt auf eine Weise, die den Geist mehr anspricht als das Auge, kommt das Erhabene unmittelbar zum Ausdruck. Der Fetisch muß nicht schön sein: Wichtig ist seine Ausstattung mit allen wesentlichen menschlichen Attributen. Er hat an einer allgemeinen Idee teil, und seine Darstellung muß konsequenterweise auf genügend Überpersönliches zurückgreifen können. So ist der Fetisch, wie auch die Kinderzeichnung, grundsätzlich eine schlichte Ansammlung von Attributen.

Zeichnungen und Graffiti entstehen später und sind im übrigen schwieriger zu konservieren. Wenn sie auch weitgehend analoge Merkmale aufweisen, so ist ihre soziale Funktion allerdings eine andere als die der Statue. Hätte denn die Seele des Fetisch überhaupt Platz auf einem zweidimensionalen Blatt?

Die zahlreichen Zeichnungen unterschiedlicher Herkunft, die von Schooleraff, Andree und von den Steinen veröffentlicht wurden, unterstreichen als charakteristisches Merkmal das Schematisieren und manchmal auch ein gewisses Stilisieren. Mathews (Société d'anthropologie, 1898) hat Reproduktionen von Felsenbildern der australischen Ureinwohner gezeigt, die auf einen frühen puerilen Stil hindeuten: Hände sind hier durch einfache Abdrücke auf den Untergrund dargestellt.

Was aber diese Zeichnungen noch weniger faßbar macht als die Statuen, ist ihre stereotype Formel. Diese stellt ein einfaches und schnelles Mittel dar, die Vorstellung vom Menschen hervorzurufen. Sie ist damit ein Element der Bilderschrift, welche die Grundstruktur primitiver Zeichnungen bildet. Heute weiß man, daß die alten chinesischen, mexikanischen, annamitischen und ägyptischen Schriften hieroglyphisch waren. Das gleiche ist für die Bilderschrift der Indianer nachgewiesen, und man darf sich fragen, ob dies nicht auch für andere Volksstämme gelten kann. In

Abb. 37. Umhang eines Sioux-Häuptlinges. Musée du Trocadéro, Paris

jedem Falle ist es ein erstaunlich praktikabler Schlüssel, zu den Geheimnissen dieses Themas durchzudringen.

Die Indianer liefern uns gute Zeugnisse hieroglyphischer Zeichnungen. Das Musée du Trocadéro besitzt einen mit Figuren, Szenen und Ornamenten geschmückten Umhang, anhand dessen Ernest Hamy die Lebensgeschichte eines Sioux-Häuptlinges nachgezeichnet hat (Abb. 37); ein bezeichnendes Beispiel von jenen Produktionen, die als Schrift zu bildhaft sind, und die doch zu wenig Malerisches enthalten, um Bild zu sein. Hier erscheint der Held in den verschiedenen Abschnitten seines kriegerischen Lebens, und eine schlicht punktierte Linie zeigt die Vorgehensweise, wie man den zeitlichen Ablauf der Ereignisse wiederherstellt. Weiterhin bemerkt man geometrisch stereotypisierte Formen im Sinne konventioneller Zeichen, die dazu dienen, die Personen je nach ihren wesentlichen Attributen zu unterscheiden: fünf oder sechs geschwungene Linien, die dem Kopf entspringen, bezeichnen den Häuptling, die anderen werden mit einem Schädel gezeigt, der mit kurzen Linien gespickt scheint wie ein Nadelkissen. Es gibt weder Perspektive noch Bewegung, alles findet auf der gleichen Ebene statt, und nicht selten wird ein im Profil gesehener Reiter mit seinen zwei Beinen dargestellt. Weder wird der Dichte des Körpers Rechnung getragen, noch den Gesetzen von Licht und Schatten. Das ist ein Hinweisen, mehr nicht. Zeigt sich hierin nicht gerade die geistige Beweglichkeit der Sioux?

In anderen hieroglyphischen Zeichnungen finden wir geradezu gewagte Verformungen, um Inhalte auszudrücken. Beispiele dieses variationsreichen, eigentümlichen Symbolismus zeigen auch bestimmte primitive peruanische Zeichnungen, in denen Kundschafter mit großen Ohren und Füßen gezeichnet werden. Die Arme werden ausgelassen, da ihnen keine spezielle Rolle zukommt.

Andree veröffentlichte die gesammelten Zeichnungen eines Missionars, in denen Indianer die menschliche Gestalt im Stil dreijähriger Kinder zeichnen: ein großer Kreis für den Kopf, zwei kleine für die Augen und dazu zwei Senkrechte für die Beine. In jedem Falle haben einige Körperteile immer übertriebene Dimensionen: Meistens ist es der Kopf, aber manchmal auch der Rumpf. Das entspricht genau dem, was auch die Kinder machen, wenn sie ein neues Element des Körpers entdecken.

In alldem geht es weder dem Kind noch dem Wilden darum, Kunst zu machen. Ihre Zeichnungen sind reine Hieroglyphen, ihre Statuen steif, unpersönlich und schematisch, fast abstrakte Ausdrucksformen. Ch. Wiener, der über frühe Indianerstämme Boliviens und Perus geforscht hat, formuliert es treffend: „In all diesen Darstellungen äußert sich der Künstler deutlich, auch wenn seine Technik stets unbeholfen bleibt. Seine Werke sind attraktiv, wenn sie auch leblos wirken. Er macht sich verständlich, aber er spricht nicht."

Ein grob und flächig geschnitztes Götzenbild aus dem Gebiet der Nigermündung zeigt zum Beispiel eine äußerst einfache Vorstellung vom menschlichen Gesicht. Es besteht aus drei zusammengefügten, unterschiedlich großen Zylindern, die jeweils die Stirn, die Nase und das Gesicht darstellen. Weiter flußabwärts fertigen die Eingeborenen ihre Fetische in noch kargeren, geometrischen Formen.

Und im Ogun-Gebiet schließlich hat man einen ganzen Zyklus abstrakt anmutender Werke gefunden. In ihnen scheint die Einfachheit an ihre äußersten Grenzen zu gelangen. Diesmal wird das Gesicht als Fläche angesehen, aus der als einziges Element die Nase hervorsticht. Das ist eine ebenso schlichte wie kühne Stilisierung, eine Weiterführung des gleichen künstlerischen Prinzips.

Dieser Schematismus, diese Reduktion auf abstrakte geometrische Formen, bleibt so das wesentliche Merkmal dieser Kunst. Sicher wäre es doch ungerechtfertigt, hierin ein Zeichen reinen Unvermögens zu sehen oder gar eine arglose kindische Vereinfachung.

Obwohl einige sehr zurückgebliebene Volksstämme Werke schaffen, die sich durchweg mit denen des puerilen Stils decken, ist die Vorstellung des Wilden in den meisten Fällen vollständiger, und seine Art der Vereinfachung übersteigt das kindliche Begriffsvermögen. Nie bedient sich zum Beispiel das Kind der häufigen Darstellung des menschlichen Körpers mittels eines Kreuzes ✕. Und auch die schematisierte, aber korrekte Ansatzstelle der Arme am Körper zeichnet das Kind spontan so nicht. Der Grund dafür ist, daß die Wilden, entsprechend der Begriffsentwicklung des Erwachsenen, über einen ausgereiften Kunstbegriff verfügen, während dieser beim Kind noch im Werden ist. Dadurch bezeugt der Wilde eine Geisteshaltung, die über das kindliche Weltbild hinausgeht.

Durch geistiges Verarbeiten und Synthese also unterscheidet sich das Gestalten der Wilden von dem der Kinder. Aber beiden gemein ist das Desinteresse, das sie der Wirklichkeit entgegenbringen. Es geht ihnen nicht darum, die Figuren selbst darzustellen, sondern ihre Ideen zu beschwören.

KAPITEL III
DIE LYRIK

Der Mann von gesundem Menschenverstand, mit einem Sinn für das Praktische, zuverlässiger Arbeiter, guter Bürger und Ehemann, war niemals ein großer Poet. Es bedarf schon der Phantasie, der Launen und der Leidenschaft, damit der Dichter sich von der gewöhnlichen Norm entfernt. Der Mensch, der vollkommen im Einklang mit seiner Umwelt lebt, ist wunderbar ruhig; er erlebt weder große Freude noch großes Leid; seine praktische Überlegenheit rührt daher, daß er in seinem Leben wie eine unerbittliche Maschine funktioniert.

Es mag sein, daß die Geisteskrankheit die intellektuellen Fähigkeiten vernichtet, bevor sie diese überreizt: Der Alkohol, der den antiken Trinker verdummt, begeistert die zurückhaltenden Liebhaber. Und ich weiß von einem berühmten Redner, der einen Vortrag gegen den Alkohol halten sollte, daß er nicht zögerte, auf die Hilfe dieses gefährlichen Giftes zurückzugreifen, um in Stimmung zu kommen.

Die Verrückten, die richtigen, produzieren eine außerordentlich reichhaltige Literatur, auf welcher Stufe sie sich auch befinden. Falls sie nicht auf eine rein vegetative Existenz reduziert oder dem endgültigen Verfall anheimgegeben sind, vermögen sie, ihre merkwürdig interessanten Vorstellungen dem Papier anzuvertrauen.

Mit den literarischen Produktionen dringen wir, was unseren Ansatz betrifft, in einen weitaus empfindlicheren Bereich ein als in den Bereich der Schönen Künste im engeren Sinne.

Es ist uns aufgefallen, daß der literarische Ausdruck sich nur bei intellektuell relativ wenig gestörten Patienten zeigt.

Weil die Sprache die reichste, subtilste, wenn nicht gar intensivste Kommunikationsform der Intelligenz ist, sei sie geschärft oder nicht, ist sie offensichtlich auch der empfindlichste Prüfstein für Verwirrungen dieser Intelligenz selbst.

Gerade hier zeichnet die Sprache die geringsten Erschütterungen auf, weil das Sprachgefüge ein wunderbar ausgereiftes Instrument ist, die Feinheiten des Denkens auszudrücken, ein subtiles und mächtiges Werkzeug, das beim anderen ein Echo intimster Leiden hervorrufen kann.

Aber die größte Empfindlichkeit dieses Mittels unterliegt bis zu einem gewissen Grad dem Willen des Menschen: Es ist nicht jedermanns Sache, seine intimsten Gedanken wahllos preiszugeben. Mehr noch, scherzhaft sagt man ja, die Sprache sei dem Menschen gegeben, um seine Gedanken zu verbergen, und dies ist kaum paradox; man zeigt mit dem Finger auf den Donaubauern, der sich verpflichtet fühlt, jedem beliebigen alles auszuplaudern.

Tatsächlich erfüllt das Sprachgefüge seine empfindliche Funktion nur unter bestimmten Umständen: zum Beispiel Emotionen und Affekte, Übererregung durch Alkohol, Zorn, oder auch das Bloßstellen im Kreuzverhör. Und plötzlich werden

Ideen, Erinnerungen, Haßgefühle und Rachsucht offenbart, die ein armer Verrückter bis dahin verdeckt gehalten hat oder die er vielleicht nicht in sich selbst ahnte.

Dennoch kommt es häufig vor, daß gerade die Geisteskrankheit die genannten Umstände hervorbringt.

Sicherlich äußert der Verrückte, ich spreche hier von den schwierigen Fällen, manchmal durch sein Schreiben das Ureigene seiner Gedanken, das er zuvor nie ausgesprochen hätte, was ja auch verständlich ist.

Für den normalen Menschen scheint das Motto zu gelten „Wer schreibt, der bleibt", doch andere sind imstande zu schreiben, was sie nie hätten persönlich sagen können.

Hier kommen wir auf ein sehr wichtiges Merkmal der Schriften der Verrückten zu sprechen. Das Papier ist ihr geduldiger und williger Vertrauter, dem man in einer Intimität, die weder Ungeduld noch Sarkasmus stören, alles sagen und dem man sich nach Belieben überlassen kann. Und welch treuer Freund: Das Bedürfnis eines jeden menschlichen Herzens, sich anzuvertrauen, kann sich hier in aller Freiheit befriedigen. Der Freund wird schon nichts von euren Ergüssen verraten, wenn ihr ihm nicht die Erlaubnis dazu gebt.

Daher sind kaum verschleierte Bekenntnisse häufig in ihrer Literatur anzutreffen. Und der Roman ist bei ihnen niemals etwas anderes als eine gründliche Autobiographie, die manchmal durch viel Aufrichtigkeit eine gewisse Größe erlangt. Und das Drama, das zu unpersönlich und objektiv ist, erregt aus diesem Grunde ihren Tätigkeitsdrang auch nicht.

Aber es reicht nicht, daß der Kranke sich darauf einläßt, dem Papier das Wesentliche seiner Gedanken anzuvertrauen; die Störungen seiner Geistesfunktionen bestimmen mit Sicherheit die literarische Form, in die er dieses Wesentliche bringen kann, und so wird er instinktiv an die Art und Weise herangeführt, die am ehesten seinen Fähigkeiten entspricht.

Trotz der Vielfalt der Ausdrucksformen kann man in der Literatur normalerweise zwei voneinander unabhängige Bereiche erkennen: die Prosa und die Lyrik.

Ohne in die vielschichtige Diskussion einsteigen zu wollen, die diese Formen unterscheidet, können wir schlicht feststellen, daß die Prosa als gebräuchliches Werkzeug im Alltag sich eigentlich den Bestrebungen dieser Laien an erster Stelle hätte anbieten müssen. Mit seinen harten Anforderungen und seiner übergenauen Tyrannei hätte der Vers eigentlich die Begeisterung dieser Spinner gänzlich abschrecken müssen. Doch der Vers triumphiert.

Dabei sind die meisten dieser Art Gedichte von Schreibern verfaßt, die nur eine vage Idee von Prosodie hatten.

Aber wie ungeschickt und unförmig auch immer diese Verse sein mögen, weisen sie doch eine gewisse Neigung zu Rhythmus und Reim auf, die ihnen etwas Eigenes gibt und aus ihnen letztlich etwas Lyrisches macht.

Während die Prosa durch ihr Gleichmaß, ihre Objektivität und Analysefähigkeit mehr Ruhe, Umsicht und Menschenverstand erfordert, kommt die Lyrik mit ihrem rhythmischen Korsett und ihren wohlklingenden Reimen dem intuitiven Schwung der Leidenschaft und den verwirrten Schluchzern des Wahns eher entgegen.

I. Die Verrückten, die niemals geschrieben haben. Haltgebende Funktion der Prosodie

Naivität. Wahrhaftigkeit des Ausdrucks: Volkskunst. Literarische Versuche und Pastiche

In den Manuskripten verrückter Künstler fände der Graphologe Material für interessante Studien und für genaue Beobachtungen, wenn er den Veränderungen des Schriftbildes entsprechend dem Persönlichkeitswandel folgte. Auf den ersten Blick überraschen hier in manchen Fällen große Brüche: Schrift in alle Papierrichtungen, ständige Wortunterstreichungen in allen Zeilen, prunkvolle Großbuchstaben, die sich stolz aus dem Wortkorpus hervorheben, wie es zum Beispiel bei Verrückten mit Größenwahn vorkommt.

Nach diesen Dokumenten lassen sich zwei Gruppen mit bestimmten Merkmalen einstufen, nämlich, ob die Autoren in die Dichtkunst eingewiesen waren oder nicht.

Die nicht in diese Kunst Eingewiesenen bilden die wichtigste Gruppe, mit der wir uns zuerst befassen werden. Die meisten von ihnen übten die verschiedensten handwerklichen Berufe aus, und, siehe da, bei ihnen äußerte sich die Lust am Schreiben ungestüm.

Vom Einfachen zum Komplexen übergehend, unterscheiden wir sodann drei weitere Untergruppen:

1. Werke, die einen geistigen Zerfall verraten und durch einen fast reinen Automatismus gekennzeichnet sind.
2. Werke, die entweder eine Emotion oder eine Idee zum Inhalt haben.
3. Werke, die zusätzlich ein Bedachtsein um die literarischen Formen zeigen.

1. Werke, die einen geistigen Zerfall verraten, durch einen fast reinen intellektuellen Automatismus gekennzeichnet

Manche begnügen sich damit, Verse Wort für Wort aus dem Gedächtnis nieder- oder aus einem Buch abzuschreiben, und finden daran eine schöpferische, geradezu ursprüngliche Lust.

Andere bemühen sich um eigene Werke, wenn man ihre sonderlichen Versuch so nennen darf! Aber nach einigen Anstrengungen erschöpft sich ihre ganze Inspiration, und sie ziehen es vor, auf ihren leichter als die Imagination erreichbaren Gedächtnisschatz zurückzugreifen. Das ist eine bemerkenswerte Zwischenform, denn sie schafft einen bedeutenden Übergang zwischen dem Schöpferischen selbst und dem reinen Wiederholen aus dem Gedächtnis. Trotzdem bleiben diese Werke nur von mittlerem Interesse; sind sie doch lediglich irgendwelche Träumereien, zuweilen mit mehr oder weniger authentischen, klassischen Zitaten verziert.

Die Schwierigkeiten der Metrik sind nur für denjenigen ein Hindernis, der einen präzisen, klaren Gedanken auf diese künstliche Art und Weise ausdrücken will. Mancher verdiente Prosaschreiber hat niemals das ihm so kindlich und bedeutungslos scheinende Reimen verstehen können, das ja seinem Ausdruck die Klarheit nimmt.

Aber dieser Meinung sind unsere Dichter nicht: Das Durcheinander der Bilder und Worte, die sich in ihrem Kopf drängen, wählt natürlicherweise den Rhythmus als spontanes Hilfsmittel, um Ordnung ins Chaos zu bringen.

Der Rhythmus als Rahmen, der den Gedanken umfaßt, als Form, in der die Worte Platz nehmen können, ist sozusagen eine physiologische Möglichkeit, die die menschliche Natur in den meisten ihrer Äußerungen ordnet. Welche Muskelbewegungen wir auch immer beim Gehen, Tanzen oder in Armbewegungen machen, handelt es sich um das Annehmen eines Rhythmus, das heißt eines bestimmten Automatismus, einer günstigen Voraussetzung, die intellektuelle Anspannung zu verringern: Die Schreie einer Menge zum Beispiel können eine nennenswerte Zeit nur überdauern, als sie sich auf einen beliebigen Rhythmus stützen. Dies geschieht von selbst.

Da im übrigen die große Schlichtheit und Monotonie des Rhythmus im Unbefangensein Vollendung realisiert, ist es nicht erstaunlich, daß fast alle unsere Dichter den Alexandriner mit medianer Zäsur (gemäß der Boileau'schen Formel) oder den Hexameter wählen, der ihren Ohren vertrauter und einfacher ist.

Die unbeholfensten unserer Künstler, deren Kopf von Bildern und Worten überquillt, und die nur darauf warten, nach außen zu drängen, erfüllen tatsächlich diese Form.

Der Rhythmus und die Zäsur dienen ihrem geistigen Abschweifen als bedeutende Stütze. Ohne zwanghaft zu werden, hilft ihnen der Reim, sich leidenschaftlich neuen Bildern anheimzugeben. Der Reim, die Assonanz und das Wortspiel sind vor allem äußere Bezugspunkte, die sie lieber benutzen als den gesunden Menschenverstand oder gar die Logik, um ihre Sätze zu verdichten. Sie denken in Wörtern im Sinne von Lauten und nicht im Sinne von Trägern für Ideen oder Bilder.

Mit der Schwierigkeit, die grammatische Struktur mit Zäsur und Rhythmus zu verbinden, gehen sie ungezwungen um: stimmlose Silben hier, Auslassungen dort, der Vers kommt so oder so auf seine Kosten.

Die typischen Gedichte die diesem Automatismus verpflichtet sind, zeigen entweder vorgegeben oder wahrhaftig eine offenkundige Inkohärenz. In jedem Falle hat die Emotion hieran keinen Anteil: Es ist reine Wortspielerei. Wenn es auch zuweilen originelle Ausdrücke gibt, so herrscht doch reiner Zufall im Gedränge der Worte und Bilder. Als charakteristisches Beispiel einer wahrhaftigen Inkohärenz wäre hier die „Apologie des Napoleon":

Apologie des Napoleon

Elf Minuten, schreiend, Horizont.
Kanonen, Lichter, Sekunden, Knall.
Wir rechneten aus, daß Apollon
Hundertzehn Meilen in seiner Kutsche machte;
Acht – zehn – hundert, bemerkte Colonel,

Sodaß Ikarus sich in der Sonne verlor.
Also starb Ludwig nicht, Napoleon,
Fürchtete aus Spanien die Inquisition,
Der Herzog von Enghien sollte nicht genügt haben
Um zu töten, zu leiden, guillotiniert er.

Es ist doch wohl nicht die Klarheit der Gedanken, die hier den Rhythmus dieser Verse stört! Aber die Annäherung genügt einem Hörer, der es nicht so genau nimmt, und das Bemühen um Assonanzen erscheint hier in seiner ganzen Nacktheit.

Diese ungeschliffenen Verse sind insofern interessant, als daß sie den Mechanismus des Rhythmus enthüllen, der in sich selbst kreist und einem leidigen, gedanklichen Automatismus unterliegt.

2. Werke, die entweder eine Emotion oder eine Idee zum Inhalt haben

Es besteht ein großer Unterschied zwischen Gedichten, die eine Emotion auszudrükken versuchen, und denen, die in rein gedanklichen Grenzen verbleiben.

Schauen wir uns zunächst die rein gedanklichen Formen an. Ich zitiere in der Folge das von einem jungen Mädchen geschriebene Fragment eines Epistels, um die Analogie des psychischen Mechanismus hervorzuheben.

Eines Tages tanzte ich mit meinem Edouard den Reigen;
Wenn du wolltest Papa sag' es mir würde ich heiraten
Ich kritzele, böse Feder: sag' kannst du mir verzeihen;
Geliebter Vater Charlot sag' mir? verheiratest du doch?
Liebe Mama Amélie? sag' mir Mama Eugénie?
Geliebter Vater Foubertot sag' mir? verheiratest du doch?
Ja! meine geliebte Tochter die Heirat ist genehmigt
Ja! plötzlich antworten mir für dich meine geliebten Mütter.

Weißt du, nein, wißt ihr, daß es meine geliebte Schwester ist
Umarme Papa, sag', ah; laß mich … Charlot
Laß deine Verse in Ruhe und sag', was du willst, na
      gut warte jetzt beende ich langsam mein Schreiben.

Es springt ins Auge, daß die gleichen Bedingungen, die, wie bei dem vorigen Gedicht, die Gedanken sozusagen „mechanisiert" haben, nur scheinbar zu einer Inkohärenz führen.

Man erkennt ziemlich gut das Wesen der Besorgnis, um die es hier geht. Der Wortschwall bordet über, und die Prosodie dient dazu, ihn zu kanalisieren. Merkwürdig ist im übrigen unter diesem Gesichtspunkt das Ende dieser Versepistel.

Hier scheitert der Brief, weil dieser sprudelnde und leere Wortschwall keine Stütze oder Hilfe in diesem Übergang zur logischeren und durchdachteren Form der Prosa findet.

Diese Verseschmiede, emotionsgehemmt, aber gierig zu schreiben, behelfen sich geschickt mit dem *mode didactique*, der unendliche Wortströme ermöglicht. Dieser Modus beinhaltet ein wesentliches mnemonisches Element, das die Seele des Werkes bildet und aus dem eine schöpferische Arbeit erwächst, deren Bedeutung in erheblichem Maße schwanken kann. Hier begegnen wir auch einer wichtigen Stütze für denjenigen, auf dem der Drang zum Schreiben lastet und der nur eine vage Idee von dem hat, was er ausdrücken will. Gerade diese Struktur ordnet die Gedanken, ebenso wie der Rhythmus dem Ausdruck dient. Und dies ist keine törichte Notlösung. Denn sogar talentierte Literaten bedienen sich manchmal ihrer, in mehr oder weniger verschleierter Form. Der Mechanismus läßt sich hier in aller Deutlichkeit fassen. Der Emotion beraubt und nur vom Drang nach wörtlichem Ausdruck bewegt, der durch gewisse schamlose Phantasien noch verkompliziert wird, ergreift unser Graphoman die Natur an einer bestimmten Stelle und zählt ihre Merkmale auf, da er unfähig ist, sie zu pflegen und zu verstehen.

Eine dieser Dichtungen, mit dem Thema „Irrfahrt eines Kieselsteins", bietet uns eine bedrückende, endlose Wörtersammlung aller Arten Fische und Pflanzen, die ein Kieselstein aufzählt, der verloren durch den Ozean zieht und nicht ohne Beschränktheit ist. Hier sind einige Auszüge dieses Plapperns:

> Völlig am Boden,
> Bei erkalteter Maschine,
> Wo er sich bald anlehnt,
> An eine Frau umschlungen
>
> Von einem Mechaniker
> Der, um mit ihr zu fliehen,
> Geblieben war: sehr gut,
> Am Fuße seiner Leiter.
>
> Der so gut bewaffnet
> Versinkt im Sand
> Und wenn er Sie gestochen hat,
> Furchtbare Spritze,
> Nicht gerade tödlich
> Wogegen das Permanganat
> Des natürlichen Sodas
> Sie ohne Gepränge heilen wird; etc. …

Hier kennzeichnen Füllwörter den Text; aber sie breiten sich so offenkundig aus, daß es Nörgelei wäre, daran Anstoß zu nehmen.

Im übrigen, da man ja keine Gelegenheit auslassen sollte, sich und andere zu belehren, versäumt unser guter Didaktiker nicht, uns einen guten Rat zu geben.

Selbst wenn keine emotionale Regung vorhanden ist und auch das ungezügelte Hervorstürzen der Worte fehlt, drängt sich die mechanische Struktur des Verses manchen Verrückten geradezu auf, damit sie möglichst einfache und banale Dinge ausdrücken können. In der Tat sind es Versbesessene, für die der Reim ein alltägliches Gefangensein ist. Keine Ästhetik erlöst sie von ihrem absurden Geplapper: Sie sind wie Sprachunfähige, nicht in der Lage, ohne die haltgebenden Mittel der Prosodie einen Schritt zu tun. Ich verweise hier auf diese Verse aus dem Schaffen eines ehemaligen Gendarmen:

Wenn der Sommerbetrieb wiederaufgenommen ist,
Kommt meine Tochter immer nachmittags;
Mit ihren zwei lieben Kindern,
Um Großvater zu umarmen.

Und sollte es Ihnen völlig unmöglich sein,
Mir achtundvierzig Stunden zu genehmigen,
Werde ich es meiner liebsten Tochter schreiben,
Am Sonntag um acht Uhr aufzubrechen.

In dieser Form geht es ruhig, klagsam weiter.

Und nun, was die rein intellektuellen Werke angeht: Wir kennen ja den Grund ihrer Mittelmäßigkeit, der darin liegt, daß die intelligenteren Schreiber, die auch emotionslos sind, sich in Prosa ausdrücken. Wir werden noch beobachten können, welche brillanten Fähigkeiten sie zeigen.

Wir kommen jetzt zu den Gedichten, die sich dem emotionalen Ausdruck widmen. Das ist mit Sicherheit der größte Teil. Der Verfall der geistigen Funktionen bedeutet nicht unbedingt eine Schwächung des Gefühls oder der Emotionalität; weit davon entfernt. Die morbide Emotionalität mancher Verrückter ist eine genügend bekannte Tatsache. Wir haben hier einen literarischen Ausdruck, der von allen möglichen – banalen, ungeschickten, albernen und grotesken – Seltsamkeiten gekennzeichnet sein kann; aber man kann ihnen keinen Mangel an Aufrichtigkeit vorwerfen.

Es ist bemerkenswert, daß es hier viel weniger Absonderliches, Absurdes, in einem Wort: Verrücktes gibt, als man bei diesen Autoren hätte vermuten können. Denn sie drücken ja in ihren Versen Begeisterung und Leidenschaft aus und nicht die kühlen, logischen Schritte eines Denkvorganges.

Was bei den meisten Dichtungen auffällt, sind die Naivität und die Wahrhaftigkeit des Gefühls. In der Tat begegnet man häufig einer dieser puerilen Äußerungen des Volkstümlichen mit seinem gewöhnlichen und reizvollen Menschenverstand, seiner schlichten Lyrik und seinen wahren Gefühlen.

Die Verrückten indessen haben in der Finsternis ihres unendlichen Geplappers beachtliche Einfälle und flüchtige Geistesblitze.

Sie haben einfache Dinge zu sagen, und die sagen sie auch in aller Einfachheit: Die Aufrichtigkeit ihrer Gefühle verliert sich nicht in Rhetorik, und ihr ungeschicktes Dichten verleiht diesen Werken oft eine natürliche Anmut. Jedoch gibt es unterschiedliche Stufen dieser Einfachheit.

Die Krankesten begnügen sich damit, unbeholfen ein ursprüngliches Gefühl auszudrücken: die Trauer eines Menschen, seine Freude, sein Schmerz, mehr nicht. Es geht hier nicht um kultivierte Empfindungen: Es geht hier um das nackte, unverbildete Gefühl.

Die Kargheit dieser einfachen Produktionen ist übrigens nicht ohne einen gewissen Zauber. Es kommt vor, daß sie sich in den unerwartetsten Dingen äußert. Manche dieser Kranken öffnen plötzlich der Welt ihre erstaunten Augen und geraten in helles Entzücken über alles, was ihre Bewunderung anregt. Arglos und ungeordnete Worte stammelnd, entdecken sie die Welt auf ihre eigene Weise. Sie durchleben das Gefühl des Menschen, der plötzlich auf seine Existenz stößt, irgendwoher gekommen, nichts wissend außer dem, was er in diesem Augenblick zu spüren beginnt. Sie haben die Seele unbefangener Dichter und erfahren die offenherzige Regung der Unschuld. Der höchste Schatz menschlicher Empfindung, befreit von allem Theoretischen, erscheint plötzlich und überläßt sich dem Zufall. Der Dichter ist am Ursprung.

Wir haben ja bereits gesehen, daß der didaktische Modus bei den reinen intellektuellen Formen eine bedeutende Stütze für das geistige Vagabundieren darstellt.

Hier finden wir ihn jetzt wieder, aber durch Gefühle leicht abgewandelt. Die folgende „Hymne an die Erde", vermittelt unter ihrer scheinbar didaktischen Kühle ein erstaunlich unbekümmertes, ja geradezu verblüffendes Gefühl.

Meiner Schwiegertochter gewidmet.

– Astronomische Studien – französische Literatur – Hymne an die Erde –

In deiner Bahn (1); lauf, lauf Erde, die du mich empfangen hast, mir Halt und Leben gabst! 2
Dich die meine Füße fest getreten haben und noch treten. 3
Du, die in meiner Jugend Gegenstand meines Ergründens war und noch bist.
Du, deren Leichtigkeit, Lauf 4 und Maß ich bewundere: 4 b
Welches Gesetz zwingt dich Jahrhunderte um Jahrhunderte!
Soecula soeculorum! 5
In deinem Lauf … sinnvoll, immer vermeidest du den Stoß, der für Menschen das Verderben wäre.
Aber Jener 6, der die Welt erschuf, wollte trotz deiner Umdrehung 7, daß sie aufrecht bleiben und wissen, daß Du in der Unendlichkeit, Atmosphäre und Mond in deinem Gefolge, eine Weite, mindestens von zweihundertdreißig Millionen Meilen durchläufst!
230.000.000!
Morgen! Fußnoten
1. In 365 Tagen, 6 Stunden.
2. Anspielung auf die Domäne von V. E.
3. 69 Jahre.
4. 550.000 Meilen in 24 Stunden.
5. Unendlich.
6. Gott.
7. In 24 Stunden.
4 b kehrt immer zu seinem Ausgangspunkt zurück

Es ist kaum zu glauben, daß die Verrückten so etwas entdecken, ein solches Gefühl, das so weit entfernt ist, daß wir uns dort nicht hineinziehen lassen können, besonders, wenn das künstlerische Geschick dermaßen fehlt. Aber weiter. Welche unglaubliche Müdigkeit, welch kaum beschreibbare Faulheit in diesem unförmigen Geplapper, mit dem der Unfähige sogar das große Gesetz der menschlichen Liebe hat beschreiben wollen:

An den Seen des Bois de Boulogne
Geht ein junger Mann in seinen Träumen
Blaß, wankenden Schrittes
Seine Augen dem Himmel, die Madonna suchend.

Aus seinen Augen leuchten Blitze auf
Ab und an hebt er von der Erde
Blätter auf, die der Wind hat fallen lassen
Schade, daß er sie allein aufhebt!

Es gibt weder Entwicklung noch Erklärung, sondern um die banale Geschichte zu beenden, nur dieses „Schade", das durch den Unterschied im Rhythmus betont wird, arglos, selbstverständlich! Und welche fatale Unaufdringlichkeit im Ausdruck der Trauer.

Dieses Gefühl sucht hier Anerkennung durch Banalität und Ansammlung veralteter Klischees und bringt die Anonymität und Flachheit auf einen derart schematischen Punkt, daß es schon fast Originalität bedeutet.

„Der Schiffsjunge" kann als ein typisches Werk dieses Genres angesehen werden.

Der Schiffsjunge

Auf einem Mast ganz hoch am Horizont,
Ähnlich einer Fliege oder einem Fliegengewicht
sitzt der Schiffsjunge
Und legt ab, das Herz voller Lust.

Adieu meine alte Mutter
Mein Bruder, meine Schwester, mein kleiner Cousin.
Ich geh' weg für vielleicht lange Zeit;
Aber eines schönen Vormittages werde ich zurücksein

Zwei Jahre sind vergangen
Und keine Nachricht vom jungen Seemann
Man sagt, er habe Schiffbruch erlitten
Oder sei gar von einem Hai gefressen.

Plötzlich geht die Tür auf
Und es erscheint
Nicht mehr der Knirps, sondern ein Mann,
Stark stärker als eine Buche.
Welche Freude für seinen Vater, den braven Mann.

Nach den ursprünglichen Gefühlen kommen wir auf den Ausdruck bedeutend komplexerer Empfindungen zu sprechen. Eine Intelligenz zeichnet sich ab, und wenn sie auch keine besondere Originalität erreicht, so bietet sie uns doch durch ihre Ursprünglichkeit gewöhnliche Gedanken und biedere Überlegungen, die dem Köpfchen eines Jedermann entspringen.

Das ist das unbefangene Bekenntnis einer sich ihrer Nacktheit nicht bewußten Seele, die ihren Glauben offenlegt, sich empört, lobt und tadelt, entsprechend den sehr einfachen und klaren Grundsätzen, mit denen das alltägliche Leben sie ausstattet. In einem Wort bilden diese Werke, die in ihrem Ausdruck durch sinnreiche und spöttische Bemerkungen verstärkt sind, eine Art volkstümlicher Dichtkunst. Sie ist nicht ohne Stil und Lyrik, obwohl die Puerilität und das quälende Geplapper die Herkunft ihrer Werke verraten.

Hier haben wir die „Gesprochene Ehrerbietung, mich anzukündigen", deren äußerste Einfachheit beinahe dem außergewöhnlichen Geschick eines subtilen Redners gleicht.

> Meine Schwestern, verzeihen Sie meine Ungebührlichkeit
> Ihre Mahlzeit zu stören.
> Klagen Sie dafür die jahrhundertalte Sitte an,
> Die man Neujahr nennt,
> Das für viele ein Tag der Erholung ist.
> In ihrem Streiten, wenn es auch am nächsten Tag weitergeht,
> Sich umso heftiger aufzufressen.
> Ich komme nicht, um Ihnen zu schmeicheln.
> Ich bin heute der Gleiche, der ich gestern war,
> Und werde es morgen sein, was auch immer ich treibe.
> Ich arbeite für die Menschheit.

Hier geht es doch wohl mehr um die Bedeutung des Gefühls als um die des Versmaßes.

Da man nicht von heute auf morgen Dichter wird, erlangt man umso weniger auf Anhieb das Können und Wissen, das notwendig ist, um die eigenen Gedanken im anspruchsvollen Geflecht von Rhythmus, Reim und Zäsur auszudrücken. Aber glauben Sie nicht, daß die Verrückten sich durch solche ernsthaften Schwierigkeiten von ihrem Dichten abhalten lassen. Sie verfügen über verschiedene Mittel, sich aus der Affäre zu ziehen. Dabei neigt der Rhythmus vorwiegend zur Monotonie und drückt sich in Alexandrinern und Achtsilbern aus. Ein Versfuß mehr oder weniger ist kein Problem, und der Reim muß sich meistens mit einer annähernd stimmigen Assonanz begnügen. Eines der häufigsten Mittel besteht natürlich darin, die stummen Silben wegzulassen und andere ebenso, falls es notwendig sein sollte. Halb Klagelied, halb Verserzählung zeigt das folgende „Gedicht über Panama" erneut das erwähnte Vorgehen. In seiner Unbefangenheit so reizvoll und kindlich, lehnt es dieses süße Gejammer einer beklagenswerten Intelligenz ab, sich auf die Spitzfindigkeiten einer Kontroverse einzulassen, und sieht nur folgendes: Sie haben gestohlen, das dürfen sie nicht!

Gedicht über Panama

> Unser schönes Frankreich leidet.
> Die Unglücklichen haben Geld geliehen,
> Panama hat ihnen Leid angetan.
> An Intriganten fehlte es, ach, nicht.
> Den Unglücklichen haben sie die Ersparnisse,
> Ihr Gold genommen und es unter sich geteilt.
> Arbeiter, Bauer
> Sagt mir ach wer wird euch beschützen.
> Sie vertraten unsere Republik.
> Es waren die Vertreter des Landes.
> Das ist Demokratie,
> Sie haben gestohlen das dürfen sie nicht.

Die Bekenntnisse und Autobiographien, die die Verrückten so gerne mit ihrer sorgsamen Liebe für die Einzelheiten schreiben – vielleicht, weil sie stolz auf die wenig beachtenswerten Dinge sind – können den Stil eines Klagelieds vorgeben, in dem Lyrik, gesunder Menschenverstand, Neckerei und Freude sich in einem wirren Rhythmus ungeordnet zusammenfinden, der hier und dort mit klangvollen Schmückereien und witzigen Doppeldeutigkeiten sein Spiel treibt. Sie greifen den Reim im Vorübergehen, aber sie laufen ihm nicht nach. Nun folgen Auszüge der unendlichen Bekenntnisse eines einfachen Mannes:

> Die Veränderung ist unerläßlich
> fürs Dasein; der Reihe nach
> Zum Tanz.
> Stets muß man aufpassen
> Nicht vor der Anrichte zu tanzen.
>
> [...]
>
> Als ich ganz beim Hüten meiner weißen Schafe war
> Traf ich einen Schutzmann.
> Er sagte zu mir: Wieviel
> verdienen Sie
> Mit dem Weiße – Schafe – Hüten?
> Sechshunderttausend antwortete ich ihm.
> Mann Maurer Sie können arbeiten,
> Dafür würde ich schon das Gleiche tun.
>
> [...]
>
> … Weil ich davon überzeugt bin,
> daß alle Welt dieses Leben da
> Lieben soll. Das Bauernleben, die gute
> Luft, die Tiere, das einsame Leben,
> Wo die ganze Herrlichkeit der Natur lacht.
> Wenn der Frühling kommt, der Monat
> Mai wächst das Blatt, das Grün,
> Die Blumen, die man atmet,
> Dieser köstliche Duft der Gärten
> Und der Felder,
> Die Tiere aller Arten:
> Wachteln, Rebhühner, Nachtigallen,
> Lerchen, Schwalben,
> Papageien, Goldfasane,
> Alles das für Mich geschaffen!
> Deshalb lege ich Wert darauf, daß es dauert;
> Darum achte ich auf mich,
> Streng und lange.
> Schade um die Liebe
> Und deren Maitressen, die ich nicht will.
> Ich habe keine Frau, ich verzichte einfach drauf.
> Meine Pfeife ist meine Frau.
> Zwei Päckchen Tabak pro Woche

Das ist meine Rente;
Eine kleine Prise von Zeit zu Zeit,
Die man mir gerne bietet,
Die ich ebenso annehme,
Das ist mein kleines Leben.
Und ich reise, um meine Geographie zu erkunden.

Diese Zeilen weisen keine ernsthafte literarische Arbeit auf, und gerade das macht diesen gewissen Zauber aus und den Hauch von Wahrhaftigkeit, der sich hier verbreitet. Dieses „Alles das für Mich geschaffen!" und jenes „Und ich reise, um meine Geographie zu erkunden" sind von einer köstlichen Einfachheit. Hier geht es überhaupt nicht um Versbau. Hier gibt es keine Absicht, Verse zu schmieden; eine liebenswürdige Nachlässigkeit bestimmt das Ganze, und trotzdem ist es mit Sicherheit keine Prosa. Aber wir finden hier eine sichere poetische Ader, wenn auch in bescheidener Form und ohne Wissen um die subtile Kunst des Verschlüsselns.

Die Direktheit des Gefühlsausdrucks, verbunden mit dem Fehlen jeglichen dichterischen Könnens oder einer literarischen Absicht, erschöpft sich nicht in unzulänglicher Prosodie oder rhythmischen Bindungen, sondern kann sich von diesen Fesseln befreien und der eigenen Eingebung nachgehen. Ohne jemals von den Möglichkeiten freier Versbildung Kenntnis gehabt zu haben, kommt eine einfache Frau bei ihrem ersten dichterischen Schaffen mit dem Titel „Poetischer Versuch" bereits darauf; ihr Gedicht weist alle uns schon bekannten Mängel auf und entbehrt in mancher Hinsicht doch nicht eines seltsamen Reizes. Liegt die außergewöhnliche Kühnheit dieser Gelegenheitsdichterin nicht gerade in ihrer abgründigen Unwissenheit um jegliche Prosodie und Regeln, die von den traditionellen Dichtern für unerläßlich gehalten werden? Weit davon entfernt, der Anmut des Gedichtes zu schaden, bildet die extreme geistige Einfachheit im Gegenteil einen wesentlichen Bestandteil ihres Zaubers. Hier haben wir ein Fragment aus dem Schaffen dieser Frau, eine Ode auf das Grab ihrer Schwester:

Ich habe soviel erlitten!
Mein Leben war ein langes Martyrium!
Voller Leid und Verdruß!
Wenn ich nicht litt, sah ich die Meinen leiden
Und kann nicht genau sagen
Welche mich am meisten rührten!
Ich habe so die Meinen geliebt!
Und alle verloren!
Ihre Erinnerung so teuer!
Ich nähre mich von ihrer Erinnerung!
Alle Nächte schreie ich mein Leid heraus!
In Gedanken begehe ich die Stätten
wo ihre Asche ruht!
Im Süden, im Norden bahne ich mir einen Weg!
Und in Erinnerung gehe ich durch jede Totenstadt
Meinen Gott anbeten für sie.
Von Billancourt nach Bagneux!
Die Pilgerfahrt ist lang!

Oh wäre es mir noch einmal gegeben!
Oh geliebte und betrauerte Schwester!
Zu deinen geschätzten Gebeinen zu gehen!
Weinen und Hoffen!
Ich habe Angst nicht mehr hinzukönnen!
Die Frist läuft am 5. Oktober aus
Mit deiner Tochter ging ich vor einem Jahr hin
Und dann konnte ich nicht mehr!
Angesichts der Ereignisse!
Da allein war sie wunderbar!
Kümmerte sich mit frommer Sorgfalt
Um dein Grabmal!
Pflanzen und Entkrauten nach Lust
Und fand nichts schön genug,
Und erinnerte sich vermutlich deines letzten Seufzers
Denn wir beweinten dich gemeinsam so sehr!
Und sind heute sehr traurig!
Die Konzession nicht verlängern zu können.
Hierfür ist die Ordnung strikt!
Zehn Jahre und mehr nicht!
Deswegen, meine liebe Criquette!
Haben wir unsere Mutter beerdigt!
Weit von dir entfernt, in Bagneux
Um nicht ähnliches Ärgernis zu ertragen!
Weil wir während deines Ablebens irregeführt wurden!

Diese Versuche prosodischer Befreiung glücken übrigens in der Form nicht immer, vor allem, wenn das Gefühl weniger offensichtlich die Gedanken beflügelt, wie es in folgender Bukolik geschieht, deren Hauptqualität möglicherweise im Fehlen jeglicher Ambition beruht:

Die Herden verlassen die Höfe
Blöken so gut sie können
Im Klingen der Glöckchen,
Dem fröhlichen Weg folgend
Im Schatten der hohen Tannen.
Im taufeuchten Tal,
Von zartem Licht durchflutet,
Fließt die kleine Quelle.
Duftende Blumen und Heu
Machen die Herde trunken
Im Klang der Schalmeien.

Diese beschreibenden Verse entstammen der Feder eines ziemlich begabten Aquarellisten, der sich darin gefällt, raffinierte Arabesken und dekorative Stilisierungen auszuführen. Aber es wäre irreführend zu glauben, daß diejenigen, die sich mit Literatur überhaupt nicht beschäftigen, sich nicht auch ebensogern von der klassischen Versform befreiten.

Schon in der Vermittlung elementarer Denkvorgänge angelegt, bildet die klassische Prosodie ebenso wie die Ammenmärchen oder die Prinzipien des Katechismus

eines dieser Phantome, von dem sich viele erwachsene Hirne nur unschwer befreien können. Das sind verbindliche Aussagen. Das ist auch der Grund, warum
einige unserer Verseschmiede auf ganz erstaunliche Ausdrucksformen stoßen, die
ihnen erlauben, ihre Gedanken zu vermitteln, ohne diese unantastbaren Gesetze zu
verletzen. Diese Form besteht darin, als Anmerkung oder in Klammern den Teil
des Satzes zu schreiben, der im Vers selbst keinen Platz finden durfte, wie zum
Beispiel:

> „Sie, die Sie das Boot der (römischen) Kirche versenken."

Dieses Vorgehen finden wir auch in den Werken des „Zeitgenössischen nationalen
Vorsängers von Frankreich" wieder, der auch unter anderen Gesichtspunkten interessant ist.

Mit ihm erschließt sich uns eine entwickeltere Form poetischen Ausdrucks. Er begnügt sich nicht damit, persönliche Gefühle auszudrücken, sondern erzählt in einer Art
Singsang, in dem manchmal etwas wie ein Volksepos anklingt, und schafft durch Witz
und Phantasie außergewöhnliche Figuren. Darüber hinaus, entsprechend der bizzaren,
nun folgenden Vorrede eines seiner Werke, geht es bei der Eingebung nicht nur um ein
bloßes Spiel mit literarischen Mitteln, sondern auch um einen ihr innewohnenden
halluzinatorischen Ursprung.

> Wo mir dieses Jahr erlaubt war, das Getreide des Hospitals abzuernten, war ich nahe genug
> dran, den Aufstand der Kulturpflanzen zu verstehen, die sich an mich gewandt hatten, ihre
> Klagelaute zu vernehmen, die ich in Alexandriner übersetzt habe, weil das der Pflanzenwelt
> seit zehn Jahren zugefügte Leid mindestens zehntausend Francs aufwiegt: Dieses Todesge-
> spräch besteht aus 5 Strophen, 43 Versen, eine lokale Angelegenheit, die ich dem Tribunal des
> ehrwürdigen Herrn Doktor Direktor unterbreitet habe. Es geht hierbei um den ersten Teil
> des Dialogs, denn der Bericht, der die französische Nation betrifft, besteht aus 13 Strophen,
> 117 Versen, insgesamt 162 Versen [...]
> Ich als erster Sänger für den Fortschritt, Herr Senator, wäre meinem Auftrag nicht
> nachgekommen, wenn ich geschwiegen hätte, denn meine vaterländische Philanthropie, die
> sprichwörtlich ist, hat mir solche Feigheit nicht erlaubt, und ich hoffe, mein Herr, daß mein
> Einsatz begleitet sei von dem Ihren und von denen, die sich als die Stützen des Neuen
> Frankreich bezeichnen.

Fremdartige Figuren, wie der jungfräulich tolle Fingerhut, der wunderbare Jasmin, der
Abendstern, die Nachkommenschaft Napoleons, der Morgenstern, die Nachkommenschaft des gekreuzigten Jesus Christus, leiten in einem Dialog desselben Autors über die
Plünderung Dahomeys etwas ohne Zweifel übertrieben Orginelles ein, das nicht ohne
naive Lyrik ist und sich über mehrere Strophen erstreckt:

Der unfehlbare Pius VII. an Mohammed Begründer der Polygamie.

Deine abscheulichen Absichten, Vater des Heidentums
Werden bei unseren blöden Schäfchen nichts bewirken;
Leo (XIII.) mein Nachfolger will das Christentum
Das ist unser Geschäft, ohne ihn keinen Braten:
Kein Mâcon mehr, kein Bordeaux, kein Kuchen,

Kein Hühnchen, kein Schinken, die Schönheit auf sich ziehen:
Achte Mohammed unsere (heimliche) Polygamie,
Laß' uns auf ewig gute Nachbarn sein,
Lassen wir unsere Anhänger (b) im Dunkeln!

General Dodds an Béhanzin.

Béhanzin, Mohammed tadelt meine Launen,
Ist dies nicht die Schwäche aller Eroberer?
Ich brauche deinen Staat, um Frankreich größer zu machen,
Als auch deine Weiber, um meine (Kriegs-) Gefährten zu unterhalten.
Du sollst dich unterwerfen, das Zeichen ist Algerien,
Die Begegnung mit den Franzosen bietet dir Sicherheit,
Unsere Regierung ist eine Oligarchie,
Die Raub und Diebstahl (Lüge, Gewalt etc.) genehmigt.

Du mußt schwören
Die Hand auf dem Koran } deine Treue.

Der König von Dahomey an den Verräter General Dodds.

Lieber sterben wir auf dem Schlachtfeld
Als Vasallen französischer Knechte zu sein;
Wir haben Verbündete, die diese Kanaille verabscheuen,
Die die Weiber schänden und die Könige meucheln!

Béhanzin an den Deutschen Kaiser.

Eure Schutzherrschaft ist wünschenswert,
Seigneur, befreit uns, und möge Ihre Majestät
Die Tyrannen vertreiben, die mein Leben bedrohen,
Unsere Religion, unser Eigentum

Die Hand auf dem Koran
Empfangt das Zeichen } meiner Treue.

Der Deutsche Kaiser an den König von Dahomey.

Ich nehme deinen Schwur entgegen, setze deine Krone
Wieder auf dein Haupt, Behanzin, im Angesicht des Thronräubers,
Ihm tue ich kund, im Herbst
Den Boden Dahomeys zu verlassen, den ich schütze.

Der Deutsche Kaiser an seinen Kriegsminister.

Hunderttausend Infantristen, eine starke Kavallerie (etc.)
Um die Ekzesse eines weibischen Volkes zu rächen;
Falls sie zu widerstehen wagen, fallen wir in Algerien ein,
Auf daß der Afrikanische Boden überall befreit sei,

Vom Joch der Advokaten
Und der Christen-Prälaten } die schändich uns erniedrigten!

Der König von Dahomey an den Bischof von Algier.

Arglistiger Blutschänder, behalte Du, für Algerien
Deine verderblichen Ratschläge; wir haben Mohammed;
Ich bete die Sonne an und Du die Eucharistie,
Kerzenlicht braucht er, der Gott der Dunkelheit.

Die Hand auf dem Koran ⎫
Ja, ich schwöre   ⎬ Dich nie zu quälen.

Nachdem wir nun verschiedenartige lyrische Werke untersucht haben, die keinen literarischen Impetus aufweisen, kommen wir nun auf eine spezielle Form zu sprechen, das Chanson, bei dem das dichterische Können noch nicht so ausgeprägt ist, das Intellektuelle aber eine gewisse Rolle spielt. Diese Möglichkeit zeigt sich selten. Hier kommt ein Mehr an Verve und Scharfzüngigkeit hinzu, wo der Gedanke mehr als das Gefühl gilt, und läßt in gewisser Weise bei dem Autor ein höher entwickeltes mentales Niveau vermuten. Wir wissen, daß der Verrückte sich unter diesen Umständen meist der Prosa bedient, wo er sich nach Belieben brillant und spöttisch gerieren kann.

Aus diesem Grunde sind ohne Zweifel die Chansons äußerst selten: Die Platitüde erscheint hier noch beklagenswerter, die Unsinnigkeit noch verrückter – die mittelmäßigen Chansons verraten nichts als eine große Unerfahrenheit wie auch Ungeschick. Die Peitsche der Satire scheint nicht die Waffe zu sein, die ihrer Eingebung entspricht.

Betrachten wir ein Fragment des Chansons „Die Inquisition im Knast von Bicêtre", das ausreicht, eine Idee dieses Genres zu vermitteln;

Als der Meuchler
Sein Scheiß verbreitet,
Sagt ihr ihm geradeaus
Ich bin hier unfreiwillig.
Bleibt ihr dabei?
Unter die Dusche und Tempo
Man dreht den Hahn auf
Der wirkt schon
Und in der Wanne
Kocht man euch lebendig,
Für den kleinsten Mucks
Zwingt man euch in die Jacke.

Ein anderes, weniger unförmiges Chanson beinhaltet nichts weiter als eine gewisse volkstümliche Stimmung und einen Witz, der ziemlich banal wäre, würde es hier nicht um Gedanken gehen, die die Grausamkeit des Schicksals in seinem Opfer hervorruft:

Sie heiraten ein Frauchen
Das Sie Schmuseratte nennt:
Sie verehren Ihre Gefährtin
Und bedauern die Junggesellen,

Solange Sie ihr etwas zum Beißen bringen,
Läuft der Haushalt wie geschmiert;
Wenn Sie dann aber ohne Zaster sind,
Schleppt Sie die Miese zur Aufnahme.

Da sehen wir, wie ein Schicksalsschlag auf geradezu französische Weise mit Humor getragen wird, da es ja beschlossene Sache ist, daß in Frankreich alles mit Chansons endet.

3. Werke, die zusätzlich ein Bedachtsein um die literarischen Formen zeigen

Eigentlich spricht man wegen dieser Werke von Irrenhauspoeten. In unserem Sinne aber wird hier dem handwerklichen Können eine zu große Bedeutung beigemessen und auf die Art des wissenden, aber borniertern Schulmeisters geurteilt, der sich weigert, auf das eigentlich dahinter stehende menschliche Leid einzugehen, da hier Kadenz und Muster nicht auf die akademische Weise erbracht werden.

Wie schon bei den unförmigeren Gedichten gesehen, war uns ja die manchmal so bezaubernde Spontaneität wertvoll genug, am fehlenden Können keinen Anstoß zu nehmen. Der Anspruch auf Literatur läßt uns in eine sogleich künstliche Welt eindringen; und da dieser Anspruch ja nur selten eingelöst wird, stoßen wir meistens auf eine Lyrik, die uns nichts weiter gibt als den Eindruck mittelmäßiger, wenn nicht schlechter Werke. Ansonsten haben wir es hier mit Pastiche zu tun.

In diesem Sinne muß man die landläufige Meinung korrigieren, nach welcher der Wahn seinen Opfern augenblicklich phantastische Fähigkeiten verleiht. Gewiß sind sie in der Lage, was die Kunst betrifft, eine Menge erstaunlicher Dinge zu realisieren, aber ihre Eingebung, wie genial sie auch erscheinen mag, wird ihnen weder die ausgefeilte Technik noch die Geheimnisse der Lyrik offenbaren, die doch für die Werke eines großen Dichters unabdingbar sind.

Wenn sich Wortgewandtheit und ein gewisser Sinn für Gestaltung plötzlich bei einem Unerfahrenen zeigen, erinnern sie an bekannte Stile, zu denen auch das Pastiche gehört. Wir haben gesehen, daß das Gedächtnis die Eingebung mit Greifbarem unterstützt und die Realität dieser Funktion selbst durch pompöse Formen verschleiert. Das bedeutet nun aber nicht, daß all diese Gedichte aus belanglosen rhetorischen Übungen bestehen.

Wenn der Umgang mit den literarischen Möglichkeiten nicht zwanghaft geschieht, kann es vorkommen, daß die Spontaneität des Gefühls unbeeinträchtigt bleibt. Ich zitiere als Beispiel „Das zerschlagene Tintenfaß", in dem die liebe Marie und das Tintenfaß als immer wiederkehrender melancholischer Refrain quälen und dessen pueriler Zauber ohne literarischen Anspruch ist.

Das zerschlagene Tintenfaß

In den langen Stunden meines Exils, liebe Marie,
Blieben mir mich zu zerstreuen, Dich zu sprechen
Mit Dir, meiner Geliebten, zu plaudern
Nur Papier, meine Feder und mein Tintenfaß.

Ich zeichne. Für Dich, liebe Marie
Schreibe ich meine wichtigen Gedanken. Meine Lust,
Dir zu gefallen, versuche ich auf dieses Papier zu dichten,
Mit meiner Feder und meinem Tintenfaß.

Dieses Tintenfaß, diese Feder, gute Marie,
Sind der einzige Zeitvertreib, der ach! mir gestattet ist,
Aber ich habe immer Angst, und sorge mich
Um meine Feder und mein Tintenfaß.

Ich halte es fest in meiner Tasche, kleine Marie,
Der Gedanke daran läßt mich erbeben;
Denn ich sehe, wie alle danach lüstern,
Alle neidisch sind auf mein Tintenfaß.

Weil es meine Neider reizt, gute Marie,
Daß ich mit meiner Feder Dich becirce,
Und da eben ihr grausamer Neid
Nur Wut erzeugt, haben sie es zerschlagen, mein Tintenfaß.

Ein anderer erzählt deutlicher und mit rhetorischem Nachdruck seinen Selbstmord:

Zwanzig Jahre härteste Arbeit im Höllenschlund
Haben jene Kraft gebrochen, auf die ich einst stolz war.
Ich wußte nicht, was Freude ist, und lebte von wenig
Vor der gewaltigen Glut, in der das Eisen kochte.

Meine Frau und vier Kinder nahmen sich
Von meinem kargen Lohn täglich ihren Kanten Brot.
Müde zu leiden: Der Misere zu entfliehen,
Wollten wir sterben und gaben uns die Hand

Alle sechs einander umschlungen, nahe der tödlichen Glut
Kam über meine Lippen das letzte Gebet.
Wir sagten uns Adieu in einem letzten Kuß
Und unsere Seelen vereinigten sich, bereit, die Erde zu verlassen
Allein ich überlebte!

Das Streben nach einer ausgesuchten Form ist das deutliche Kennzeichen einer schöpferischen Intelligenz, was aber nicht unbedingt ein sicheres dichterisches Können beinhaltet. Infolgedessen kommen wir zu seltenen Formen, die an Merkmale erinnern, die eher der Prosa zuzuordnen sind: Wortneuschöpfungen, Manierismen, zwingende als auch absurde Strukturen. Der Vers bildet hier eine dogmatische Form, die eher dazu dient, eine ahnungsvolle Aussage zu empfangen, als ein Gefühl zum Ausdruck zu bringen. Hier haben wir zwei Strophen einer *Marseillaise* so eines Zellenpropheten, der unter dem Pseudonym Fulmen Cotton auch ganz beachtliche Werke gezeichnet hat (Abb. 38)[1]:

---

[1] Die Abbildung 38 läßt die Vermutung zu, daß dieser Text ursprünglich in 6 Strophen gegliedert ist (Paul Regnard, *Les maladies épidémiques de l'esprit*, Plon, Paris, 1887, 388). Marcel Réja hat von dieser *Marseillaise* sodann die letzten 4 Strophen in seinem Buch abgedruckt (*L'Art chez les Fous*, Paris, 1907, 147).

Abb. 38. Joseph-Jacques-Xavier Cotton, Tafel, welche dafür bestimmt ist, die verklärte Marseillaise aufzunehmen

Den unsichtbaren Kitzler Eurer Lust,
entscheiden lassen:
Daß er regiere, der Einzig-Unfehlbare,
Der auf Herz und Niere prüft.

Laßt das Schicksal, Gott, den Propheten
Die Kinder des triumphierenden
All-Strahlenden Kindes segnen,
Der die Hände über ihren Kopf hält.

Einen Caesar, einen glatzköpfigen Lüstling, sehen
Dem Gesetz der Mehrheit entspringen
Seine tierischen Triebe spannen
Sich der Autoritäten bedienen,

Nur dem Schicksal
Des Höchst-Bösen gemeinsam verpflichtet
Das heißt Christ mit Pferdefuß erblicken
An die Sonne den Mond schachteln.

Ein Riese gründet die Republik
Auf dem Fels der Lehre
Transzendental biblisch
Hier die Krönung.

Macht den Privilegien ein Ende
Den immer und allerorten schändlichen
Schreit sie hinaus die Schändlichen
Schnell, auf den Thron mit der Hexerei.

Joseph-Jacques-Xavier Cotton

Die Originalität dieser Zeilen ist unbestreitbar, aber ihre literarische Qualität läßt sich nur schwer einordnen. Die Reinheit der Form ist nur selten gegeben, wie es das folgende Fragment zeigt:

Ah, der Dichter von Florenz
Hatte sich in seinem heiligen Gesang
Nicht die Abgründe des Leids träumen lassen
In deinen Mauern, verhaßtes Bicêtre.

Aber sicherlich kann die Form, wenn sie eine gewisse Perfektion erreicht hat, als mehr oder weniger genaues Pastiche angesehen werden. Daher sind auch folgende schlichten „Poetischen Strophen" weder banal noch mittelmäßig:

Herr Doktor, ziemlich traurig ist ein Zustand
In der Irrenanstalt, wo das Gewissen weint;
Wo der Tag ein Jahrhundert ist, jeder Augenblick eine Stunde;
Wo die Existenz immer ein ewiger Kampf ist.

Dieses unbrauchbare Leben ist das von Lemaire,
Dessen wahre Reue Mitleid erwecken kann.

Ah! Herr Doktor, aus dem Loch, in dem ich sterbe,
Erheben sich meine endlosen Schreie zu Ihnen.

Seien Sie doch für mich, gegen mein lästiges Schicksal,
Brechen Sie seinen Dolch, und würdigen Sie mich eines Lächelns!
Schließen sie mein Gefängnis auf, Herr Doktor, damit ich rauskomme.
Daß ein neuer Lazarus aus dem Sarg steige
Und stürbe ich auf der Schwelle vor Freude
Daß wenigstens mein letzter Seufzer durch die Tür komme.

Man kann sich nicht des Gedankens erwehren, es läge eine mehr oder weniger deutliche Nachdichtung Verlaine'scher Poesie vor, und den Vers „Dieses unbrauchbare Leben ist das von Lemaire" hätte man irgendwo in „Sagesse" finden können.

Aber wir befinden uns hier nicht in einem Bereich gleichen Zaubers. Sondern dies ist ein gewöhnliches Beispiel dafür, daß jeder Künstler, der ein Werk beginnt, sich mehr oder weniger geradlinig des Stils eines anderen bedient, und erst später bildet sich eine eigenständige Form heraus. Diese Feststellung läßt sich übrigens durch den von Sentoux zitierten Fall eines Mannes belegen, der unter dem Einfluß einer akuten Krankheit auf einmal ein Gedicht mit etwa hundert Versen schrieb. Dieses Gedicht war von einer erstaunlichen lyrischen Kraft durchdrungen, wie es auch eine ausgereifte Form aufwies. Der Mann hatte niemals in seinem Leben so gute Verse gedichtet und war auch danach gänzlich unfähig, dieses noch mal zu tun. Aber sein ganzes Gedicht ist ein deutliches Pastiche im Stile von Victor Hugo. Es scheint Wort für Wort übernommen worden zu sein. Die immerwährenden Gegensätze, die unvermeidlichen Reime, die Hugosche Potenz – hier erklingt der romantische Tenor selbst:

Er wächst … wie ein Wurm im Schatten!
Und, Schlange in der Sommersonne,
Gleitet er und mischt sich unter die Zahl
Der Hydren, deren düsterer Haß
Jede Stadt vergiftet.

Widerlicher Tanzbodenkönig,
Verkappter Bettler am Kreuzweg,
Gauner mit der ehrbaren Maske
Abscheulicher Straßenräuber, der einem auflauert,
Er ist es! Immer und überall!

Doch ist letztendlich nicht das unbefangene Geplapper der Unwissenden viel interessanter?

II. Die Verrückten, die bereits Dichter waren und die Prosodie kennen

Überreizte Gefühlssteigerung als Sperre ihres künstlerischen Ausdrucks

Es verbleiben uns die Fälle, in denen der Dichter bereits vor Ausbruch seiner Erkrankung über dichterisches Können verfügte. Das Schreiben ist hier nichts Außergewöhnliches: Es ist für unseren Blickpunkt vor allem durch die neuen Mermale interessant, die es aufzeigt.

Wir bleiben hier nicht bei der schon vorher erwähnten Dreigliederung, da die Kategorie des geistigen Zerfalls uns nichts Neues bringt.

Unser ganzes Interesse gilt hier dem emotionalen Ausdruck, den wir bei einem konstanten Bemühen um die literarische Form beobachten, unter der allerdings die ehrliche Darstellung des Gefühls nicht zu leiden hat.

Erinnern wir uns an den von Aristoteles erwähnten Fall des Marc le Syracusain, der nur unter dem Einfluß der Manie gute Verse schrieb.

Es wäre leicht, die Namen der begabten, wenn nicht genialen Dichter aufzuzählen, die von ihren Zeitgenossen für verrückt erklärt wurden. Und dennoch, welch unsterbliches Gedicht hat jemals die Mauern einer Irrenanstalt verlassen?

Sicherlich, wenn auch die Störung der Hirnfunktionen die wertvollen Qualitäten des Geistes verändert oder gar auslöscht, so kann es doch sein, daß die Steigerung des Leidens, die dazu neigt, menschliche Begabungen zu brechen, allerhöchste Ergriffenheit und ungeahnte Geistesblitze bewirkt. Wäre Phädra eine besonnene Frau gewesen, hätte sie nie ihre wilde Leidenschaft durchlebt. Die Verrückten, die die gleichen Regungen und Gefühle wie wir empfinden, sind doch in der Lage, diese intensiver und ausschließlicher zu erleben. Aber das Empfinden der Gefühle und sie künstlerisch umzusetzen, sind zweierlei. Deshalb schafft die „folie littéraire" außerhalb unbestreitbarere Kunstwerke, als sie innerhalb des Irrenhauses entstehen können. Das Lyrische im Wahn zu sehen ist keine monströse Übertreibung, und in seinem Schmerz findet so ein unbekannter Dichter zu einem ungestümen und mächtigen Ausdruck, den er in eine rigoros klassische Form faßt:

> Ihr werdet mich, um meinen Wahn zu beweisen
> Meiner Seele und allem, allem außer meiner Lyra berauben,
> Tochter des Himmels, die Gott mir eines Tages sandte,
> Sie folgt mir bis zur Schändung,
> Betet für euch zu Göttern und Dämonen,
> Schluchzt, seufzt und sagt Adieu.
> Nimm deine Laute zurück, Sohn des Apoll, nur Mut!
> Besinge seine Orte, seine Rasen, sein Blätterdach,
> In dieser Kloake, in der die Vernunft schweigt,
> Besinge diese Verrückten, deren Wahn du siehst
> Trotze den Dummen im Klang deiner Lyra,
> So sang Gilbert auf seiner Pritsche …
> Und Chatterton, den der Engländer anhimmelt,
> Dein Engel, o Loire! Sie! Elisa Mercoeur
> Alle schrien es ihnen, arme Verrückte, laßt
> Die Laute schweigen, aber Diese ließen es freudig geschehen
> Und alle sangen auf der Harfe des Herzens.
>
> Man muß, Doktoren, auf der Erde und den Wogen,
> Die ganze Weltkarte einmauern,
> Dann werden Sie sicher sein, viele Verrückte zu haben,
> Lachen Sie mich aus, lachen Sie so stark Sie wollen,
> Ich habe gute Laune, und die französische Fröhlichkeit
> Sagt Ihnen „Der Autor ist nicht verrückter als Sie".

Ah, verzeihen Sie meiner ätzenden Muse,
Die eher zu heroischen Reimen neigt,
Diesen schwachen Pfeil aus dem Köcher Apolls,
Schreien Sie, verdammt! Für Sie und die Wissenschaft
Ist alles, was mich betrifft, Schwachsinn!
Behaupten Sie es weiter, meine Flöten sagen – Nein …

In diesen Hirngespinsten begegnen wir ziemlich oft Geist und Menschenverstand.
Hier sind vereinzelt erstaunliche Schöpfungen, versteckte Perlen anzutreffen, wie in
diesen Versen eines weiteren Dichters:

Und der berühmte Zola wälzte sich im Schlamm,
Zola, der den Menschen als Rohling sah, der frißt,
Der trinkt, der schläft, der träumt wie ein Tier,
Und nur den einen Trieb kennt: den des Bösen.

Die Liebe in ihren mystischen und fleischlichen Aspekten kommt in diesen zerrütteten
Seelen zur Sprache.

Ein gesunder Gedanke scheint sich in den folgenden, mehr oder weniger gelungenen Strophen nach Göttlichem zu fragen:

Ich sehe die Natur neu erwachen,
Ich sehe das Grün wiederkehren,
Und sollte der Mensch nicht wiedergeboren werden:
So gibt es nichts, was ihn überlebt:
Sein Tod wäre endgültig
Das dauerhafte Überschreiten:

Und unsere flüchtige Existenz
Verliefe ohne Hoffnung,
Ohne ewigen Morgen!
Wir hätten die Hölle auf Erden,
Wo wir unser Elend schleppen,
Ohne daß der Himmel auf uns kommt.

Sicherlich, das ist schon ein beachtenswertes Gefühl. Man kann daher mit dieser Art
der Empörung einverstanden sein, auch wenn sie etwas platt wirkt. Die Strophen über
die Hinrichtung des Urbain Grandier geben ein weiteres Beispiel davon.

In der Gewalt des Exorzisten
Widersteht die Kranke nicht
Und schwört alles, was er will.
Und aufgrund dieser falschen Aussage
Beginnt der ungerechte Prozeß:
Grandier wird zum Scheiterhaufen verurteilt.

Für diese Tragikomödie
Auf die dieser grausame Tod folgt,
Wird der ganze Klerus befragt,
Die Ärzte und die Natur
Und die hohe Magistratur;
Aber alle sind besessen

Denn alle sind fanatisch
Und wider jede Kritik,
Sehen das Teuflische Pack
Anstatt eines körperlichen Leidens.

Vor allem hat sich dieser Dichter dem Reimen verschrieben. Man könnte hier den
übergenauen Stil, die Ebene des Sachverhalts als auch die zu große Bedeutung beklagen, welche die kalte Logik als auch der strikte Menschenverstand in diesen Versen
einnehmen. Der Dichter gestattet sich hier kein zügelloses Umherirren der Phantasie.
Dieser Mensch leidet anscheinend unter einem unerbittlichen Menschenverstand und
einer übertriebenen Logik.

Aber Geduld! Denn jetzt erklingt ein mystisches Brunstgeschrei:

Und wenn uns die Liebe zusammenfügt,
Laß uns vereint und zusammen bleiben!
Ja mein angebeteter Jesus, mein geliebter Jesus; ja, du
bist in mir und ich bin in dir! ja dein Leib ist mein Leib;
Dein Blut ist mein Blut, dein Leben ist mein Leben!
O mein übernatürliches Glück,
Meine keusche Himmelslust,
Mein zeitloses Genommensein.

Jesus, Jesus, ich flehe dich an,
Jesus, Jesus, ich bete dich an,
Lieben wir uns, lieben wir uns noch mehr,
Genießen wir es nochmal heilig!
Tage- und nächtelang,
Sei meine brennendste Liebe,
Meine unerschöpfliche Liebe,
Meine unsterbliche Liebe;
Ohne Ende, ohne Ende, immer, immer!

Dieses besondere Wohlsein, dies lustvolle Wohlsein; Diese
schöne, reine, seraphische Lust; diese zarte
Seelenruhe, dieser lichtköstliche Rausch.

O himmlische Wonne,
Meines Glückes, o Fülle!
Mit dir durchwallt mich diese Lust,
In dir durchwallt mich diese Lust,
Und wie es mich verzückt!

O reine und edle Regung,
O herrliches Glühen,
Wunderbare Wallung!

Dreimal und langsam   ⎰ Wir sind eins,
                         ⎱ Zärtlich eins,
                           Heilig eins,
                           Das ist das Paradies!

Es ist die Lust, die uns verbindet,
Weil unsere beiden Seelen eins werden!

Ich kann es nicht genug offenbaren
Ich kann es nicht genug enthüllen:

Du allein hast mich trösten können!
O meine erquickliche Lust,
O meine liebe trunkene Süße,
O meine hinreißende Heilige Schönheit,
Wie kann ich dich noch rufen!

Dreimal und mit   In dir ist meine Seele verwoben,
sanfter Wehmut   In deiner Liebe ganz verschmolzen.

Von einem gütigen Gott geliebt
Von einem allmächtigen Gott geliebt,
Welch liebreich und ergreifendes Schicksal!
Welch süßes Glück!

                         Jesus, Jesus, o meine Liebe,
Dreimal und   Die ganze Nacht und den ganzen Tag,
gerührt   Vergöttlichst du diesen Aufenthalt:
                         Ich spüre meine Einsamkeit nicht mehr!

Sicherlich ist es nicht der kunstvolle Stil, der in diesem Werk beeindruckt. Die Dominanz einer Idee, die normalerweise Schwung und Begeisterung anregt, solange eine gewisse Zurückhaltung gewahrt bleibt, führt, wenn sie zu mächtig wird, nur zu krankhaften Zwangsideen. Adieu, Kunst, die umschmückt, schöpferische Phantasie schöner Dekors, die dazu da sind, der Idee selbst Gewicht zu verleihen! Im Überschwang der Gefühle ersetzt die affektierte Geste das Wort. Man hat nichts als Schluchzer, in deren Wesen es liegt, sich sonst nicht zu Papier bringen zu lassen.

Nicht anders steht es mit der Fleischeslust und der fröhlichen täglichen Liebe, die allein den größten Teil des menschlichen Glücks verursacht. Aber hier wird es schwierig, Beispiele zu finden. Nehmen wir mal einige in diesem Sinne passende Fragmente, die eine muntere Verve und einen wachen literarischen Sinn zeigen:

Die fliegende Schwadron der Königin

Und hier, die Fontange mit M. Bassompierre
Und seinem dicken Bauch und unter seinen großen Brillanten,
Reich wie Krösus, mit lächelndem Gesicht,
Eine Seele wie ein Fels und Muskeln aus Stein.

III

In diesem Schwarm bändelt die Gabrielle auch,
Niemand am Hofe treibt es so wie sie,
das ist Leidenschaft,
Das ist Gefühl
Bis zum Höchsten,
Das ist die Liebe selbst.

Tochter des Grün-Galant, ist sie nicht ohne,
Das ist Zuckerschlecken, was sie als zarte Erinnerung anbietet
Den Tagesliebhabern, denen, die sie berührt,
Denen, die sie in ihre drallen Arme drückt

[…]

Denen, die sie voll auf den Mund küßt.

Und dann verliert sich die Leidenschaft in priapeischen Ekzessen und überwältigender
Wollust.

In den folgenden Versen wird nun wiederum dem guten Geschmack Platz einge-
räumt:

Cléo, gieße dein Herz in meins,
Dadurch werde ich zum besseren Sieger,
Dein zärtlichster Liebhaber, das schwöre ich,
Bei meiner Seele, meine Liebe dauert
Solange wie ein ewiger Frühling.
Preisen wir unsere fröhlichen Zwanzig
Am funkelnden Himmel der Jugend
O meine zärtliche Cléo! meine charmante Geliebte.

Das sind hier interessante Höhepunkte, insofern als sie Besonderheiten des Genres
offenbaren. Aber wieviele unter ihnen dichten ohne diesen erschreckenden Antrieb?
Nur wenige, die über poetisches Können verfügen, schreiben tatsächlich bedeutsame
Gedichte, die im übrigen ihren geistigen Zustand nicht vermuten lassen.

Dem folgenden Sonnet, dessen Autor sicherlich ein Leser Baudelaires war, mangelt
es sicher weder an Kraft noch an Esprit.

Frauen

Viele haben so pervers verrückte Augen
Daß bei ihrem sprühenden Glanz meine arme reine Seele
Vom Weg im herrlichen Tal verwirrt
Auf immer Gast der langen Winter wird.

Liebende von Lesbos, Jungfrauen von Nevers,
In jedem eurer Herzen wohnt eine Spinne,
Und das verliebte Männchen, blinde und blöde Fliege,
Will vom geflochtenen Netz die andere Seite durchdringen.

Ob naiv oder gelehrt,
einfältig, treu oder enttäuschend,
weich wie Wolle, hart wie Scherben:

Die Frauen werden ihren unvermeidlichen Auftrag erfüllen,
Werden immer das Schlangengift destillieren,
Und für wieviele Samsons werden sie Dalilahs sein?

Ich habe dieses eigentlich nur ausgewählt, um es mit dem folgenden Gedicht desselben
Autors zu vergleichen, in welchem sich eine subtilere Form der geistigen Störung zeigt.

Es handelt sich um eine empfindlichere Art des gedanklichen Ausdrucks, der sich offengestanden nicht ohne Grazie, jedoch mit einem übertriebenen Manierismus dreht und windet, vor allem durch eine offensichtliche Zerfahrenheit im Gefüge des literarischen Spiels gekennzeichnet:

Sonett

Für eine Eva.

Perlen und Blumen liegen auf den Weg gestreut
Und meine Königin gibt unter dem unverhofften Glück nach,
Erregt sich und stammelt: So auch ein Jasmin
Dessen Stengel nicht den Halt der Ranke bietet …

Der Strauch erzittert, aber da, wie die Hand
Des Künstlers ihn bindet, geschieht ein Wunder;
Die weißen Blütenbüschel duften derart, daß es morgen
Auch ihnen eine Freude ohne gleichen sein wird.

Es ist so, Madame, daß Sie kommen mußten,
Und daß Ihre Augen, Kohlen und Hyazinthen gleich,
dem Dichter den endgültigen und süßen Hauch gaben,

Damit zuletzt dieses ehrlich gemeinte Sonett
Das Glück und den besonderen Zauber habe, Ihnen zu gefallen.
Ist das nicht seine ureigene Bestimmung?

Könnte man dieses Sonett nicht für ein überaus gekünsteltes Madrigal aus dem 18. Jahrhundert halten, da doch für solche Arbeiten ein relativ wenig beschädigter Intellekt nötig ist? Wir werden uns in bezug auf die Prosa mit derartigen Stilmitteln noch befassen. In der Lyrik scheinen solche Deformitäten durch die Eleganz ihrer Komposition umso sinnvoller. Und überhaupt, was verzeiht man dem Dichter nicht alles?

Ansonsten führen uns unsere Studien zu Ergebnissen, welche die historischen Gegebenheiten bestätigen, daß nämlich in jeglicher Literatur der Vers der Prosa vorangeht. Wir haben nachvollzogen, warum diese Unerfahrenen, in der Not, ihre Gefühle ausdrücken zu wollen, instinktiv auf die haltgebende Funktion der Prosodie zurückgreifen. Die Schwachsinnigen, die nur emotionsloses Gestammel auszudrücken haben, zeigen ein ähnliches Vorgehen: Der Rhythmus und die approximative Assonanz kennzeichnen ihre Sprache und sind keine überflüssig hinzugefügten Elemente: Sie sind die Seele des Werkes. Durch sie wird die Phantasie hervorgerufen und in Form gebracht.

Der Vers, hervorragende Synthese literarischen Ausdrucks, stellt die unwillkürliche Bewegung des Gefühls dar.

Die Naivität dieser Werke stellt sie in Verwandtschaft mit der Volkskunst. Dies braucht uns nicht zu erstaunen, da die Lyrik im Grunde das bloße Gefühl umfaßt, während die eigentlich krankhaften Elemente sich eher im Bereich der Prosa zeigen. Allenfalls kann das Gefühl in der Lyrik eine morbide Tönung erlangen, deren Exzeß sodann zum Hindernis des eigentlichen künstlerischen Ausdruckes werden kann.

KAPITEL IV
DIE PROSA

Die Ausdrucksformen der Prosa zeigen eine äußerst große Vielfalt von Beispielen intellektueller Aktivität. Doch bevor man die Merkmale überprüft, muß man auf folgendes aufmerksam machen: Oft ist nämlich kein besonderes Merkmal festzustellen, wenn nur Fragmente des Schaffens eines Schrifstellers betrachtet werden. Zehn vernünftigen Seiten folgt eine elfte, die verrückt ist, und deshalb sollte man kein vorschnelles Urteil fällen. Solche Fälle gehören zu den besonders schwierigen, sei es, daß die geistige Verwirrung nur von Zeit zu Zeit erscheint, sei es, daß sie in Form ständig kreisender Gedanken auftritt.

Dieser Gegensatz ist unbestreitbar, und um sich davon zu überzeugen, daß die gleiche Person Schriften voller Normalität, aber auch andere verfaßt, in denen sich die wildeste Inkohärenz austobt, reicht es, die zwei folgenden Briefe zu lesen, die der gleiche Schreiber an aufeinanderfolgenden Tagen geschrieben hat (zitiert in den *Annales médico-psychologiques)*:

Madame,

Ich habe nicht die Ehre, Sie zu kennen, aber das Interesse, das ich Ihrem Sohn entgegenbringe, veranlaßt mich, Sie über die Diät aufzuklären, die man ihm im Krankenhaus einhalten läßt. Seit einem Monat geht er jeden Tag ins Bad und bleibt dort lange; er nimmt lediglich wenig nahrhaftes Essen zu sich, und oft hat er davon nicht genug, um seinen Hunger zu befriedigen. Ich überlasse es Ihnen, zu überlegen, ob man in diesem Zustand einen klaren Kopf behalten kann. Mehr brauche ich Ihnen dazu nicht zu sagen.

Monsieur,

Dieses Krankenhaus ist ein Gefängnis, wo man unter dem Vorwand des Wahnsinns Individuen ohne Erkenntnisvermögen einschließt. Die Personen, die das Essen austeilen, wissen auch nicht besser, was sie tun; durch die Art der Lebensmittel, die sie auswählen, bereiten sie die Nahrung der Menschheit zu. Leute, die nur gesalzen sind und wie Schafe aussehen, schütteln sich die Hand, werden zu Helden, und diese gleichen Helden, die nur gesalzen waren, werden Seelen und schicken die Menschen zu Gott.

Das Fehlen jeglicher Anomalie in einer Schriftprobe ist im übrigen ziemlich häufig; oft sind diese Anomalien auf sehr wenige Dinge beschränkt, auf so feine Merkmale, daß man ihnen nur mit Vorbehalt Bedeutung verleihen möchte.

Aus diesem Grund wollen wir zuerst die gröbsten Störungen betrachten, welche am offenkundigsten ihren Ursprung in sich tragen. Da die Prosa keiner besonderen Technik bedarf, ist es uninteressant, zwischen den Professionellen und den Nicht-Professionellen zu unterscheiden.

Wir unterscheiden drei verschiedene Fälle: Die Fälle mit reinem geistigen Zerfall (das Fehlen von Logik und das Überwiegen des Wortspiels), Werke, die besondere Zeichen des Wahns aufweisen und die relativ perfekten Werke ohne Formbesonderheiten.

I. Intellektueller Automatismus: Das Fehlen von Logik und das Überwiegen des Wortspiels

Also wenden wir uns zunächst den krankesten Schreibern zu, deren Kennzeichen das inkohärente Schreiben ist. Ihre Werke sind das Ergebnis eines annähernd reinen psychologischen Automatismus. Und wie funktioniert dieser Automatismus? Hierfür liefert häufig das Gedächtnis den einzigen Stoff.

Hier und dort zurückbehaltene und notdürftig aneinandergefügte Erinnerungsfetzen genügen häufig, ein buntes Ensemble von Klischees, von abgegriffenen Redewendungen zusammenzusetzen, das gewiß nicht als literarisches Schaffen bezeichnet werden kann, aber das dieses stammelnde und hilflose Gespür für die Kunst verraten läßt.

Genau das ereignet sich beim nächsten Zitat, das einem alten Setzer zuzuschreiben und einem Text entnommen ist, mit dem es keinen Zusammenhang bildet. Es ist sehr weitschweifig und besteht mehr aus feuilletonistischen Erinnerungen als aus persönlichen Phantasien.

DIE RENAISSANCE

Kapitel III

Ein historischer Roman

Ich heiße Auguste-François P …, und J. Strauss; ich bin in Pest geboren, im Jahre 1846, am 18. Januar. Meine Mutter, eine ziemlich hübsche Frau, die mit Johann Strauß verheiratet war, dem berühmten Komponisten, erfreute ganz Wien. Mein Vater, der schönste und fröhlichste Junge seiner Altersstufe, erfreute die Salons. Es brach der Krimkrieg aus; der kleine P … der sich mit seinem Vater in Varna aufhielt, wurde zu den Fahnen gerufen. Dort entschied sich seine Berufung zum Admiral. Dort wurde er auch zum ersten Mal General-Heereslieferant. Schiffsjunge von Natur und Geschmack her, vertraute man ihm, obwohl er erst acht Jahre alt war, den See-Depeschen-Dienst an, den Kern der Kaiserlichen Botenanstalt. Während des ganzen Feldzuges zeichnete er sich durch seinen Mut und seine Bescheidenheit aus, die alten Generäle staunten über seine Kaltblütigkeit; mehrfach gelang es ihm, unter Beschuß, die Post zu überbringen. Am Ende der Kämpfe hatte er die Ehre, die französische Parlamentsflagge auf dem Turm von Sebastopol aufzupflanzen.

Sofern dieser Automatismus ohne Hilfe des reinen Gedächtnisses funktioniert, handelt es sich hier um eine Lösungsmöglichkeit, die nicht ohne Analogie zur Prosodie ist. Ich spreche dabei vom Wortspiel. Begrenzter als die Prosodie, genügt das Wortspiel nicht, um einer unbeholfenen Improvisation eine Form zu geben; aber es hat die gleiche psychologische Rolle wie der Reim, der schließlich ein auf seinen einfachsten Ausdruck reduzierter *calembour*, also ein auf Homonymie beruhendes Wortspiel ist.

Diese Inkohärenten assoziieren die Worte weder durch Logik noch durch einen Gedanken. Das Assoziieren findet durch ein bestimmtes Hilfsmittel statt. Wenn die Logik und der Sinn fehlen, ist es der Wortklang, der als Mittel dient, die Gedanken aneinanderzuketten. Dieses Vorgehen führt häufig zu angenehmen Späßen, wenn es mit Zurückhaltung und ohne Tyrannei verwendet wird; doch in diesen Texten ist das Wortspiel keine Entgleisung, nein, es ist die Seele des Werkes, es ist das Wortspiel selbst, das bei fehlender Logik Zusammenhang schafft. Diese Vorgehensweise erscheint mit wunderbarer Klarheit im folgenden Fragment, in dem die Wörter nicht für ihren Sinn, sondern für ihren Klang verwandt werden.

Euer großes Los sind nur Glöckchen, die ihr nicht wagt, mit euren ataktisch zitternden Händen aufzuhängen; ihr habt Angst vorm Kater, ihr Haufen Langfinger, verhaltet euch wie Schakale. Das ist es nicht, was in diesem Falle schäckelt.

Es ist hier nicht ohne Interesse anzumerken, daß es auch die Kinder lieben, auf solch vager Melodie eines Sing-Sangs unzusammenhängende Wortfolgen zu wiederholen, die sich nur durch den mehr oder weniger großen Reichtum ihres Reimes aneinanderfügen.

Aber diese Vorgehensweise ist nicht immer einfach. Häufiger geht das Wortspiel mit einem Strom von Erinnerungen einher, hinter dem es selbst verblaßt. Übrigens entbehrt der Calembour nicht immer vollständig des Sinnes und hat manchmal etwas Geistvolles inmitten der ihn umgebenden Inkohärenz. Das ist es, was wir in dem nächsten Abschnitt antreffen, einem Zitat aus dem *Journal de Charenton*, welches vollständig von Verrückten redigiert ist und dem wir gelegentlich Beispiele entnehmen werden.

Was ist das?
Das Journal der Heilanstalt von Charenton ist bestimmt den Eiter unserer Wunden zu
    empfangen?
Eitern wir also!
Als der Mensch das Blau bewohnen wollte, wenigstens nach seinem Tod,
Ersann er Schnüre um den Himmel an die Erde zu binden. Etwas Ähnliches
gibt es in den Lebensgewohnheiten des Straußes.

Und so tun, tun, tun,
Die kleinen Kasperle
Und so tun, tun, tun,
Drei kleine Runden, und ab geht's.

Wenn ich, anstatt mich Zensur zu nennen, Tombola hieße (man wird Bilder geben, Stickereien, […], was!) Stürze, oh Zensur! Nun also, meine Herren und Damen, sagen wir mal, zum Nutzen der vernünftigen Verrückten, haben einige für verrückt Gehaltene die Schaffung der Zensur erdacht. Wenn Sie vorhaben, Hasenpfeffer zuzubereiten, nehmen Sie doch einen Hasen?

Als Alleinherrscher waltet der Calembour über den Rhythmus des Werkes und begründet die vollkommene Zusammenhanglosigkeit. Aber für diejenigen, die ein Ziel verfolgen oder eine Gestaltungsabsicht in sich spüren, erscheint der Calembour nicht immer so tyrannisch, und er ist eine mögliche Ausflucht, eine Schwäche, der sie sich allzu gern hingeben. Es ist ein besonderes Merkmal, das man in vielen Werken wiederfindet, sogar bei denen, die von einer intellektuellen Stärke zeugen.

II. Die verschiedenen Zeichen des Wahns

Nach den Ausdrucksformen, an denen wir eine ziemliche Inkohärenz erkannt haben, das heißt ein mehr oder weniger vollständiges Fehlen an Logik, treffen wir auf weniger formlose, aber um so interessantere Werke, insofern als hier eine wie auch immer geartete Logik vorkommt.

Diese Kategorie enthält alle Schriften, die klare Merkmale aufweisen. Obwohl diese unterschiedlichen Merkmale in der Realität oft genug Verbindungen eingehen, ähnlich dem Wortspiel, das ja auch so gut wie überall vorzufinden ist, werden wir nacheinander die *Absurden Texte*, den *Symbolismus* mit seiner Folgeerscheinung *Mystizismus*, dann den *Formalismus* mit seinen unterschiedlichen Äußerungen, Stereotypie, Dogmatismus, Affektivität und schließlich die *Ideenflucht*, untersuchen.

1. Absurde Texte

Im eigentlichen Sprachgebrauch gilt die Absurdität als wesentliches Merkmal der Schriften der Verrückten. Dies ist aber nur zum Teil richtig. Die Bezeichnung „absurd" ist leichter zu verwenden als zu definieren. Gern mißbraucht man dieses Wort, um alles das mit einem Etikett zu versehen, was gegen den allgemein gültigen Menschenverstand verstößt. Es handelt sich hier um einen offenkundigen Mißbrauch, insofern, als der gesunde Menschenverstand sich nicht mit der Logik selbst deckt. Gerade die absurden Texte verletzen ja die fundamentalen Gesetze, ohne die vernünftiges Denken nicht möglich ist. Sicherlich ist jeder Text, der nicht vernünftig ist, absurd; aber die Texte, die ausschließlich das Zeichen der Absurdität tragen, bilden nicht die Mehrheit. Texte, die kein anderes Zeichen als das der Absurdität aufweisen, sind ziemlich selten anzutreffen.

Mit einem Anschein von Verbindung im Ablauf des Redeflusses tragen die extravaganten Vorstellungen und das unvorhergesehene Zusammenfügen, die nicht vorhersehbaren Ergebnisse und die nur durch die rege Phantasie des Autors erfüllten Behauptungen dazu bei, diesen Werken etwas Schelmisches und Komisches zu verleihen. Das ist keine Zusammenhangslosigkeit mehr: Es ist das Auseinanderfallen des Denkens, das permanente Von-einem-Thema-zum-anderen-Springen, welches das Lachen erzeugt. Man lese zum Beispiel das folgende Fragment:

Ich glaube es vernünftig zu glauben, daß alle, die der sogenannten und ersten Schöpfung beiwohnen müssen, verwandelt wiederauferstehen werden, indem sie ihrer wirklichen Gruft entsteigen oder aus einer kurzen Lethargie auftauchen. An diesem Tag wird jeder, ohne sein Zuhause verlassen zu müssen, von jedem Punkt des Globus aus sie sehen können, durch eine von Gott wundersam gelenkte Widerspiegelung. Ein jeder wird es büßen müssen und bedauern, nicht das, was er konnte, für mich, Alice und Joséphine J ... und sogar für meinen Bruder getan zu haben, der außerordentlich gelitten hat, obwohl er das zweitgrößte Genie der Erde ist. Man wird Dupré zwischen Elsaß und Lothringen sehen, Joséphine Hertrich und Esther Berrier, ihn unterhakend, der vom Boden ohne die Hilfe von Seilen auf die göttiche Bühne heraufgezogen wird. In einer Ecke der gleichen Bühne steht vor aller Augen Phylloxera, ganz nackt ... Mit einem wohlgeschärften Säbel werde ich ihr den Körper in zwei Teile schneiden, die sich sofort wieder vereinen werden.

Es wird diese Zeit sein, in der ich meinen Geschichts- und Wissenschaftsunterricht beginnen und die verborgendsten und unbekanntesten wissenschaftlichen und historischen Geheimnisse offenbaren werde. Gott hat mir versprochen, daß die genannte Schöpfung im Juli 1903, ein Jahr nach der Wappenzeremonie der Stadt Paris, stattfinden könnte, sofern den immer trügerischen Versprechungen Glauben zu schenken ist.

Gott wird unterirdische Eisenbahnlinien geplant haben, für die es als Schienen nur noch Gold-, Silber- und Platinbarren zu legen gilt. Aus diesem Grund werde ich die Theorien der neuen und alten Chemie und sogar die der organischen Chemie bekannt machen, die sich mit solchen Substanzen wie Opiumtinktur befassen, aus der man Gold herstellen kann …

Ein einziges Detail ist hier zu unterstreichen: „Ich glaube es vernünftig zu glauben …" Wir werden noch in anderen Texten sehen, welche gewichtige Bedeutung die Verdoppelung und die Stereotypie bei bestimmten Autoren hat. Unbestreitbar, eine vollständige Absurdität. Es gibt davon noch weitere, weniger monströse Beispiele. Es gibt natürlich in dem folgenden Text „Eine Idee und zwanzig Francs" viel an gesundem Menschenverstand und gutem Willen. Aber die Vorstellung, mit welcher der Autor glaubt, das Allheilmittel für sämtliche Plagen der Gesellschaft gefunden zu haben, kann trotz des naiven Glaubens, den sie bezeugt, nur absurd genannt werden.

In der Tat, indem Sie von ihm für sich nichts verlangen, indem Sie ihn einmal ausschließlich einer anderen Person seiner Wahl das zurückzugeben zwingen, was Sie für ihn getan haben, indem Sie ihm nur die Verpflichtung aufzwingen, demjenigen, den er später selber verpflichten wird, ebensoviel abzuverlangen, wenn er dazu in der Lage sein wird, dann nötigen Sie ihn indessen viel mehr, als wenn Sie ihn zwingen, Ihr persönlicher Verpflichteter zu sein, eines Dienstes, den er ihnen ja so gut wie niemals leisten kann, insbesondere, wenn Sie sich in einer materiell überlegeneren Situation befinden als der seinen. Ist bei dieser Position, die ihn meistens zu Undankbarkeit Ihnen gegenüber verdammt, es nicht in jedem Falle vorzuziehen, ihm die Verpflichtung aufzuerlegen, jenen Dienst auf einen anderen seiner Wahl zu übertragen, wenn Sie ihm den Vorwand nehmen wollen, sich der Situation zu entziehen?
[…]

Auf daß Sie dieses Prinzip universeller Solidarität begriffen haben und nie wieder einen Dienst leisten, so gering er auch sei, ohne daß Sie Ihren Verpflichteten einmal in seinem Leben gebeten hätten, Ihnen einen äquivalenten Dienst zu leisten; vergessen Sie vor allem nicht, ihm die Verpflichtung aufzuerlegen, demjenigen ebensoviel abzuverlangen, dem er diesen Dienst entgegenbringen wird. Hierin liegt die ganze Macht dieser Idee. (Alphonse Aubertin, *Eine Idee und zwanzig Francs.* – Vorwort.)

Es ist der Schöpfer seltsamer Heilmittel, der sich weniger gedrängt fühlt, sich zu rechtfertigen, als Antworten zu bieten. Man muß hinzufügen, daß dieses Heilmittel zumindest harmlos und wenig gefährlich für den Staat ist.

Weniger logisch, aber orginell, mehr um die Philantropie besorgt als um das vernünftige Denken, ist der gleiche Autor jedoch in der Lage, inmitten von feierlichen Neckereien und unbedeutenden Behauptungen, hier und dort einige interessante Aussagen zu machen. Obwohl er von ganz anderen Prämissen ausgeht, äußern sich in seinem Werk ab 1886 die Prinzipien des Gesetzes Bérenger. Dieses Dokument ist daher wegen des Datums bemerkenswert.

Angesichts der Befürchtungen, des Zögerns und der wohl festgestellten Abneigung, die ein jeder dabei empfindet einen Schuldigen zu verhaften, müssen die Gesetzgeber sich ernsthaft darum kümmern, die Gesetzgebung und das Strafverfahren zu revidieren. Das ist ein Bedürfnis, das mit jedem Tag drängender wird: Ich glaube nicht, daß es Dringenderes gibt, als eine Art vorbeugende Hygiene gegen das Laster zu schaffen, so wie die moderne Medizin eine Hygiene gegen die Krankheit geschaffen hat, um sie nicht heilen zu müssen. Man müßte die Einwilligung der Justiz erlangen (abgesehen von noch zu bestimmenden Ausnahmen und typischen Verbrechen), um nicht gleich einen ersten Tatbestand gründlich zu verfolgen und eine Strafakte anzulegen, welche im Falle einer Wiederhohlungstat die Strafe rechtmäßig verdoppeln würde. Es versteht sich, daß man dieses erste Verfahren mit allen für die Gesellschaft als auch für das Individuum notwendigen Garantien einrichten müßte, und daß, ob schuldig oder nicht, er das Recht hat, seine Verurteilung oder die Annahme eines vorläufigen Stäfregisters zu bekommen, das im Falle einer Wiederholung dazu dienen würde, ihn noch strenger bestrafen zu lassen. (Alphonse Aubertin, *„Geh' doch zum Henker"* – 1886.)

2. Der Symbolismus

Natürlich werden wir auch in anderen Texten reichlich absurde Elemente wiederfinden, in welchen die Absurdität allerdings keine ausschließliche Rolle spielt: Hier überwiegen bedeutsamere Merkmale, unter denen der Symbolismus zu nennen wäre.

Der Symbolismus der Verrückten ist ungeheuerlich und toll, eine wuchernde Art, die Vernunft zu gebrauchen, auf die sie besonders gern zurückgreifen, um ihre unsinnigsten Entwürfe zu rechtfertigen. Zumindest angesichts dieser unernsten, wenn nicht gänzlich phantastischen Vorgaben, greift die Logik ins Leere. Das Prinzip der Analogie, auf dem der Symbolismus ruht, erlaubt die kühnsten und schönsten Ausweitungem des menschlichen Denkens. Das Symbolisieren hat eine sehr große Bedeutung in religiösen oder künstlerischen Zeugnissen. Es entfaltet geradezu das menschliche Streben nach Höherem.

Die Texte einiger Verrückter, die dieses Prinzip zu weit treiben, scheinen sich vorgenommen zu haben, daraus eine Karikatur zu machen. Symbolismus und Calembour sind für sie verwandt, insofern als in beiden Fällen Verbindungen geschaffen und einfache, zufällige Elemente zu bedeutungsvollen Merkmalen erhoben werden, wie einerseits der Wortklang und andererseits persönliche Alltagsbelange. Es wird nicht mehr mit Worten gespielt, sondern mit Gedanken.

Es folgt ein eindeutig delirantes Beispiel, in dem die Schriftzeichen Angelpunkt und Symbol für unbestreitbar verrückte Anschauungen sind.

L   An Monsieur Joseph Bertrand, Sekretär
UI Lebenslänglicher der Akademie der Wissenschaften und der Academie
T   Française
I

   Herr lebenslänglicher Sekretär,

Die Komposition, die ich als Kopf meines Briefes gesetzt habe, ist der Grund, in dem die Fackel der Wissenschaften steckt. Das ist die Drehung um die Achse der Akademien, die Emanzipation der Sorbonne: Zwei große Tote haben ihre Bewegung festgestellt. Gambetta und Sadi Carnot, das ist die nervöse Ausdehnung von Gambetta und die äußere Vorstellung von Sadi Carnot. Es ist auch die Komposition der Ausweitung der Regierung in dem mehr oder weniger dichten Beschluß der fünf Frankenreiche.

L. Das ist Ihr Sohn als Wissenschaft, das ist die Ausdehnung des Gehirns der Präsidentenschaft der Vereinigten Staaten von Nord Amerika, das, indem es seine Drehung vollzieht, zum rechten Lappen Gambettas Gehirn wird und das westliche Frankreich oder Kanada als Präsidenten der Republik darstellen wird.

Wir werden gemeinsam, mein lieber Vater, in der Wissenschaft die Komposition der wissenschaftlichen Einheit schaffen und sie gleichzeitig zur Regierung führen, deren Vertretung ich inne haben werde mit dem Titel Befreier Präsident der westlichen Republik von Frankreich und der zentralen Republik von Frankreich, von der ich als Apanage die Äußerlichkeit haben werde und die Vertretung, deren Leitung Ihr haben werdet.

Wir werden die Tribüne der Wissenschaften an der Sorbonne erhalten. Das ist die Komposition des großen Drehpunktes für die Ausdehnung der Wissenschaften und der Regierung.

I. Das ist mein lieber Vater in der Wissenschaft, Berthelot, er ist der Begriff von Gambettas Kleinhirn und Sadi Carnots linkem Auge. Er wird der Präsident der östlichen Republik von Frankreich sein. Auf die zentrale Republik. Die östliche Republik von Frankreich wird ein Teil von VV VI sein, deren Komposition durch die Einfügung von L der Ausdruck der zwei T's ist.

Auf diese Weise werden willkürliche und inkohärente Verbindungen zwischen Ideen und Schriftzeichen mit einem Anschein von Logik und Systematisierung geschaffen.

Mit der gleichen symbolischen Absicht, wenn auch mit weniger übersteigerter Logik, erscheint folgendes Fragment über die Asse; aber hier nähern sich einfältige symbolische Interpretation und geistloser Calembour im gleichen Text, wobei sie sehr klar die gleiche Feder erkennen lassen. Für diesen Autor werden Herz-, Pique- und Kreuz-As weiblich charakterisiert, sicherlich wegen der deutlichen Kurven in ihrer Form.

Die Zeichnung der drei *weiblichen* Asse (*Santad Trinidad*) mittels eines neuen Stechzirkels mit mehr oder weniger kalten Nadeln und glänzenden, runden Scharniergelenken.

Das Karo-As fehlt – es ist männlich und von einer geradezu hochburgundischen Einfachheit. Es hat vier Ecken, die man berühren oder es nach Belieben auch lassen kann, für seine Zeichnungen kann man sich an die Soldaten oder Croupiers, vulgär ausgedrückt, an die Rotärsche wenden, an die Trinkfesten, die virilen Verdorbenen oder an die, die dahin gehen (die Karo-Buben).

Die Spitze in die Luft ist es bedrohlich, aber nicht mehr an der Basis viereckig und kann durch den leichtesten Hauch umgeblasen werden. (Die Erfahrung hat es wieder mal erwiesen)

Da zeichnet sich unter dem leicht gebeugten Stab mit einer Gänsefeder oder mit den falschen Pfauenfedern eines Hähers die A-Messe ab, *tik-tak*.

Sicherlich gibt es hier Geschick, wenn es auch ziemlich schlecht und recht vergeudet wird, doch wollte man noch weitere Textstellen hinzufügen, könnte man vom gleichen Autor ein Beispiel bringen, in dem die Suche nach Analogien zu einem literarischen Ausdruck führt, dem es nicht an einem pikanten Reiz und einer gewissen Eleganz fehlt. Es trägt den Titel „*Methodische Belagerung einer Festung à la Vauban*", und der Schlüssel zum Symbol wird postscriptum geliefert: Die methodische Belagerung einer Jungfrau. Es hat etwas von Rabelais und zeigt Schlüpfrigkeit von Format.

3. Der Mystizismus

Die wunderbarste Entfaltung des Symbolisierens ist sicherlich der Mystizismus. Für den wahren Mystiker ist alles in der materiellen Welt Gelegenheit zur Erinnerung, zur Analogie und zur Übereinstimmung. Alles ist Symbol. Soweit so gut. Es bleibt noch zu wissen, wie diese Verbindungen und Schlußfolgerungen entstehen, die der Autor vorgibt zu ziehen. Nun aber zeigt der Mystizismus der Verrückten eine extravagante Karikatur dieser Vorgehensweise, indem er jene Verbindungen auf flüchtige und unbedeutende Analogien gründet: eine ständige Herausforderung an den gesunden Menschenverstand. Nirgends kann man so gut nachvollziehen, wie der Geist mit einem nie endenden Einfallsreichtum wohl oder übel die Tatsachen einer Konzeption a priori unterwirft. Das Sich-Versichern herrscht zügellos, und wenn auch Halluzinationen hinzukommen, paßt es zum Bilde und stört überhaupt nicht.

Hier finden wir die ausgereiftesten und geistvollsten Werke, wo die Form der Sprache nicht mehr diese vorherrschende Bedeutung auf sich zieht. Um Ideen und Offenbarungen geht es hier.

Zeigen wir zunächst durch einige Auszüge aus dem Tagebuch eines deliranten Mystikers, des *Straßenfeger Christi*, wie der Mystizismus sich von Symbolen nährt, die dem feinsten Detail entnommen sind.

Als die Nacht zu Ende ging, sah ich sein eigenes Gesicht mir entgegenkommen. Eins seiner Augen war bedeckt, und er enthüllte es nach und nach, wie um zu sagen, er habe mir noch nicht seine ganze Güte geschenkt, es bliebe ihm noch anderes ein Werk zu *vollenden*, damit ich würdig sei, sein Kind zu werden, und, wie um mir alle Zweifel zu nehmen, zeigte er mir wenig später einen dieser Halter, in die man die Billardstöcke stellt, und er war gut ausgestattet mit geraden und starken Queues.

Weiterhin sehen wir, wie es einem ziemlich begabten Geist gelingt, mit brennendem, aufrichtigem Glauben dieser feierlichen Einfältigkeit Form zu geben.

Oh mein Meister!

Sie wollen, daß ich heute wieder zu dieser Feder greife, die ich einige Zeit abgelegt hatte. Ich nehme sie mit Vertrauen wieder auf, da dies ein Mittel ist, dessen Sie sich bedienen, um Ihren Willen kundzutun. Ich werde, so leicht es mir möglich ist, das schreiben, was Sie mir gezeigt und was Sie mir zu sagen eingegeben haben.

Nachdem Sie mich aus unergründlicher Nacht geholt haben, wollen Sie mich in den Hafen führen. Ich war das Tier, und Sie haben es erlaubt, daß ein Pferd mir zu Füßen stürzte, um mir zu zeigen, daß ich es nicht mehr war. Gestern, nach einigen Besuchen, die Sie mir verschrieben hatten, bin ich in eine gleitende Straßenbahn gestiegen, die mich an den Fuß der großen Säule geführt hat. Danach bin ich zu Fuß durch die Viertel gegangen, die Sie lieben, Sie, der Zimmermann, der möchte, daß man für ihren Ruhm arbeitet. Ich bin über die Rue du Chemin-Vert zurückgekommen, und eine Frau, die ich nach dem Pont d'Austerlitz gefragt hatte, hat mir zuvor den Weg zur Bastille gewiesen. Dann wurde bei meinen Eltern zum Diner ein Zwiebelomelette serviert. Für sie war das ein Symbol. Mein Vater, der eigentlich wie ich hätte sprechen sollen, hat es nicht aufessen wollen. Und als ich sodann auf einen weißen Teller, auf dem bereits ein Rest Blumenkohl lag, zwei übriggebliebene Stückchen Omelette tat, zogen Zeichen meiner Schwester und meines Vaters meine Aufmerksamkeit auf sich. Dann hat mir mein Vater vorgeschlagen, ihn auf den Weg des Kreuzes zu begleiten. Gegen meine Gewohnheit (da ich ihn nicht mehr zur Kirche begleitete), bin ich darauf eingegangen. Und als wir, meine Stiefmutter, mein Vater und ich, den Salon verließen, taten wir dies gleichzeitig. Ich ließ meinen Vater ein wenig warten, dann fand ich ihn unten wieder. In der Kirche setzten wir uns nach vorne, haargenau das Gegenteil dessen, was ich getan hätte, wäre ich allein gewesen, und trotz meines ganzen Verlangens konnte ich nicht beten, wie ich es gern hätte machen wollen, ich konnte meinen Rosenkranz aus meiner Tasche nicht ziehen, da mein Vater vermutlich, von all dem, was da geschah, nichts wußte.

Als ich zurückkehrte, ging ich zu Bett, ich hatte kein Seidentuch, um es unter meinen Kopf zu legen, damit meine Haare mein Kopfkissen nicht beschmutzten. Und dafür mußte ich dann eine meiner Tischservietten nehmen. Als ich dann, noch bevor ich mich hinlegte, auf meinem Bett saß, kratzte ich mich, da ich an Beinen und Armen einen leichten Juckreiz empfand. Dann legte ich mich schlafen. Und dann einige Augenblicke später bedeuteten Sie mir mehrfach, die Stellung einzunehmen, als wenn man die Erde küßt. Als dann Flöhe mich mit Wut stachen und dies mit einer Gewalt, wie ich Flöhe nie derart stechen erlebt hatte, erlaubten Sie mir, mich zu kratzen, was ich auch tat und beim Einschlafen fortsetzte. Das sind die Tatsachen, die Sie mir die Güte hatten zu erklären. Und noch heute morgen haben Sie mir befohlen, noch bevor ich schreiben konnte, zur Notre-Dame des Victoires zu gehen, um Sie zu bitten, mir zu zeigen, daß Sie durch dieses Symbol die Wahrhaftigkeit meines Berichts noch bestätigen. Und damit diese Tatsache noch deutlicher würde, haben Sie sogar erlaubt, daß eine Messe gelesen würde. Man begann sie, während ich bereits da war, und nachdem ich die üblichen drei Rosenkränze gebetet hatte, hießen Sie mich gehen, wobei das Evangelium heute für mich Ihr Wort sein sollte, das ich nunmehr aufschreibe.

Oh, mein Meister, seien Sie auf Ewigkeit gelobpreist.

Das Pferd ist das Tier, das zu Füßen des neuen Menschen sein Leben aushaucht. Es ging am Schrotthändler vorbei, ohne anzuhalten, und warf sich gegen einen Karren in dem Moment, als ich selbst gerade dort ankam. Dieses Ereignis ähnelt demjenigen mit der Straßenbahn, die mich gleitend zum Fuße der Säule brachte. Und Sie sagen mir, oh mein Meister, diese Säule ist nicht die augenblickliche Sperre, die dich in diesem Moment zurückhält, das ist die große Last, die ich dir auferlegen möchte. Und in mir erstaunte ich und verstand noch nicht, was mein Meister wollte. Das Abenteuer des Chemin-Vert und der Frau, die ich fragte, waren Zeichen genug, mich auf die richtige Fährte zu bringen. Das Omelette war hierfür die Bestätigung. Ich machte zwei Stücke aus dem, was von dem Omelette übrig blieb. Dadurch, daß mein Vater das eine bereits abgelehnt hatte, blieb auch das andere übrig, und es lagen dann auf dem weißen Teller drei Stücke: ein Stück Blumenkohl und zwei Stück Zwiebelomelette. Diese beiden Stücke Zwiebelomelette stellten meinen Vater und mich dar (weil mein Vater meine Rolle haben sollte), als wir aus dem Salon herauskamen, und das Stück Blumenkohl stellte meine Stiefmutter dar, die uns vorausgegangen war, genauso wie das Stück Blumenkohl bereits vor den beiden Stücken Zwiebelomelette auf dem Teller lag. Wir gingen zum Weg des Kreuzes, und man ließ das wahre Kreuz verehren. Und dann sagten Sie mir: Oh mein Sohn, du siehst, ich habe mich selbst als Opfer für die Sünden der Welt angeboten. Wenn ich dir das gleiche Opfer auferlegt hätte, wäre dir damit kein Verdienst zuteil, weil du nur das ertragen hättest, was du nicht hättest vermeiden können. Ich habe erlaubt, daß die Menschen dich harte Dinge erblicken lassen. Um dich selbst dann ohne Vorbehalt zu opfern und im voraus all das anzunehmen, was die Menschen mit dir, was immer es auch sei, in Wirklichkeit vorhaben, wirst du dann noch mehr Anerkennung erlangen. Du hast gerade deinem Stuhl die Zahl 1 gegeben (1 Sou), und bei der Kollekte hast du die Zahl 10 gegeben. Baue du auf mein Wort und akzeptiere im voraus alles das, was ich erlauben werde, ohne daß du es selber kennst. Und ich sage meinem Meister: Oh mein Meister, ich danke Ihnen, mir erlaubt zu haben, daß ich nun einen Teil mehr mit Ihnen gemeinsam habe. Ich lobpreise Ihre Hand, besonders wenn sie es mir ermöglicht, mich Ihrem Weg anzunähern. Ich ertrage alles, was die Menschen nach meiner Sünde für angebracht halten werden, und ich ging ganz fröhlich, den geheiligten Teil des Lebensbaumes anzubeten.

Aber alle Formen des Mystizismus bringen solche Erfinder in Versuchung, und das Aprioristische dieser tollen Ideen, die sich nicht demonstrieren lassen, sondern sich aufzwingen, findet hier ihre Gestalt. Zugleich tragen der Stolz und die überzogene Vorstellung des Autors, die er sich vom Wert seiner eigenen Ideen macht, zu diesem Anschein von Sicherheit bei, der Magiern und Religionsstiftern so dienlich ist.

Trotz des würdevollen Tones, der fast immer den guten Autoren entliehen wird, trotz der tatsächlichen Gelehrsamkeit und, das muß auch gesagt werden, trotz der ausdrucksstarken Originalität einiger ihrer Werke erscheint jedoch das Loch, die wunde Stelle in der Rüstung.

In dem Buch, das von der Stifterin einer wenig bekannten Religion, nämlich des *Universalismus*, geschrieben ist, entdeckt man neben moralischen Erwägungen Züge einer immerhin bemerkenswerten Logik, wie zum Beispiel diese hier:

D. Sollte es vorkommen, daß ein militanter Universalist von einer Geisteskrankheit ergriffen wird, muß man ihn dann in einer privaten oder staatlichen Heilanstalt unterbringen?
R. Es ist unmöglich, daß ein Erneuerer und sogar ein Verfechter von einer Geisteskrankheit ergriffen wird, da doch die Unfehlbarkeit gegenüber den fundamentalen Grundsätzen des Universalismus ihr intellektueller und physischer Schutz ist, seitdem die nachgeborenen Gelehrten das Geheimnis zur Zerstörung atavistischer Wurzeln gefunden haben. Um das Unmögliche zu meistern, daß ein Mitglied der oberen Schar die Vernunft verlieren sollte, so komme Unglück über die Erneuerer, die einen der Ihren in diese Auffanghäuser für die Opfer dieser desorganisierten und verfaulten Gesellschaft führen ließen. Behalten Sie Ihre körperlich und moralisch Kranken; das ist die erste Pflicht, Mutter einer *Familie*. Wenn Sie Unsterblichkeit erlangen wollen, verlassen Sie niemals die Ihren … (Marie Andrieux Saint-Rémy, *Les Dieux des anarchistes*, 71–72)

D. Warum wird das Geheimnis des Lebens nicht den Studenten und der ganzen Menschheit preisgegeben, da es doch gegen den Schmerz und die fleischliche Wiedergeburt in ihrer aktuellen Form schützt?
R. Weil die Enthüllung eines Geheimnisses, von dem das Glück oder das Unglück einer neuen Rasse abhängt, und dies für die Dauer langer Jahrhunderte, Menschen nicht anvertraut werden kann, die sich ihrer bedienen würden, nicht um das Unglück, das unsere Väter erlitten haben, auszulöschen, sondern um es im Gegenteil fortbestehen zu lassen. (Ebd., 75)

Wenn eine Pflanze gegen eine solche Krankheit wirksam ist, warum sollte der menschliche Körper es nicht auch sein? (Ebd., 283)

Die beunruhigenden Fragen, die die Religion selbst betreffen, hindern den Autor nicht, sie selbstsicher zu erklären. Kann man die Logik dreister provozieren als in den letzten Zeilen?

Es ist nicht nötig, die Untersuchung eines dieser Bücher sehr weit voranzutreiben, um zu sehen, wie der Autor denkt, auf welche Weise es ihm gelingt, seine Ideen zu behaupten. Es fehlt ihm die ernsthafte, strenge Logik. Er macht sich Gedanken über Nichtigkeiten und denkt zweifellos, daß der belehrende Ton, mit dem er seine Schlußfolgerungen ausstaffiert, ihnen Wert verleiht.

Wie für jedermann auch haben die Worte für ihn einen übersinnlichen Wert, und es reicht, mit ihnen zu spielen, zu jonglieren, um auf einmal mit Leichtigkeit alle Fragen zu lösen.

Wir sollten tatsächlich den Wert der großen Gelehrten aller Schulen der Vergangenheit zu schätzen wissen, ohne Platon, Sokrates, St. Augustin, Abelard noch ihre Gleichgesinnten oder gar die großen Okkultisten Indiens auszunehmen, deren Ideen von den heutigen Theosophen geteilt und deren Prinzipien von ihnen angenommen wurden. Diese Männer guten Willens suchten Gott, den Sinn des Lebens, des Todes und des Schmerzens; den Ursprung des Menschen, seine Ziele, die Bewegung der Welt, ihre Zukunft etc., in einem Wort, d*ie Wahrheit*, ohne daran zu zweifeln, um so weniger, als die Theosophen der jetzigen Stunde es tun, daß die Wahrheit aus der Gerechtigkeit geboren werde, und, daß die Menschen die Wahrheit in ihrer strahlenden Nacktheit nur begreifen und sehen werden können, insofern sie gerecht sein und ihre Brüder für die Gerechtigkeit erobern werden (*Les Dieux des anarchistes*, 155).

Diese Autoren bilden sich gerne ein, durch die Intuition ihres Genies die Wahrheiten zu entdecken, die vergeblich von den größten Geistern der Menschheit gesucht wurden. Es reicht ihnen, beim Schein zu bleiben, und sie bringen mit dem größten Ernst die leersten und äußerst harmlosen, wenn nicht albernen Ansichten zum Ausdruck.

Die Wahnvorstellungen, die sie sich von ihrem Schaffen machen, spielen ihnen einen bösen Streich. Es drängt sie, die großen Probleme der Menschheit zur erhellen: Nur ihnen widmen sie sich, denn alles andere reizte ihr intellektuelles Leben nicht und wäre unwürdig.

Und mit einer erstaunlichen Selbstsicherheit geizen sie weniger mit Beschimpfungen als mit Argumenten, sind stets bereit, den infamen Philister anzuklagen und brechen schneidend das Gespräch ab.

Im Universalismus sind die Rechte der beiden Geschlechter gleich.
Das Privateigentum abgeschafft.
Die Todesstrafe als die größte Plage des Menschengeschlechts angesehen; die Gefängnisse als Schule des Verbrechens.
Die Grenzen bestehen nicht mehr.
Das Einäschern als Heil für die öffentliche Gesundheit auferlegt.
Die Sklaverei der Arbeitgeber abgeschafft.
Die Kinder, die Greise, die Schwachen, die moralisch und intellektuell Benachteiligten, unter den hohen Schutz ihrer Brüder und Schwestern, die von der Natur intellektuelle und physische Macht empfangen haben, um ihnen zu helfen, sich in den Labyrinthen des fleischlichen Lebens zurechtzufinden.
Das ist der Umsturz des Rechtes und der geltenden Gesellschaft.
(*Les Dieux des anarchistes*, 142)

Schließlich sollte man nicht vergessen, um das Beispiel dieser Wundertäterin zu vervollständigen, die man für eine Fanatikerin halten könnte und die mit kindlichem Ungestüm ihre Sinnsprüche geistreich aufstellt, daß sie selber bemüht ist, die Urheberschaft all dieser Erleuchtungen anzugeben. Der folgende Auszug erhellt die Tragweite des ganzen Werkes.

Ich muß enthüllen, um mein Gewissen zu beruhigen, daß ich Gott gesehen habe, wie er Mademoiselle Couesdon als Erzengel Gabriel erschienen ist.
Sein Kopf ist von einer Krone geschmückt, kaiserlich oder königlich. Ich habe das Diadem gesehen, die Wappen aber nicht genau, denn ich wagte es kaum, sie zu bemerken.

Ich versichere bei meinem Gewissen, bei meiner Ehre als Universalistin, daß dieses Wesen, ein Anhänger des Senats, ein Agent der monarchistischen Restauration in Frankreich ist und daß eine Menge hoher und mächtiger Republikaner – um ehrlich zu sagen – aber der Verrat wird noch entlarvt werden – Monarchen, deren Namen ich verschweige, ihm angeschlossen sind. Alle diese vereinigen sich, um den Senat zu erhalten, damit die Republik in Frankreich abgeschafft wird.

Meine höchste Pflicht besteht darin, öffentlich und mit dem größtmöglichen Aufsehen zu enthüllen, daß trotz der Kühnheit des sogenannten Gabriel, danach zu streben, sich mittels der im übrigen potenzierten Mademoiselle Couesdon zu behaupten, daß der Erzengel Michael mächtig genug sein wird, um diesen Komplott zu vernichten und die niederträchtigen Verräter, die die Wiedereinsetzung der Monarchie anstreben, der immanenten Justiz auszuliefern. (*Les Dieux des anarchistes*, 264)

Dieser Mystizismus ist insofern eine geistige Störung, als der Mystiker, um ein Phänomen zu erklären, sofort zur kompliziertesten Hypothese greift. Das ist der Triumph des Phantastischen, diese beständige Behauptung des Aprioristischen, dem es in der Tat an Kreativität nicht fehlt. Der Mystiker bemüht sich hier nicht um die Übereinstimmung der Sprache mit der Realität: Offensichtlich ist es die Realität, die sich den vielfältigen subjektiven Behauptungen des Autors fügen muß.

Auf diese Weise sammeln wir in einem Buch mit dem Titel *Les planètes rocheuses* (Die felsigen Planeten), die für den Autor den Ort des Lebens im Jenseits bilden, Texte wie diese:

Ich sage es, hier unten haben wir mit allen gelebt, weil die einen Verachtung erwecken, die anderen Respekt und Liebe ... (Eulalie – Hortense Jousselin, *Les planètes rocheuses*, 24)

Ich sage es, Vergeltung und Mord wurzeln in einem anderen Leben. Probe: Ist es natürlich, daß verschiedene Eltern ihre Kinder töten? Und daß bestimmte Kinder ihre Eltern töten? Und viele andere Dramen des Lebens (die so erschreckend sind, daß ich sie nicht erzähle, denn es würde zu lange dauern). (Ebd., 365)

Der Wille zum Phantastischen, das Aprioristische und das absolute Gerechtigkeitsstreben schrecken vor nichts zurück, um ihre Erfüllung zu finden. Die Einbildungskraft reicht aus, um eine befriedigende Hypothese zu entdecken, sowie der Autor zur gleichen Zeit selbstbewußt in metaphysischen Begriffen schwelgt.

Also gut, wir wollen jetzt diese Letzten auf den Gipfel der Erhabenheit hinstellen, ohne allerdings diese Worte auszulassen: Diese Subjekte sind nur Perfektionäre, sind sie denn in dieser Zeit nicht gestorben, die Erfinder? Ja! In solch einer Zeit sind die Erfinder gestorben. Aber ich sage, sie sind es selbst, die in das Tal des Genies zurückgekehrt sind, um von ihren Werken zu profitieren, die sie sterbend zurückgelassen haben, und ist es nicht richtig?

In diesem Buch, in dem es wenig Gelehrsamkeit gibt und persönliche Einfälle überwiegen, ist es vor allem bemerkenswert, Ideen zu finden, die genau das Denken der Wilden wiedergeben. Dabei geht es um eine Art zu denken, die man natürlich nicht als verrückt bezeichen kann, die im Gegenteil deren primitiven Denkstrukturen aufzeigt, die indes auch Zeugnis längst durchschrittener Epochen unserer Kultur bleibt.

Nach Herbert Spencer (Prinzipien der Soziologie) bringt der Traum den primitiven Menschen zu der Vorstellung von der Unabhängigkeit der Seele wie auch von einem Leben nach dem Tode. Diese Vorstellung entdeckt auch die Autorin von *Les Planètes rocheuses* in ihrem eigenen Werk.

Wenn es kein anderes Leben gibt, warum erscheinen uns die Toten in unseren Träumen: Immer jung und schön, immer lächelnd wie damals (das heißt, diejenigen, die jung sterben)? (*Les Planètes rocheuses*, 185)

Das Geheimnis, das uns in unseren Träumen die Toten bekleidet zeigt und das uns mit ihnen leben läßt, wie damals, als sie auf der Erde waren, ist da, um uns verstehen zu lassen, daß die Planètes rocheuses von Menschen bewohnt sind. (Ebd., 302, Notizen)

Ich habe mich oft gefragt, wo die Spinne wohl herkommt! Man sieht sie ja an ihren geschickten Netzen pausenlos arbeiten (Ich glaube, daß sie die Erfinderin des Netzes ist und daß der Mensch sich ein Beispiel an ihr genommen haben dürfte, um Stoffe zu weben), aber man sieht sie ja nie in Gesellschaft. Nun aber, wie wird die Spinne denn gezeugt? Wäre es vielleicht durch Trennwände und Mauern? Mein Gott, ich weiß es nicht! Und niemand könnte darüber mehr sagen, als ich. (Ebd., 288)

Zwischen den uns schon bekannten Merkmalen besteht eine mehr oder weniger enge Verwandtschaft, die im gleichen Werk Verbindungen eingehen oder es gar entstehen lassen kann. Wir haben bereits die deutliche psychologische Ähnlichkeit des Calembours oder des Wortspiels mit dem Symbolismus gesehen, wie ihn die Verrückten auf eigenwillige Weise handhaben. Ein noch klareres Beispiel dieser Verwandtschaft liefert uns eine vollständige Abhandlung mit dem Titel *La Science de Dieu ou la Création de l'Homme* (Die Wissenschaft Gottes oder die Erschaffung des Menschen), in welcher der Calembour als Angelpunkt für Symbole benutzt wird.

Der Verfasser ist ein umfassend gebildeter Mann, dem konsequenterweise Naivität und Einfalt unentschuldbar sind.

Diesem Werk fehlt es nicht an höchstem Anspruch. Der Autor hat die ganze Metaphysik behandelt und den Ursprung des Menschen, seine Ziele und Fähigkeiten erklärt; das alles mittels des Calembours.

Es hat den Anschein, als ob der Autor etwas ganz Absurdes gewählt hätte, um sein Gedankengebäude zu stützen. Selbstverständlich ist es dem Menschen erlaubt, nicht immer streng logisch zu denken und ein Ereignis auf eine nur scheinbare Ursache zurückzuführen. Aber hier ist das Burleske ohnegleichen! Auf der Basis des Calembours begründet sich die neue und erstaunliche Metaphysik. Er geht von der Prämisse aus, daß das Wort Gott, und daß das Wort alles geschaffen hat. Nun, das Wort ist für ihn das Phonem, wie wir es alltäglich aussprechen, und der Autor gibt sich übrigens nicht die Mühe, anderenorts als im Französischen, wie es zur Zeit gesprochen wird, die Urquelle der Sprache zu suchen. Die Grundsätze seiner Lehre sind nicht sonderlich kompliziert.

Der wahre Gott, das ist der Geist, der das Menschentier schafft und vor allem der Schöpfer des menschlichen Wortes ist, welches der alleinige Sohn des Geistes ist, und ihm ähnelt; weil das Wort ein intelligentes, spirituelles und unsichtbares Wesen ist; man muß schon blind sein, um es nicht zu sehen. (Jean Pierre Brisset, *La Science de Dieu ou la Création de l'Homme*, 4)

Den unumstößlichen Beweis für das, was vorangeht, werden wir geführt haben, nachdem wir die Schöpfung des Menschen aus dem Material demonstriert haben, das wir deinem Mund, Leser, entnehmen werden, wohin Gott es gelegt hat, bevor der Mensch geschaffen wurde. Tatsächlich wird derjenige, der dem Meschen seine Erschaffung in aller Deutlichkeit demonstriert, wohl der Schöpfer selbst des Menschen sein, und es werden der Geist und das Wort sein, die diesen Beweis führen werden. Wir werden kein träges Material verwenden, es ist das lebendige Wort, das sprechen wird, und es ist der Geist, der entscheiden wird. (Jean Pierre Brisset, ebd., 4–5)

Es folgt der wesentliche Lehrsatz, von dem aus die fruchtbare Phantasie sich zu abgelegenen Abstraktionen emporschwingt.

Alle Ideen, die man mit gleichen Tönen ausspricht, haben den gleichen Ursprung und beziehen sich alle im Grunde genommen auf das gleiche Objekt. Man nehme die folgenden Töne:

> Les dents, la bouche;
> Les dents la bouche;
> L'aidant, la bouche;
> L'aide en la bouche;
> Laides en la bouche;
> Lait dans la bouche
> L'est dam le a bouche
> Les dents, la bouche;

Les dents bouchent l'entrée de la bouche et la bouche aide et contribue à cette fermeture, *les dents la bouchent, l'aidant la bouche.*
Les dents sont *l'aide*, le soutien *en la bouche* et elles sont aussi trop souvent *laides en la bouche* et c'est aussi *laid*. D'autres fois, c'est un *lait*: elles sont blanches comme du *lait dans la bouche.*
L'est dam le a bouche se doit comprendre: il est un *dam*, mal ou dommage, ici, à la bouche ou tout simplement j'ai mal aux dents. On voit en même temps que le premier dam a une dent pour origine.
Les dents, la bouche vaut: bouche ou cache ces dents-là, ferme la bouche. (Jean Pierre Brisset, ebd., 8)

Voyons où ces ancêtres étaient *logés*: *l'eau j'ai* = j'ai l'eau ou je suis dans l'eau. *L'haut j'ai* = je suis haut, au dessus de l'eau, car les ancêtres construisirent les premières loges sur les eaux. *L'os j'ai* = j'ai l'os ou les os, on les mangeait où l'on était logé. L'ancêtre était carnivore. *Le au jet* = ou je jette cet objet: où est le jet d'eau, *l'eau jet*, je suis *logé*. *Loge ai* = j'ai une loge. La première loge (*l'eau-jeu, l'eau-je* = l'eau à moi) était un lieu arrangé dans l'eau. *Lot j'ai* = je tiens mon lot, être *logé* est le lot naturel. Qui n'est pas logé a perdu son lot. *L'auge ai* = j'ai mon auge, la première auge était une petite mare (*mare à bouc, Marabout*) qui servait de *lôge*. On prononce loge et *Lôge*, suivant le dialecte. On fut donc dans le principe logé dans l'eau et à *l'eau berge*, sur la berge des eaux, à l'auberge: dans les eaux t'es le = dans les hôtels. (Jean Pierre Brisset, ebd., 10)

Eines Tages, als wir diese kleinen hübschen Tierchen (Frösche) beobachteten und selber diesen Schrei wiederholten: Quack, antwortete uns eines von ihnen mit großen, funkelnden Augen, zwei oder dreimal: Quack. Es war uns klar, daß sie sagte: *quack que tu dis?* ... (Jean Pierre Brisset, ebd., 29)

Der Frosch hat keine Zähne. Im großen Buch des Lebens steht über deren Kommen wortreich geschrieben. – Das deutsche *Die Zähne* oder *Zham* = *les dents*; *die Zehn* = *les dix* oder *la dizaine*; *die Zehen* = *les orteils* und die Finger zehn an der Zahl.

Diese einfache Gleichheit der Klänge: *die Zähne, dizaine,* war für mich eine Offenbarung, an die ich kaum zu glauben wagte; ich suchte jedoch die Geschichte der Zähne: Das Zähne-Bekommen des Kindes. Das Ergebnis überstieg bei weitem meine Erwartung ... (Jean Pierre Brisset, ebd., 38)

Kein Begriff entgeht der genialen Untersuchung unseres Autors. Übrigens, wenn jemand auf die Idee käme, den Wert dieser lachhaften Theorie zu bestreiten, wäre der Autor um keine Beweisführung verlegen.

Die Entstehung dieses nun wahrhaft originellen Gedankengebäudes wird uns freundlicherweise durch den Autor selbst enthüllt, der auf diese Weise die Attribute eines Religionsstifters für sich beansprucht.

Nun, eines Abends im Juni des gleichen Jahres 1883, in dem Moment, wo wir, nachdenklich, nach Hause zurückkehrten, spürten wir etwas, wie einen unsichtbaren Menschen, der vom Himmel fiel und uns ganz durchdrang. Sogleich sagte uns die Stimme dieses Geistes. Ich bin Jesus: Ich richte die Toten und die Lebendigen.
Dann belehrte uns der Geist nach und nach, und erst nach mehreren Jahren konnten wir unseren Auftrag voll und ganz verstehen und unser Buch drucken lassen: *Le Mystère de Dieu*, an dem wir ein Veränderung vorzunehmen haben, was die Eröffnung des siebten Siegels betrifft, nach der etwa eine halbe Stunde Schweigen einzuhalten ist. (*Apoc.*, VIII, I.) (Jean Pierre Brisset, ebd., 247)

Dieser Versuch scheint, um es ehrlich zu sagen, eine lustige, aber übermäßig weit getriebene Farce zu sein, etwas wie ein langatmiger Humor, dem der Autor sein ganzes Leben gewidmet hat. Und er hört nicht auf, sich für die Vortrefflichkeit seiner Doktrin zu begeistern. Er wettert gegen alle armseligen Wissenschaftler, die sich von seinem Licht nicht haben beeindrucken lassen und die sich vor seiner Offenbarung nicht verbeugt haben.

Für seinen so agilen Geist, der doch immer so daneben liegt, ist alles Zeichen, Symbol oder auch Spur, auf der er hin und her schweifend seine Wahrheit hervorbringt. Er enfaltet einen bewundernswerten Einfallsreichtum, um seine absurden Ideen zu kommentieren; bloß sein Ausgangspunkt ist dermaßen sinnlos, daß er niemanden auch nur für einen Moment täuschen könnte.

4. Der Formalismus

Nach dem Wortspiel und dem Gedankenspiel, nach all diesem mehr oder weniger phantasmagorischem Jonglieren, aus dem sich eine Vielfalt an Spinnereien nährt, müssen unter der Kategorie „Formalismus" andere Werke berücksichtigt werden, deren Merkmale in einem Bemühen um bestimmte Formen bestehen, in einer seltsam gezierten Sprache, in stereotypen Formulierungen und in einer Besessenheit nach Wortneuschöpfungen. Die also mehr durch ihre Feierlichkeit beeindrucken als durch ihren Inhalt.

Hier handelt es sich um eine dem Wortspiel ähnliche Störung, die allerdings different genug ist, um eine eigene Kategorie zu bilden, wenn auch die Form des Calembours in diesen Werken erscheint. Dieser Formalismus ist ein allgemein gültiges Merkmal, das sich in Texten von unterschiedlichem Wert wiederfindet.

Nun unterteilen wir den Formalismus in drei Gruppen: Stereotypie, Dogmatik und
Narzißmus.

Stereotypie: Sie bietet uns die deutlichsten Merkmale des Formalismus. Sie besteht aus
intellektuellen Feststellungen, die es dem Autor kaum erlauben, seine Denkmuster zu
erneuern.

Wie zum Beispiel bei den folgenden Zeilen eines Volksschullehrers:

Brom dient, wird angewandt, benutzt, um zu beruhigen, zu besänftigen und die Nerven, die
Sehnen et all, den gesamten Nervenapparat zu befriedigen, sofern es die Zeit gibt, den Magen und
den Bauch zu reparieren …
Der Magnet vor den Wimpern, den Blicken, den Augen (Klüsen), macht blind.
Der Magnet dient dazu, die Eisen, das Metall, das Mineral aus dem Fett, den Augen (Klüsen),
[des opres], aus dem Fleisch, den Knochen, dem Schlamm und aus dem Elfenbein wegzumachen,
zu entfernen, zu verlagern und herauszunehmen.

Diese unförmige Karikatur ist sicherlich ohne jegliche literarische Bedeutung, aber sie
drückt in typischer Weise dieses Denkmuster aus, das sich in intelligenteren Werken
weniger ausgeprägt findet.

Dieses Denkmuster, gekoppelt an gänzlich unnütze Neologismen und an Wieder-
holungen, in denen der Einfluß des Wortspiels und der Alliteration spürbar ist, decken
sich mit einem völlig absurden, aber nicht allen Witzes entkleideten Inhalt:

Il est dans la force des choses fortes, suscitées par les forts que sont la descendance bâtarde ou
légitime, véritable ou fictive, des forts en possession de la force = Robur … Robert!
Il est dans la force des choses … concernant le sort confortable des puissants autant que
opulents descendants soit indirects soit direct des *Robert le fort* eux prétendent rester des
Roberts de plus en plus millionnaires et *forts* aux yeux des forts réconfortés capitalisateurs
millionnaires.
Il est dans la force des choses, c'est-à-dire dans la sublime volonté de la France et dans l'adorable
vouloir du Dieu de Jeanne d'Arc la Pucelle d'Orléans suscitant le Puceau de Metz …, etc …
(… Révolution et Révélation …) (République – Grandieuse – Française) (1re note) (Prospérité –
Liberté – Pérégalité) (2e Note). Election législative complémentaire du 16 au 30 novembre
1890 en la 2e section du XVIIIe arrondissement de Paris – (APIQA), quartier Clignancourt
(VOTATOV) candidature primordiale de = Xavier Cotton … actuellement à l'asile C … lequel
prêtre académique = (dit très bien = *La France* = journal d'hier et la France nation = dores et déjà)
= n'ayant pas pu soutenir sa candidature parce qu'il s'est vu tenir tout *sataniquement* séquestré par
= l'insensé = Taule = a néanmoins eu *six voix* au scrutin du 16 novembre – ce qui prouve et
démontre qu'il peut et doit en recueillir au moins 12 mille au scrutin du 30 … par l'effet de ses
fulminations … Donc:
Daigne, etc … (Joseph-Jacques-Xavier Cotton)

Das ist mein Los, mein Los als Verrückter, der unter Beobachtung steht, und der, jedesmal,
wenn er unter Beobachtung steht, seine unzugänglichen Beobachter beobachtet – ach! Bei all
seinen Beobachtungen, die so hundertfach besser, daß doch seine zu ungenügend beobachteten Beobachter ihn auf die berühmte Art in stumpfsinnigen Beobachtungen beobachten, die
dicken Traktate über die Folie raisonnante gewichtiger machen und dünkelhaft aufblähen,
von ihren gefälligen Kumpanen mit dem Preis André noch gekrönt. (Joseph-Jacques-Xavier
Cotton)

Man sollte nicht glauben, daß sich hier eine flüchtige Phantasie gegebenenfalls mit Worten vergnüge, eine lustige Eigenart zu schaffen. Vielmehr handelt es sich um eine wahre Tyrannei der Sprache, die darin besteht, Ausdrücke zwei- oder dreimal, wenn nicht gar mehrmals ohne Notwendigkeit zu wiederholen, es sei denn, um dem Denken künstlich Präzision und Kraft zu verleihen.

Hier haben wir noch einen Text, dessen Wert darin besteht, daß er Vergleiche mit ähnlichen Fällen aufdeckt. Der Autor, ein sehr intelligenter Greis von erstaunlichem Geistesleben, deutet selbst auf die Gleichzeitigkeit des Beginns seiner literarischen Schaffens mit seiner Einweisung hin. Seine Aussage ist besonders aufschlußreich, weil sie ein aufrichtiges Bekenntnis darstellt und interessante Gemeinsamkeiten der Krankengeschichten aufdeckt.

Es ist nicht mit vierzig und umso weniger mit sechzig, daß man ein Dichter ist, da diese Fähigkeit ein Privileg des jungen Alters und nicht des reifen ist.
Nun aber bin ich plötzlich ein möglicher Verseschmied geworden im Alter von vierundsiebzig Jahren, und diese ungewöhnliche Tatsache hat bis zum Alter von achtzig angehalten.
Von da an und ohne daß man mich dafür zu Recht anklagen kann, habe ich nicht eine verrückte Tat begangen, indem ich sagte, ich sei von Gott, Notre Dame de la Salette und Jeanne d'Arc inspiriert worden; denn man wird mit achtzig kein Dichter, nicht mal ein winziger.
Aber wenn meine neuesten Schriften, Lyrik und Prosa, hier in der Anstalt von V … geschrieben, diesen Tatbestand unbestreitbar machen, sollte man schon annehmen, daß nicht mir, Greis von achzig Jahren, der schon fast mit beiden Beinen im Grabe steht, das Verdienst dieser kleinen Gedichte gilt, sondern einzig und allein meinen gütigen Beschützern, meinen allmächtigen und unsichtbaren Inspiratoren, Gott, Notre Dame de la Salette und Jeanne d'Arc; weil sie allein mich haben belehren und inspirieren können, weil ich nicht aufhöre, sie demütig, fromm, respektvoll und mit großem Glauben anzuflehen. Denn das Evangelium sagt uns, der Glaube versetzt Berge …
Aber wenn ich inspiriert bin, bin ich es nur von Zeit zu Zeit, wenn ich in meinem Herzen, in meinem Geist und in meiner Brust ein gewisses andauerndes Wohlbefinden, ein übernatürliches, göttlich-sinnliches und seraphisches Gefühl, eine wonnige Wärme verspüre, durch deren Zauber und mit der Liebesphantasie eines jungen Mannes ich in wenigen Minuten und mit der allergrößten Leichtgkeit schreibe.
Und es ist so wahr, daß ich in gleichem Falle tatsächlich inspiriert bin, doch wenn ich nicht sofort und schriftlich meine plötzlichen und flüchtigen Eingebungen festhalte, sie sogleich und für immer dahinfliegen, ohne daß ich sie je wieder einfangen kann. (Honoré Roustan)

Dogmatik: Entsprechend den sparsam ausgereiften Mitteln des Formalismus, aber mit weniger Neologismen und feierlichen Redewendungen zeigt sich diese Kategorie, in welcher der Autor die tatsächliche Schwäche seines Denkens unter Vermessenheit und pompöser Ausdrucksweise verbirgt. In den nachstehenden Beispielen erkennt man folgende Momente: die verbale Arroganz und die ausdrucksstarken Vorstellungen bei der Einfalt der Ideen.

An das große Tribunal der Erkenntnis, der Vernunft und der Philosophie habe ich mich gewendet und wende ich mich; was die anderen betrifft, die weise ich aus Gründen legitimen Verdachts zurück, denn, wenn es ehrliche Menschen unter ihnen gibt, gibt es doch die Canet und, was Napoleon angeht, gibt es hier eher Hilfe als Verurteilung …

[…]

… Die Darstellung dieser Göttin auf dem Knauf von Spazierstöcken und dem Griff von Regenschirmen, exportiert und den Dahomenern verkauft durch Faktoreien, kann sehr ertragreich sein.

[…]

Denker, Philosophen, Physiologen, Phrenologen, ihr habt mich studiert und beobachtet auf jegliche Weise, das habe ich selbst allein von meiner Seite her beobachtet und festgestellt; Sie sollen doch nun wissen, mit wem Sie es zu tun hatten und zu tun haben. Sie vermuteten bei mir Intelligenz und Gedächtnis, aber ich bin mir dessen sicher, daß, wenn Sie auch nur vermutet hätten, daß ich von anderem Gedächtnis war, und vor allem, daß ich ein gutes Personengedächtnis hatte, was Sie ignorierten, hätten Sie überhaupt nicht das getan, was Sie getan haben, weil Sie sich nicht dem aussetzen wollten, daß ich Sie entlarve und beschäme durch die genauen, andauernden und sicheren Fakten, die ich Ihnen vorzuhalten habe. Ich frage Sie nicht nach Argumenten, sondern nach Beweisen. Sie können mir nicht antworten. Ihr Benehmen ist unentschuldbar, es ist unerklärlich, es ist unfaßbar, unglaublich.

P. de S. (Honoré Roustan)

Narzißmus: Diese Ausdrucksweise zeigt sich nicht immer gleich im Sinne einer Störung. Auch wenn sie versteckt ist, bildet sie jedoch eine Art Leitmotiv, das den Werken, um die es hier geht, Originalität und Einheit verleiht.

Es ist eigentlich die Form des Bekenntnisses und der Autobiographie, die bei den Verrückten am verbreitetsten ist.

Die Hauptmerkmale, die wir bisher entdeckt haben, und das Fehlen der Logik, die daher rührt, daß der Autor seine Gedanken a priori durchsetzt, beweisen das starke persönliche Element einer übersteigerten Persönlichkeit bei den Verrückten. Das erklärt auch das Grundthema ihrer Schriften, in denen es vor allem um sie selbst geht, um ihre Wünsche, ihre Gedanken, ihre Gefühle und ihre Leiden. Ergriffen von der eigenen Person, haben sie weder Zeit noch Mittel, sich in der Außenwelt zurechtzufinden, der sie sich immer mehr entfremden, ja, eben verrückt werden.

Aus diesem Grund verfügen wir über eine Vielfalt an Briefen und Bekenntnissen. Da sie an allem, was sie tun, gleich übermäßig teilhaben, kommt es vor, daß, wenn sie dabei sind, ihre Bekenntnisse wahrhaftig aufzuschreiben, was keine Seltenheit ist, sie ihr ganzes bisheriges Leben bis ins allerkleinste Detail erzählen. Dramatisch oder nicht, wesentlich oder nutzlos, wird jedes Ereignis von ihnen noch einmal in seiner Gesamtheit durchlebt; durch keine Scham zurückgehalten, ohne ein Detail außer acht zu lassen. Die Sorgfalt einer buchhalterischen Beobachtung gibt ihren Memoiren etwas Langweiliges, ja gar Lebloses. Aber die abrupte Art, mit der sie ohne Vorankündigung und übergangslos von einem Gedanken zum anderen wie von jenem Gefühl zum nächsten eilen, nur der Sprunghaftigkeit ihrer Gedanken folgend, zeugt vom Fehlen jeglicher Künstlichkeit.

… Aus – einem Grunde – daß – ich nichts – sagen – wollte – nach – einer – Aussage von – meiner – Mutter – in – Erinnerung – an einen – Namen – Pollet – mußte – ich – Alfred – D… – sprechen – ausschreien mich – in der Anstalt von – V … Bezug – auf – eine – meiner – Schwestern – Julie. Als – sie – Kind – war – sie – petzte alles meiner Mutter – was – sie – wußte – und ich – Alfred – D… Nie – ich – sagte – nichts – aber – ich dachte – nicht – mehr – und nicht – weniger – in Épinay-sur-Orge – wurde mir – Alfred – D… gesagt – daß mein Bruder Charles – Marie – Olivier einige – Zeit – geliebt – hatte – bevor – sie – sich verheiratete – mit – einem – Maler …

Mein – Papa der – gestorben ist – im Inneren – der Anstalt – von – V… – Ich habe ihn getroffen – in – der Straße – wo – ein Haus – vier Schornsteine hat – in Arcueil – in der – gleichen Straße – hatte ich einen Kunden, dem ich – Käse – verkaufte – Nun eines Tages ist eins seiner – Hühner – weggeflogen – über die Mauer dieses – Huhn – weil es eine Haube hatte gab es mir den Gedanken an – die Fräuleins – Appay 1887 ein – Schutz – mann – der – im Dienst war – rue J. J. Rousseau und gut 1 m groß war un – gefähr – seine Frau war Tröd – le – rin – nähe Place Maubert. Also dieser Schutz – mann – ich Alfred D… Ich habe ihn getroffen – am Ufer – das – endet – am Leichenhaus von Paris … (Emile Josome Hodinos)

Diese Art zu schreiben findet sich auch in assyrischen Inschriften: Ich, Assur – bani – pal, habe dieses und jenes gemacht … Die übergenaue Sorgfalt also, die der Autor an den Tag legt, gibt dadurch einen aussagekräftigen Abriß über sein ganzes Leben: Randbemerkung seiner unbedeutenden Existenz.

Im folgenden Brief kann man diese formale Besessenheit, wenn auch nicht ganz so eindeutig, in Gestalt feierlich vorgetragener Albernheiten sehen. Es gibt hier einen naiven Enthusiasmus, und der leicht emphatische Ton kontrastiert mit der Alltagsebene des Inhaltes.

Mir war manchmal die Seele voll von der Idee Dich einzuladen zu monströsen Billardpartien, zu einer Partie Manille, wie auch zu einer Partie Dame, einer Schachpartie und einer Runde Tric Trac, Dich ebenfalls einzuladen, gemeinsam auf den Ball zu gehen, mit unseren Freundinnen von einst, den schönen Schäferinnen von damals (für das vergnügliche Matt), mein lieber angebeteter Léon, akademisch und fürstlich gesprochen.

Ich habe Lust, Dich in meine Armen zu drücken.

Wir haben die Absicht, mein lieber Léon, mit Unterstützung des Kaisers Alexander, Papa Monsieur H., einer der Direktoren der Grands Magasins du Bon Marché … einzurichten.

Diese wohlgeformten Sätze stehen im Gegensatz zu den burlesken Aufzählungen, und der heitere Ton könnte auf einen Scherz schließen lassen. Bemerkenswert jedoch in diesem kurzen Fragment ist die Plazierung gewisser Adverbien mit dem Ziel, dieser Belanglosigkeit etwas Feierliches und Gewichtiges zu verleihen.

5. Die Ideenflucht

Diese Kategorie zeigt weniger faßbare Merkmale als die vorhergehende. Der Geist entflieht des öfteren über immer neue Auswege. Er springt hin und her, seiner überraschenden Phantasie folgend, unfähig, einen einmal eingeschlagenen Weg weiterzugehen, in einem beständigem geistigen Vagabundieren.

Es geht hier um Patienten, die einen eher brillanten als soliden Geist haben und die imstande sind, Ideen zu verbreiten, von denen man auf den ersten Blick glauben könnte, es handele sich um ernsthaftes Denken. Aber ein beständiges Umherspringen der Gedanken hindert sie, irgendeine Frage zu vertiefen. Gleichzeitig treibt sie der deutliche Wunsch, auf sich aufmerksam zu machen und spritzig zu erscheinen, zu vorschnellen Schlüssen und Sprunghaftigkeit. Beständig zeigt sich hier ein Geist, der gern widerspricht, der sie dazu treibt, den Grund aller Dinge zu erforschen, über Nichtigkeiten zu streiten und sich auf arglistige Trugschlüsse zu berufen: Die unenthüllbare Metaphysik ist ihre große Zuflucht.

Als überdeutliches Beispiel dieser Tendenz zeugt dieses Fragment eines „Hysterisch-philosophischen Unsinns".

Folglich besteht das Leben des Menschen aus
Dem Sein, vernünftig oder verrückt.
Dem Schein, vernünftig oder verrückt.
Dem Glauben zu Sein, vernünftig oder verrückt
Dem Glauben zu Scheinen, vernünftig oder verrückt.
Und manchmal aus diesen zwei, drei oder gar vier Arten auf einmal dazusein.
Und wenn der Mensch wahrnimmt, daß er auf keiner der Arten lebt, ist er überhaupt da?
Und auf welche Weise lebt er, wenn er da ist?
Und wenn der Mensch, kurz gesagt, weder in der Realität noch im Traum lebt, welcher Natur
    ist dann seine Person?
Ist er noch was?
Ist er nichts?
Aber um wahrzunehmen, daß er nichts ist, muß er dennoch etwas sein.
Das „Ich denke, also bin ich" ist es immer richtig?
Kann man dasein ohne Denken, ohne Träumen?
Aber schafft die Tatsache, es zu denken oder es zu träumen, nicht gerade dadurch Existenz
    (!!!)?
Und wenn nun ein anderer in mir dachte oder träumte (!!!)?
Und wenn man sagt:
„Ich denke, ich bin nichts."
„Ich träume, ich bin nichts."
Ist das wirklich vernünftig?
Um so zu sprechen, muß man da einen Menschen schaffen, ein Wesen, seiner fünf Sinne
    beraubt?
Ein Wesen, seiner fünf Sinne beraubt, ist es noch ein Wesen?
Es kann doch denken, würden Sie sagen.
Aber nochmal, wenn es denkt, kann es denken, es sei nichts, ohne etwas zu sein?
Und nun, was ist es?
Ein Tier? Nein.
Ein Idiot? Nein. Denn er würde dasein, ohne dieses wahrzunehmen, ein rein animalisches
    Leben.
Um zu glauben, daß er nicht ist, um zu denken, daß er nichts scheint.
Um sich vorzustellen, daß er zu Unrecht glaubt, zu scheinen.
Was muß er denn sein?
Ein Verrückter.
Und wenn dies ein Verrückter schreibt? …
Ist sein treffendes Urteil nicht eine Folge des Zufalls?
Oder entsprang, was er geschrieben hat, nur einer äußeren oder inneren unsichtbaren,
    unfaßbaren Eingebung.
Nun denn: Der Mensch lebt, ein Gott lenkt ihn.
Aber, wenn das für den Verrückten stimmt, stimmt es auch für den vernünftigen Menschen?
Und der freie Wille? … (!!!)

(*Hysterisch-philosophischer Unsinn oder Dissertation über die Grrroße Neurose und ihre sofortigen und späteren Wirkungen*)

Es ist ziemlich sicher, daß eine solche Geisteshaltung die größten Chancen hat, ins Absurde zu fallen, wenn beim Autor hierzu bereits eine Disposition besteht, wie es sich in diesem Brief an den Verlag Larousse zeigt, in dem die Absurdität sehr deutlich erscheint, ohne aber das Hauptmerkmal zu sein.

Levallois – Perret, 1887.

Messieurs, Mesdames, Mesdemoiselles, ich schreibe Ihnen, um Sie um eine ganz außergewöhnliche Auskunft zu bitten; es handelt sich um Physik, Geometrie und Mathematik, könnte man nicht mit Hilfe physikalischer Verfahren die Länge des Durchmessers im Verhältnis zur Weite des Umfanges beliebig vergrößern oder verringern?
Oder vice versa?
Geben Sie statt, etc.

Ein Leser des *Petit Journal* und des *Supplément du Petit Parisien.*

P.-S. – Wird es auch, Messieurs, etc. im Vokabular unseres neuen Wörterbuches die Wörter geben „Rätsel, Volt, W, Katheter, Urämie, Prostata, bum! Zim! kru-kru, hatschu! hatschum! hatschi! tra! la! la! tra! la! lir! ti! la! la! li! ti! la! lär! beißen wir, beißen Sie, wir bissen, Sie bissen! Weiße Blumen, Weißer Ausfluß, Weißfluß, Samenfluß, etc., etc., etc."
Was die Worte betrifft, die Farben bezeichnen, wie zum Beispiel blau, schwarz, weiß, grau, etc., werden diese Farben tatsächlich durch Quadrate und blaue, schwarze, weiße, graue, etc., etc., etc. Kreise dargestellt.
Geben Sie statt, etc.
Ein L. des P. J. und des *S. du P. P.*

Das Bestreben, Fragen zu stellen, hat hier nichts mehr mit philosophischem Sophismus zu tun, weil es nicht so sehr die Nachfrage ist, die den Fragesteller dahin treibt, sie zu formulieren, sondern die reine Lust am Fragestellen überhaupt und das Auf-sich-aufmerksam-Machen. Übrigens zeigt die automatische Aufzählung am Ende des Briefes ziemlich klar, daß die Sorge des Unterzeichners nicht mathematischen oder methaphysischen Ursprungs ist.

III. Ziemlich vollkommene Werke ohne formale Besonderheiten

Wir haben nun das Studium der ungewöhnlichen Merkmale, die man in den Schriften von Verrückten findet, beendet. Kein Prosatext, den wir untersucht haben, kann als Meisterwerk durchgehen, obwohl hier und da durchaus Qualitäten vorzufinden sind. Aber das hängt sicherlich auch mit der Auswahl zusammen, die wir getroffen haben. In dem Bestreben, die charakteristischen Merkmale hervorzuheben, haben wir ausschließlich ungeheuerliche Werke publik gemacht, die eigentlich keine Bewunderung hervorrufen sollten. Aber das heißt noch lange nicht, daß die Verrückten keine lobenswerten Prosawerke hervorbringen können, die es durchaus gibt. So gibt es neben den Werken, welche uns schon bekannte Merkmale aufweisen, andere, in denen die geistige Störung zur Qualität und das Fehlen von Harmonie und Balance zum schönen Ausdruck der Leidenschaft werden.

Einem absurden Wortschwall, den ein Unbekannter an den Préfet de la Seine gerichtet hat, können wir das folgende Fragment entnehmen, dem es in seiner gesteigerten Wut weder an Beredsamkeit noch an Ausdruck mangelt:

Bis auf diesen Tag haben Sie schon verdienstvolle Werke geschaffen, das ist gut, aber es reicht nicht. Hüten Sie sich! Weil alle Ihre Reichtümer und Ihre Alibaba-Höhlen bald zu Ihren Idolen, Ihren Potpourris, Ihren Henkern werden! Und sicher, meine Herren, ich übertreibe nicht, wenn ich sage, daß die Worte Revolution und Tod Sie erschrecken, Sie müssen sich beeilen, mit Ihrem Profit maßzuhalten, menschlicher und weicher den vom Schicksal enterbten Unglücklichen gegenüber zu sein, die gezwungen wären, die Felder abzugrasen, tugendhafter und religiöser zu sein, denn nur so werden Sie in völliger Sicherheit an der Spitze Ihrer Güter bleiben wie der Berg Zion. Hundert Millionen Arme strecken sich, um Ihnen zu danken, um Sie zu segnen, und die Zivilisation, die sich darauf versteift, stehen zu bleiben und schamhaft in den Sümpfen des Egoismus und der Korruption sich auszubreiten, würde mit Siebenmeilenstiefeln zur Vereinigung, zum Frieden und zum Glück schreiten. Welche Glückseligkeit! Aber, ach! Aber werden sich Ihre über alle Maßen blinden Augen genug öffnen, um den unter Ihren Füßen versteckten Abgrund erblicken? Ich zweifle sehr daran …
Denn letztendlich muß man doch sagen, daß auch Sie mehr oder weniger zu tadeln sind, daß Sie diese schamlosen Sauereien toleriert haben und es immer noch tun, sowie die Barberei, die den Kannibalen eines Archipels, den ohne Tugend und Religion alles verschlingenden Steinreichen wie auch den egoistischen Nabobs mit ihren verbrannten und verkohlten Gesichtern würdig ist, die mit ihren Augen matt, wie Scheiben von Heuböden, mit ihrer dermaßen schmutzigen Phantasie, die von keiner Bürste der Welt zu säubern ist, die keine harmonischere, einlullende Musik kennen als das Stöhnen der unglücklichen Proletarier ohne Arbeit und Brot.

Die Heiterkeit, die Anmut, die schillernde Eleganz des Spielens sind sicherlich Qualitäten, mit denen man in solchen Schriften nicht rechnet. Und doch bietet uns das Journal von Madapolis (oder von Charenton) ein Beispiel, das als Meisterwerk dieses Genres angesehen werden kann, geistreich, jedoch ohne Affektiertheit und scherzhaft ohne Plumpheit. Der Text widmet sich der Beschreibung eines Irrenhauses. Hier haben wir einige Auszüge:

In Madapolis wimmelt es von Hotels, von den großen Hotels, in denen luxuriöser Komfort herrscht, bis zu den kleinen Hotels, deren Preise mäßig sind und wo das alltägliche Leben zufriedenstellend ist.
Die Etablissements von Madapolis erfreuen sich einer wahren Berühmtheit und locken jede Saison viele Fremde an; die Heilsamkeit ihrer Duschen hat eine ungeheure Auswirkung.
Die Gesellschaft, deren ausgezeichnetes Empfehlungsschreiben mir die Türen geöffnet hatte, ist liebenswert, barmherzig, wohlwollend.
Sie gibt wenig Diners, aber viele Bälle, Soireen und musikalische Veranstaltungen, wo ernstzunehmende Talente bescheiden glänzen.
Was die Frauen betrifft, die Musik und die Toiletten, darüber sprechen wir nicht, da einer unser Kollegen darüber bereits in einem Artikel berichtet hat mit dem Titel:
„La Madapolitaine".
Zusammenfassend ist Madapolis angenehm zu bewohnen, gastfreundlich, Freundin der schönen Künste und bietet den Fremden so viel Charme, daß die meisten, die geschäftlich hierherkommen, sich hier einrichten.

Die Klage einer bei Lombroso (Mensch und Genie) zitierten Verrückten hält sicherlich dem Werke eines großen Dichters stand. Es geht hier um ein heftiges menschliches Schluchzen.

Warum hat der Meister des Universums mir nicht in meiner strahlenden Jugend mein Grab geöffnet? Warum hat er mich nicht in der Zeit von dir entfernt, da du mich nicht liebtest und ich dir doch nur Unglück bringe.
Warum bin ich Mutter geworden? Um unglücklich zu sein, mehr als unglücklich, um meine Kinder, die mir so teuer sind, zu verlassen. Warum haßt du mich? Und wenn ich die Füße in siedendem Öl hätte, so würde ich doch noch sagen: Ich liebe dich!
Warum hast du mich nicht sterben lassen? Du wärest glücklich, und ich und meine Leiden wären am Ende …
Meine lieben Kinder mit ihren Spielen würden sich auf mein Grab setzen, ich wäre ihnen noch nahe, ich würde sie noch in der dunklen Gruft sagen hören: Sieh da, unsere Mutter.

Diese letzten Beispiele, denen man keine weiteren hinzuzufügen braucht, sind allein schon wegen ihrer Maßlosigkeit unserer Bewunderung würdig, und es bleibt offenkundig, daß es die Geistesstörung der Autoren selbst ist, die ihnen zu dieser Ausdrucksstärke verhilft.

Zweifelsohne finden wir hier kein Genie vor, aber eine intensive und schwungvolle schöpferische Begabung.

Beim künstlerischen Schaffen haben wir bereits gesehen, daß die am meisten Gestörten sich eher des Verses als der Prosa bedienen. Das Vagabundieren des Geistes findet hier seinen Halt in der Prosodie. Aber das intellektuelle Können macht diese Prosa noch lange nicht zu Meisterwerken, und es ist unbestreitbar, daß die Verrückten mit der Prosa gekonnter umzugehen wissen als mit der Poesie.

Da, wo die Logik manchmal fehlt, ordnen in der Prosa andere Elemente den Ausdruck. Hier überwiegt das Wortspiel, mit welchem sich so viele vordergründige Verbindungen bilden.

Dieses Aneinanderreihen von Gedanken, das nur dem Wortlaut folgt, ruft in gleicher Weise Vorstellungen hervor wie der Reim und die Assonanzen. Und es spielt eine gewichtige Rolle in all dieser Literatur. Auch in den verschiedenen Kategorien des Formalismus wird dem Wort oder gar dem Satz als Klang ein bedeutender Wert beigemessen.

Davon einmal abgesehen, wie man Gedanken normalerweise mit den Lauten verbindet, durch die sie dargestellt werden, haben wir erst das Absurde festgehalten, wo die Hauptelemente des Verstandes nicht mehr zusammenhalten, und anschließend den Symbolismus, wo sich die Gedanken durch andere Elemente zusammenfügen, als es das gesprochene Wort vermag.

Unter den Merkmalen der Geistesstörung, die eine solche Literatur aufweist, bleibt der Symbolismus das interessanteste, wenn nicht das bedeutendste. Auch wenn wir den Symbolismus in Beispielen als ungeheure Störung gezeigt haben, bleibt er doch die Form, die den großen Werken der Menschheit Leben verleiht. Der Verrückte gleicht sich dem Genie an, um es zu karikieren: Gleich ihm nimmt er Wesensverwandtschaften zwischen unterschiedlichen Kategorien wahr, doch die meiste Zeit bleibt dies ein kindliches Unternehmen.

Trotz all dieser Merkmale gelingen den Verrückten in der Literatur wunderbare Werke.

KAPITEL V
ALLGEMEINE SCHLUSSFOLGERUNGEN

Wenn auch diese unbeholfenen Versuche, die wir uns nunmehr angeschaut haben, als embryonale Formen der Kunst angesehen werden können, so ist der Gestaltungsdrang der institutionalisierten Kunst doch fremd.

Es handelt sich bei diesem Gestaltungsdrang um nichts anderes als ein wesentliches triebhaftes Lebensbedürfnis. Ob nun die sogenannten höheren intellektuellen Fähigkeiten, wie die Logik oder die Vernunft, ihren Teil zum künstlerischen Schaffensprozeß beitragen oder nicht, eines bleibt klar:

Die psychischen Störungen können komplexe künstlerische Aktivitäten freisetzen. Mal ist es ein offener, ungerichteter Drang, ein Harmoniebedürfnis oder eine Ordnungstendenz – wie zum Beispiel bei der ornamentalen oder der didaktischen Kunst –, mal ist es das Bedürfnis, eine Besessenheit mitzuteilen oder ein tyrannisches Gefühl auszudrücken.

Wie es verschiedene Ausformungen des Wahns gibt, so sind auch die Kunstwerke in ihrem Wert unterschiedlich und zeugen nicht alle von Talent. Aber letztlich ist es doch die Verrücktheit, die zu dem führt, was man im allgemeinen *Inspiration* nennt.

Wenn die Inspiration sich bei einem Verrückten zeigt, der schon Künstler war, das heißt der auf eine Technik zurückgreifen konnte oder sich bereits im Besitz eines Metiers befand, läßt sie diesen über sich hinausgehen.

Wenn aber die Inspiration sich bei einem Verrückten zeigt, der noch nicht Künstler war, schafft sie sich eine passende Gestalt und macht fast immer archaische Ausdrucksformen sichtbar. Man könnte sagen, daß diese ungebildeten Künstler für sich selbst noch einmal den Weg gehen, den die Entwicklungsgeschichte des Menschen durchlaufen hat. Denn in der Tat sind es die Hauptmerkmale, die wir auch in diesen Werken aufgespürt haben, der Idealismus und der Symbolismus, die sich in den Keimstufen des menschlichen Geistes wiederfinden lassen, sei es bei den Kindern, bei den Wilden oder auch den Primitiven.

Das Kunstwerk, das unter der Geißel des Wahns entsteht, muß nicht unbedingt die dahinterstehende geistige Störung verraten. In jedem Falle enthüllen bestimmte Ausdrucksformen diesen Ursprung eher als andere. Szenisch erlebte Zeichnungen legen ihn eher offen als dekorative Kompositionen. Gelungene Gedichte können aus der Feder eines Verrückten stammen, während dies auf die Prosa seltener zutrifft; da ja die Prosa ein klares Bewußtsein erfordert, was bei der Lyrik keine Notwendigkeit ist.

In all diesen embryonalen Formen zeigt sich der Sinn des Gestaltungsdranges. Und dies läßt sich auch auf die Kunst im allgemeinen übertragen.

So gesehen, drückt sich hier ein „ahnendes Bewußtsein" des Menschen aus. Und gerade durch die Befriedigung, die in dem Schaffen selbst liegt, zeigt die Kunst den tatsächlichen Stand des geistigen Vermögens. Ohne auf den rationalen Vorgang der

Abstraktion zurückgreifen zu müssen, bietet sie dem Menschen eine praktikable Form, in der er Freude findet, seine Entdeckungen zusammenzufügen.

Was wir also Gestaltung nennen, ist nichts anderes als das Geschick, diese Art der Verdichtung kraftvoll zum Ausdruck zu bringen. Aber das Kunstwerk, das immer faßbar ist und sich nur an das ästhetische Empfinden wendet, erfährt gerade durch diese Eigenschaften eine höhere Bedeutung als die rationale und wissenschaftliche Vorgehensweise. Es ist unmittelbar.

Unsere Intelligenz ist uns fremder und entrückter als unser Empfinden. Rational begreifen wir viele Dinge, ohne dieses Verständnis auch wirklich umzusetzen. Nichts findet wirklich Zugang zu uns, was wir nicht auch wirklich empfinden und leben. Begreifen allein bleibt immer etwas äußeres. Die Intelligenz ist doch nur der Vorraum unserer ganzen Person.

NACHWORT DER HERAUSGEBER

Marcel Réja hat das vorliegende Buch wegen der Texte und der Bilder geschrieben, mit denen er sich auf ungewöhnliche Weise in seinem Berufsalltag konfrontiert hat. Mit der Veröffentlichung dieser Texte setzte er ein unübersehbares Zeichen für ihre literarische Bedeutung. Die Sprache seiner Zeit schrieb ihm den Rahmen vor, den er unbeholfen oder genial sprengt. Sein Aufheben dieser Werke beruht auf tiefster Intuition. Es ist eine stille Handlung gegen die Tyrannei der Sprache.

Wir haben heute sein Buch als historischen Text aus dem gleichen Grund herausgegeben und übersetzt.

Wir verbessern die Texte nicht.

Orthographie, Syntax und Interpunktion gehören zum lyrischen Gehalt dieser Werke. Der Rhythmus und die Atmung dieser Sprache lassen die Existenz ihrer Autoren spüren. Es geht uns nicht darum, ästhetische Kategorien zu schaffen, sondern darum, eine mögliche poetische Situation zu entdecken.

Da sich Marcel Réja in seinem Buch auch auf Bilder bezieht und sie beschreibt, die er in *L'Art chez les Fous* nicht veröffentlicht, die wir aber in anderen Werken oder Sammlungen wiedergefunden haben, enthält *Die Kunst bei den Verrückten* auch die Abbildungen dieser Werke.

Weil wir bei unseren Nachforschungen auch noch auf weitere Spuren der in *L'Art chez les Fous* vorgestellten Künstler, Albert Ravallet, Joseph-Jacques-Xavier Cotton, Auguste Baerthelé, Le Voyageur français, Emile Josome Hodinos und Théophile Leroy gestoßen sind, haben wir einige dieser Werke zur Vertiefung des Gesamteindruckes mit aufgenommen.

Wir danken Michel Thévoz für sein Vorwort.

Hamburg, im März 1997

Christoph Eissing-Christophersen
Dominique Le Parc

Danksagungen

Collection de L'Art Brut, Lausanne
Fürst Thurn und Taxis Zentralarchiv, Regensburg
Musée de l'Homme, Paris
Bibliothèque Nationale de France, Paris
Staatsbibliothek Preußischer Kulturbesitz, Berlin
Bibliothèque Sainte Geneviève, Paris
Prinzhorn-Sammlung, Heidelberg
Galerie Messine, Paris

Angela Fössl
Dr. Bettina Brand-Claussen
Prof. Dr. Günther Gercken
Prof. Dr. Jörg Schönert
Dr. Joachim Heyden

ANHANG

WEITERE BILDER
von:

Albert Ravallet
Joseph-Jacques-Xavier Cotton
Auguste Baerthelé
Le Voyageur français
Emile Josome Hodinos
Théophile Leroy

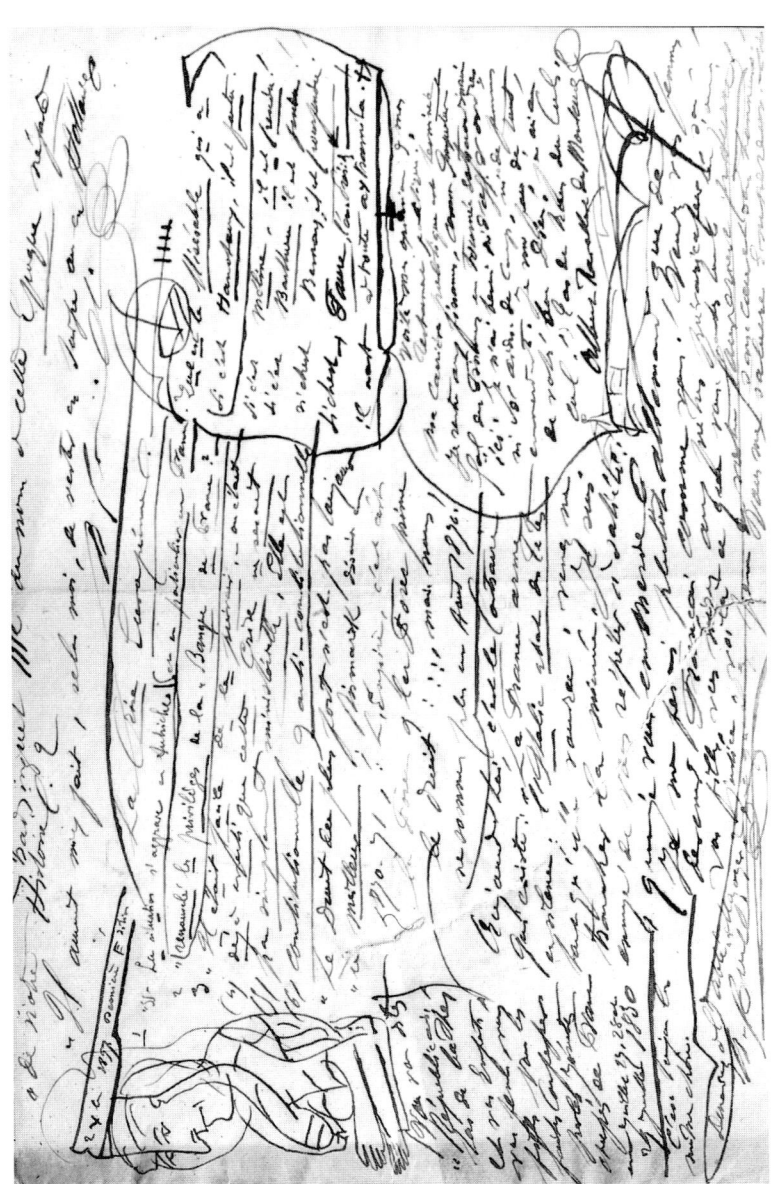

Abb. 39. Albert Ravallet, „Ich verkündige Ihnen, daß ich kein Franzose mehr bin."

Abb. 40. Albert Ravallet, „Ich schwöre dem Tyrannen ewigen Haß!"

Abb. 41. Albert Ravallet, „Als der alte Ravallet seine Kühe musterte.“

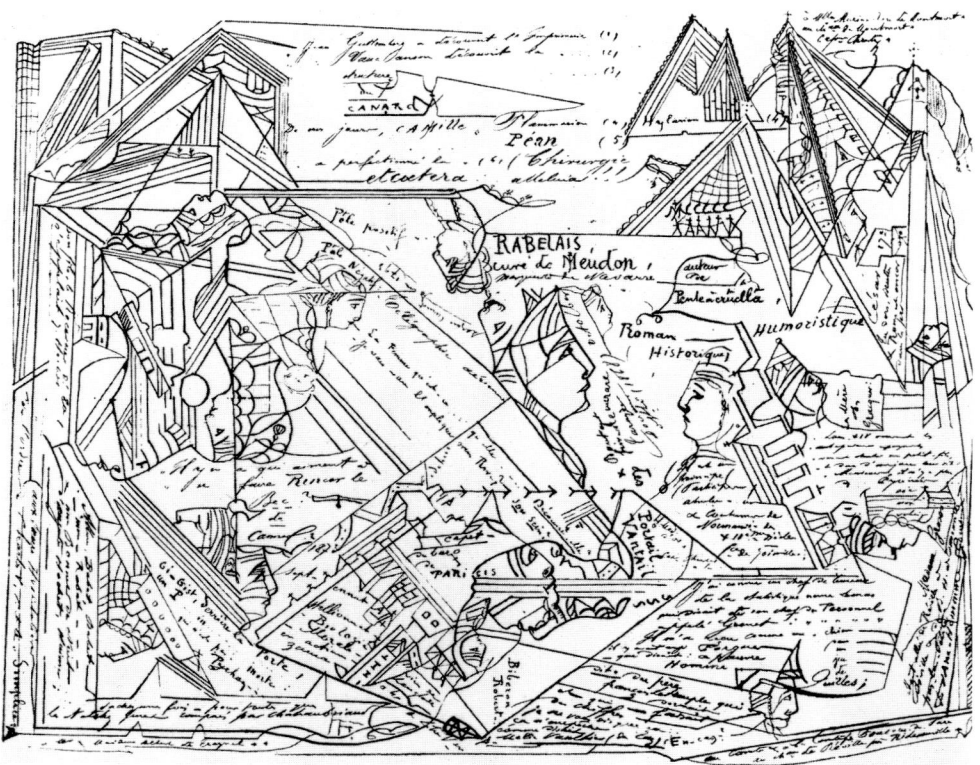

Abb. 42. Albert Ravallet, Zeichnung

Abb. 43. Albert Ravallet, Zeichnung

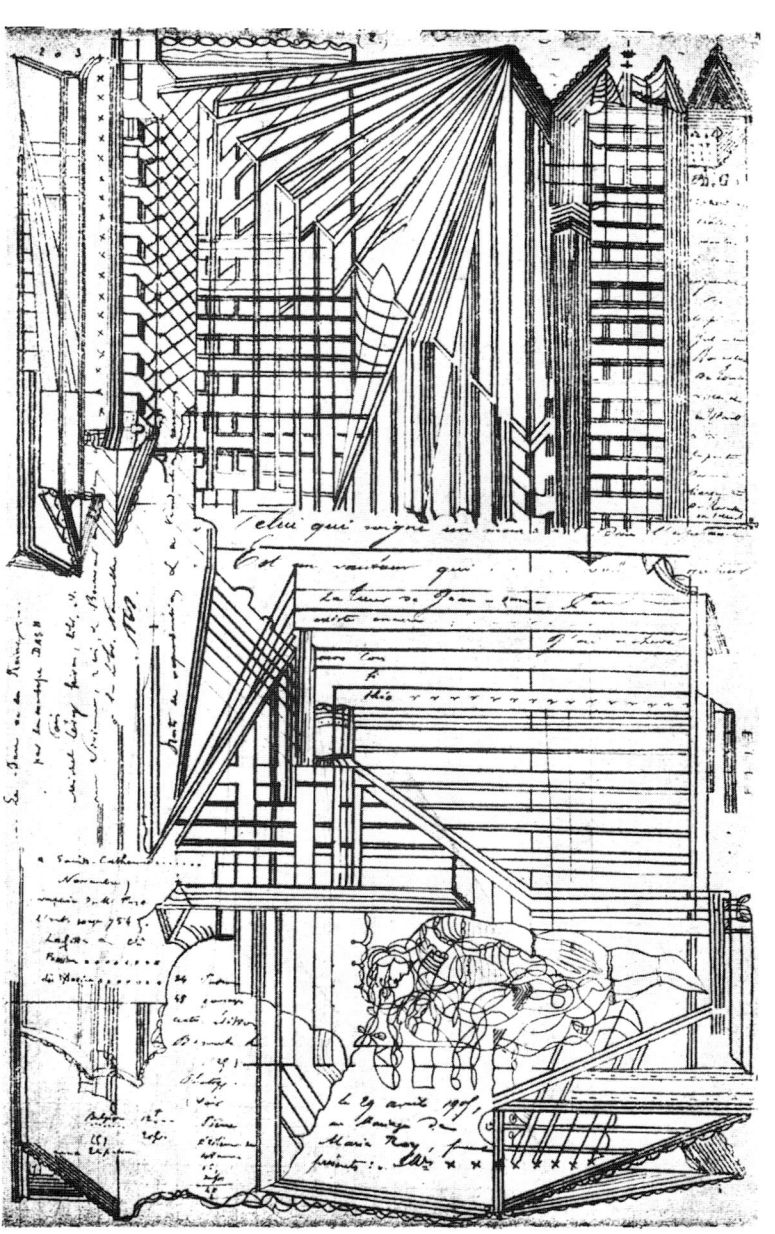

Abb. 44. Albert Ravallet, Zeichnung

Abb. 45. Albert Ravallet, Der Glaube und der Mystizismus

Abb. 46. Fulmen Cotton, Wahlplakat

Abb. 47. Fulmen Cotton, Wahlplakat, Detail

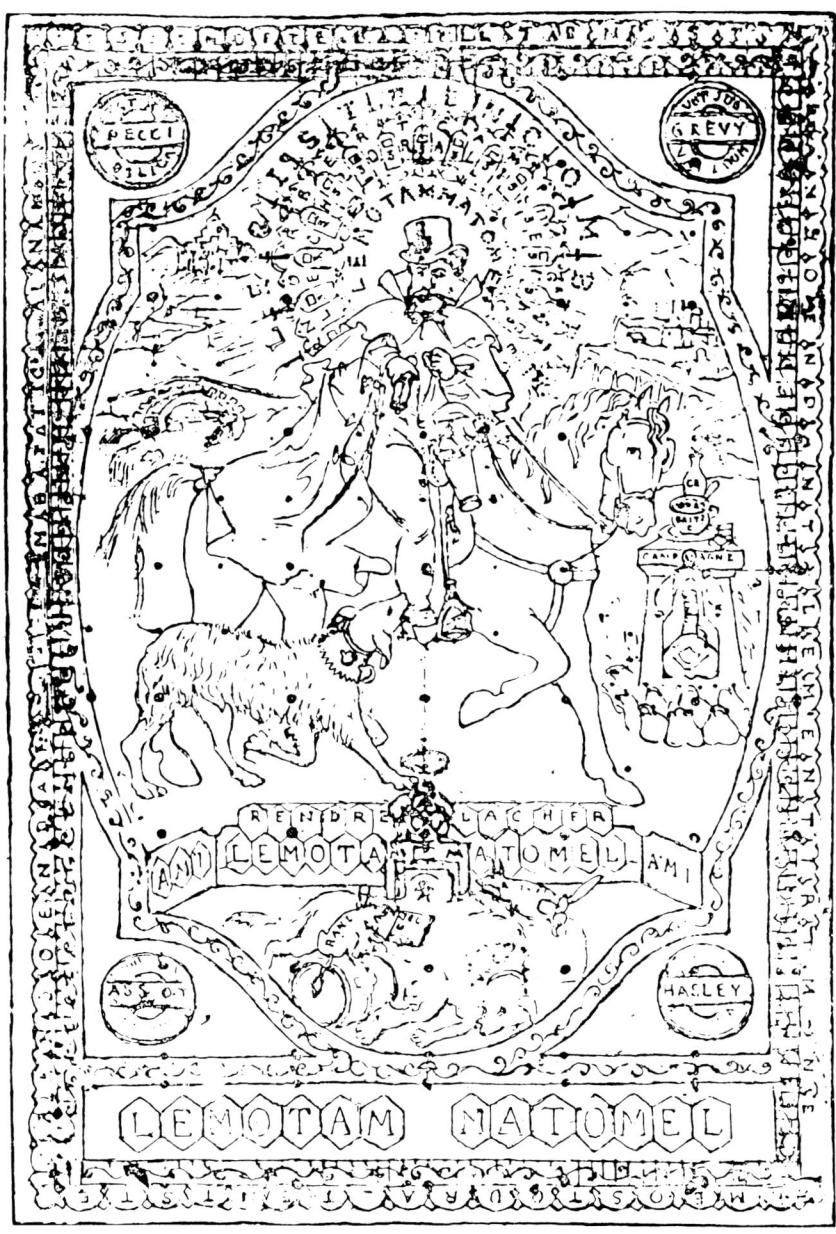

Abb. 48. Fulmen Cotton, Zeichnung

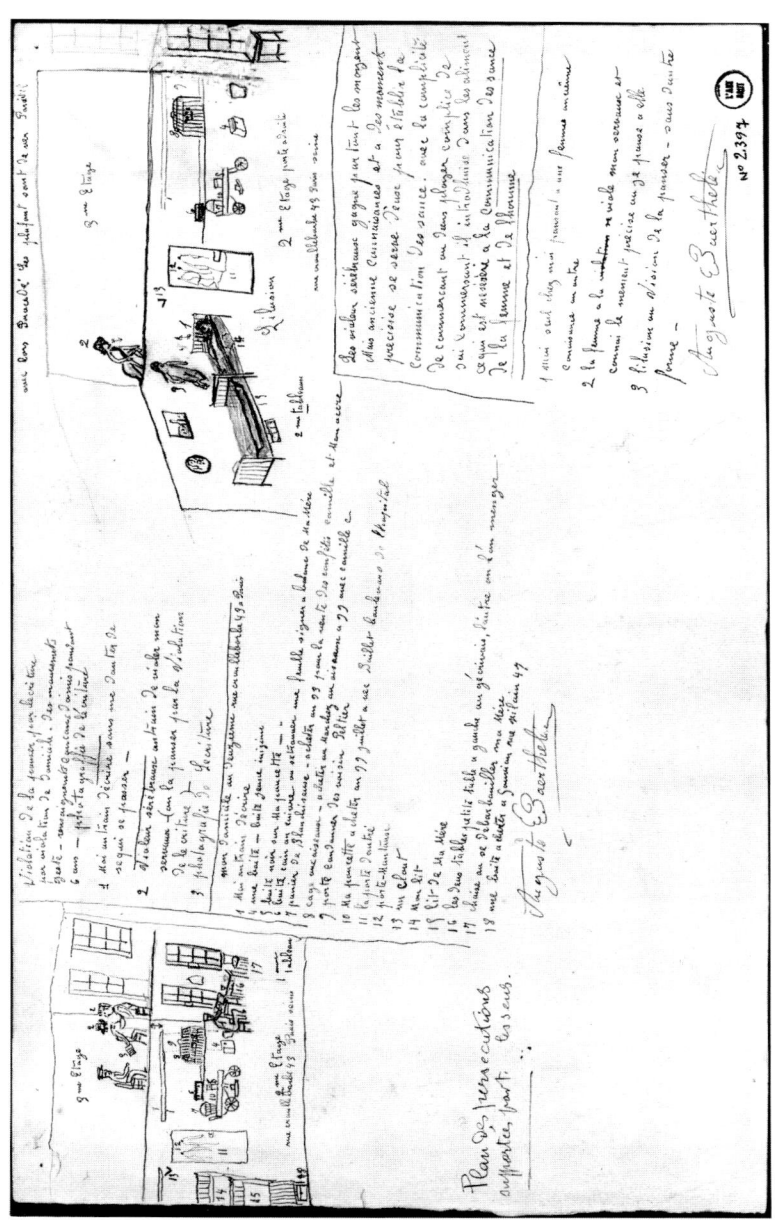

Abb. 49. Auguste Baerthelé, Aufstellung der durch alle Sinne erlittenen Qualen

Abb. 50. Le Voyageur français, Aquarell

Abb. 51. Le Voyageur français, „Das Land der Meteore"

Abb. 52. Le Voyageur français, Aquarell

Abb. 53. Le Voyageur français, Aquarell

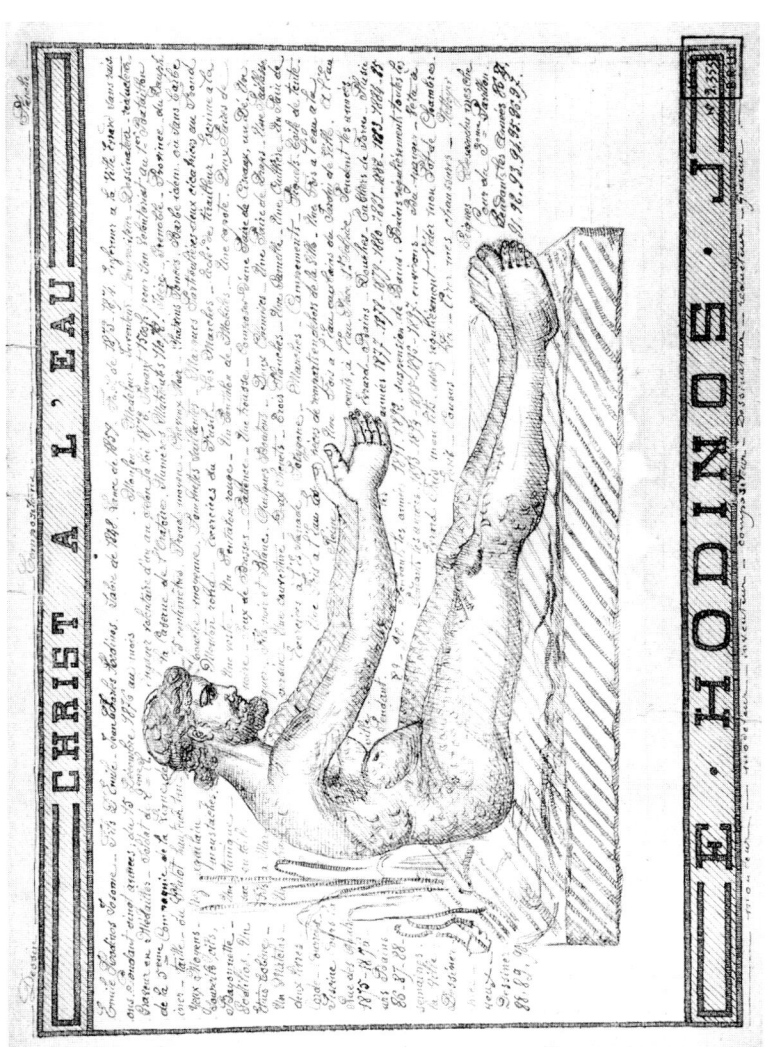

Abb. 54. Emile Josome Hodinos, „Christ im Wasser"

Abb. 55. Emile Josome Hodinos, Entwürfe für Medaillen und Gedenkmünzen

Abb. 56. Emile Josome Hodinos, Erfindung einer Galeere

Abb. 57. Emile Josome Hodinos, Füße, Beine, Schenkel, Abformen

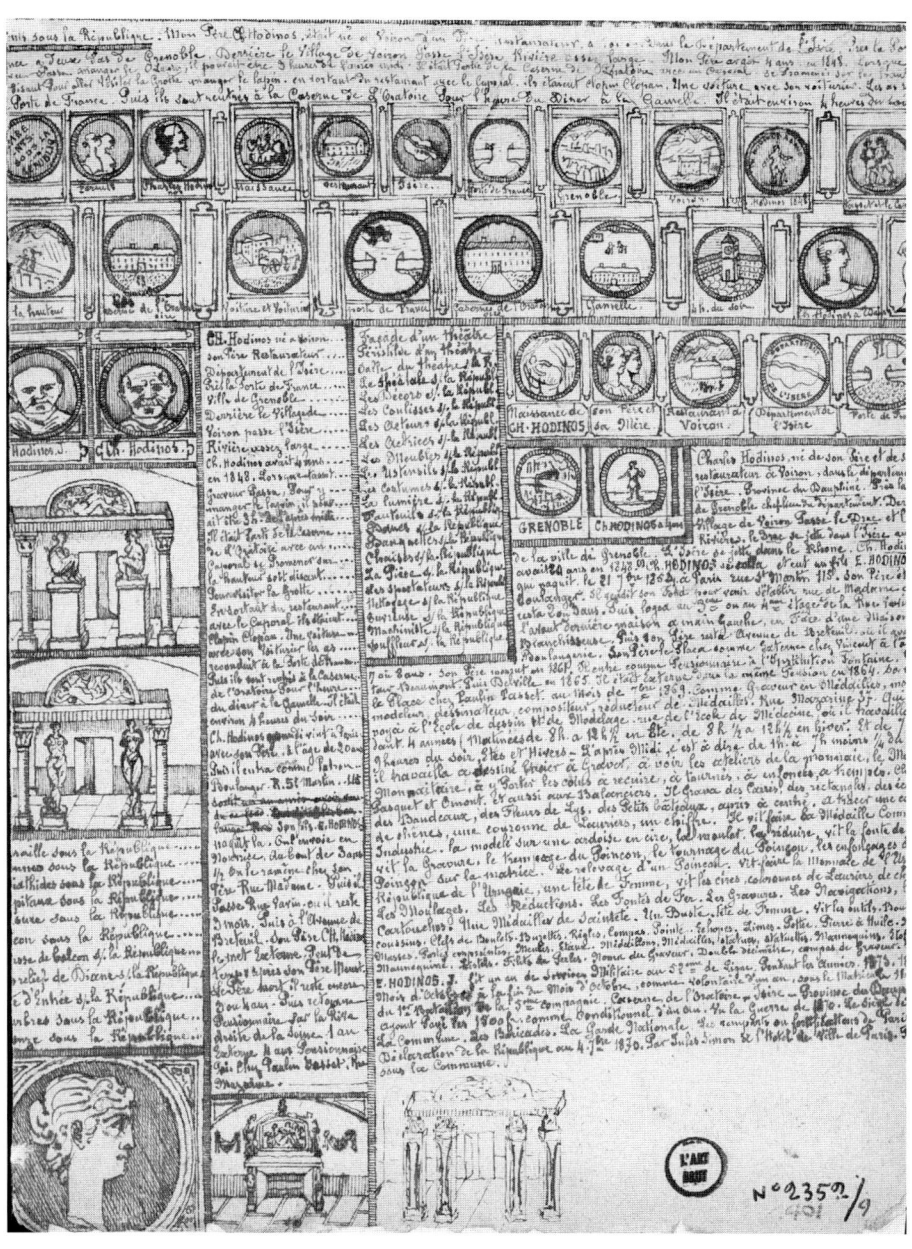

Abb. 58. Emile Josome Hodinos, Autobiographische Seite

Abb. 59. Emile Josome Hodinos, Medaillenentwürfe mit Text

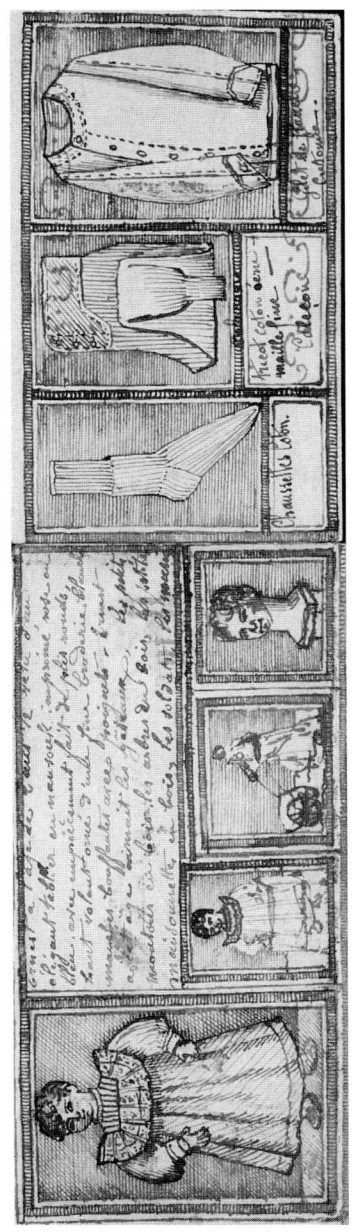

Abb. 60. Emile Josome Hodinos, „Ernest im Alter von zweieinhalb Jahren"

Abb. 61. Emile Josome Hodinos, „Die Berufe"

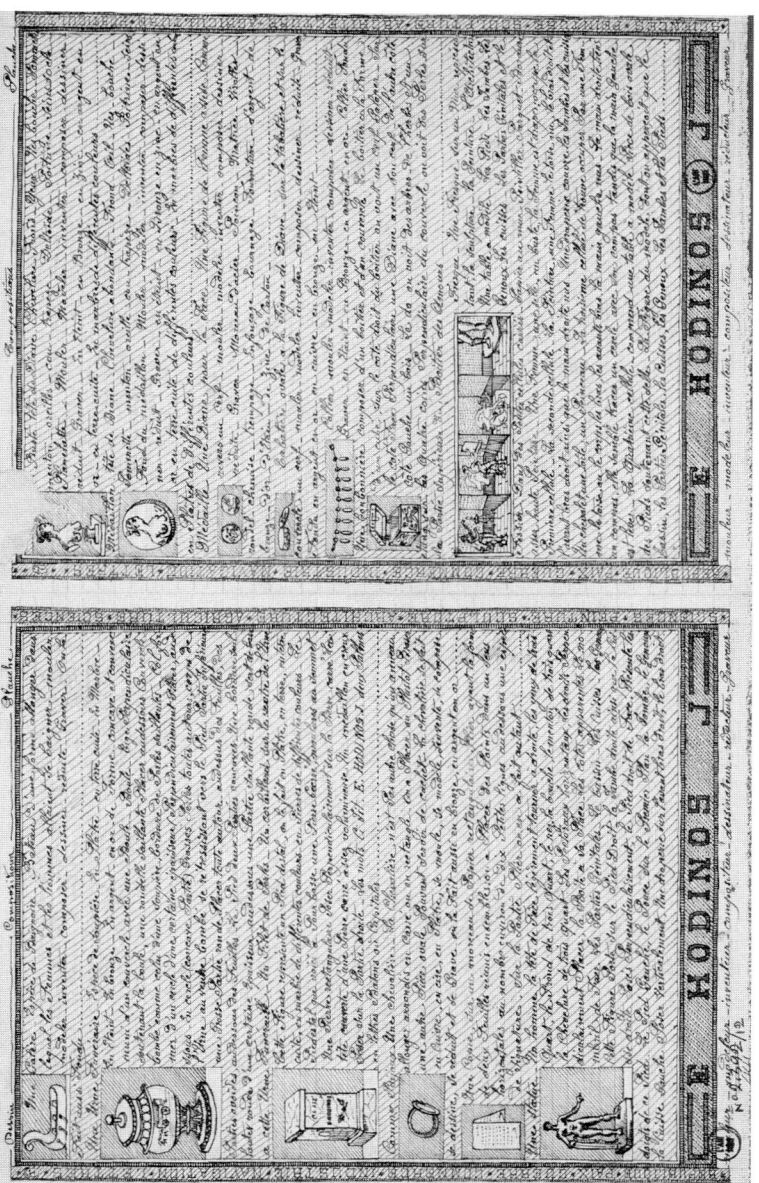

Abb. 62. Emile Josome Hodinos, Schrift und Zeichen

Abb. 63. Emile Josome Hodinos, „Slawische Passion"

Abb. 64. Emile Josome Hodinos, „Wortforscher"

Abb. 65. Emile Josome Hodinos, „Journalisten ... Mechaniker"

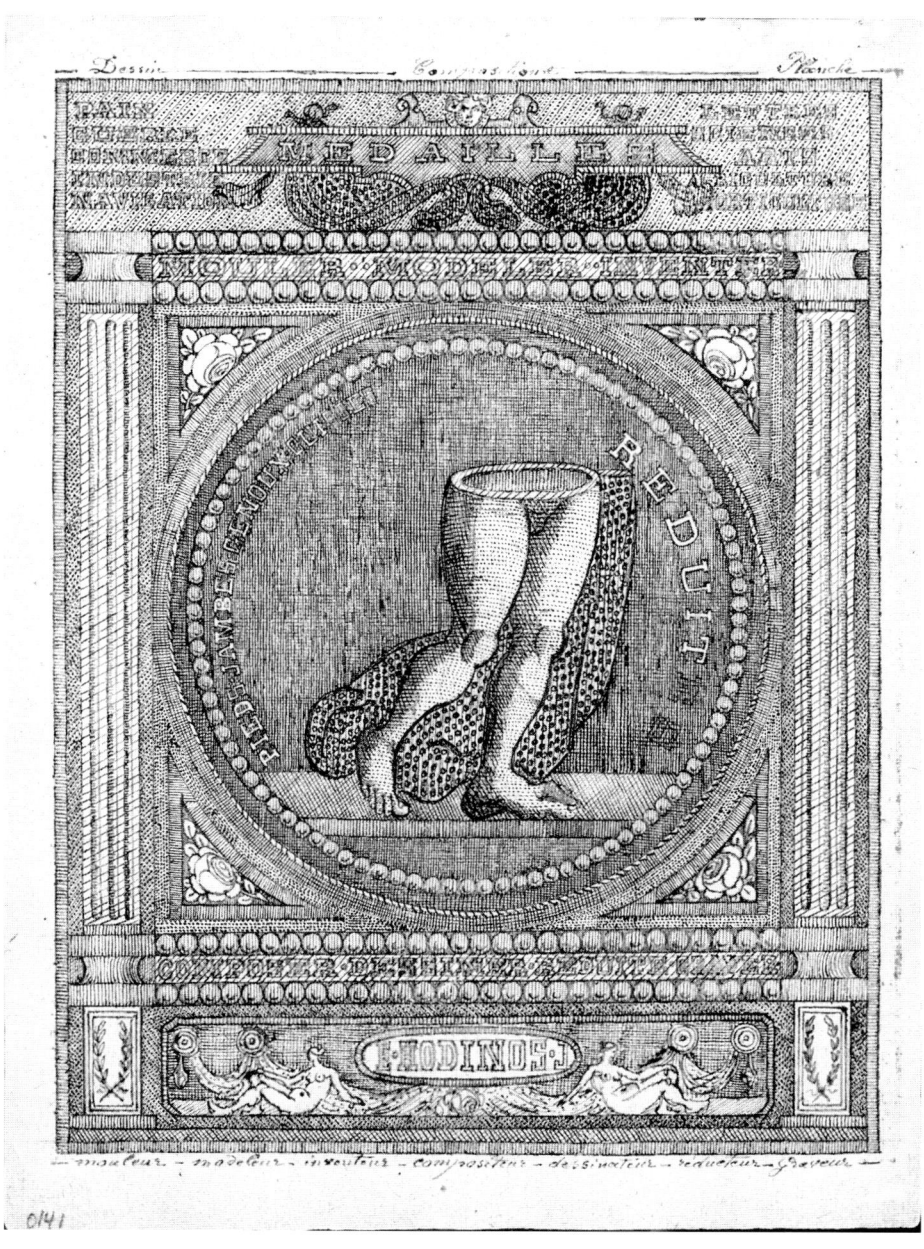

Abb. 66. Emile Josome Hodinos, „Médailles"

Abb. 67. Emile Josome Hodinos, „Médailles"

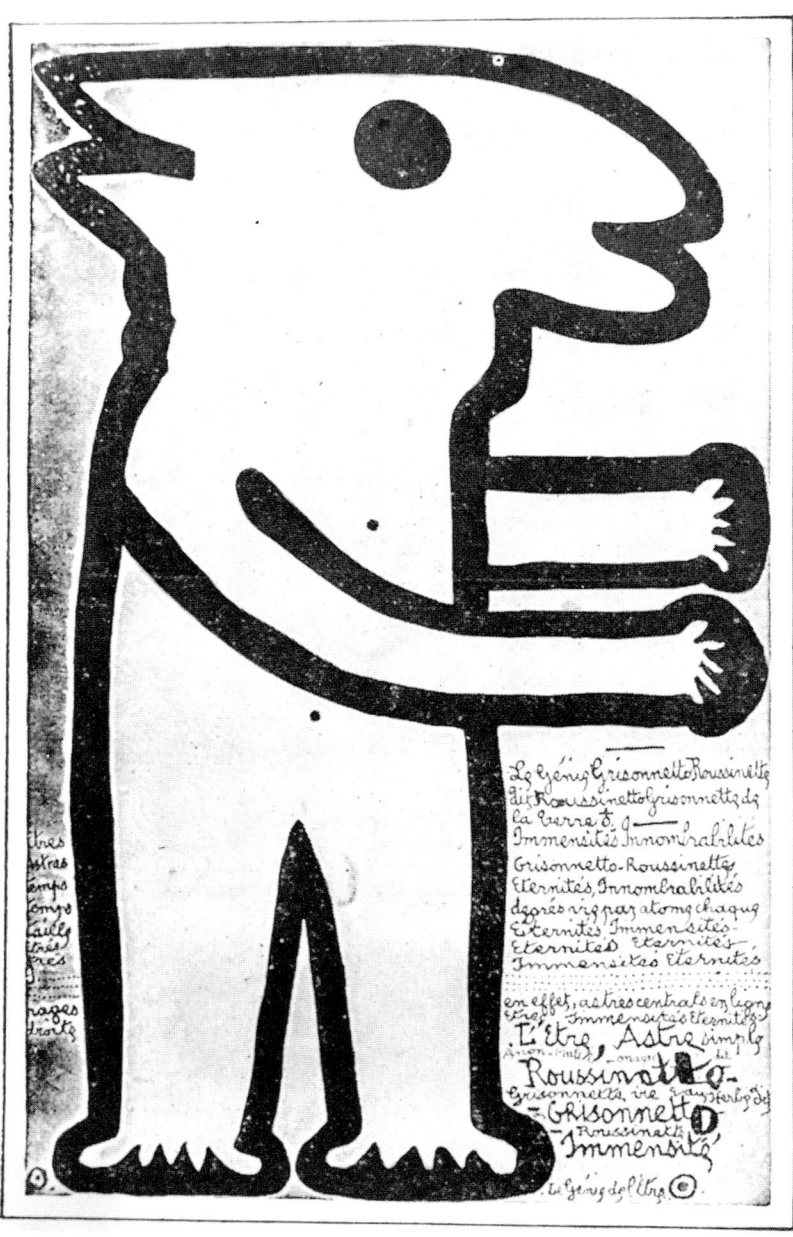

Abb. 68. Théophile Leroy, „Génie de l'Être"

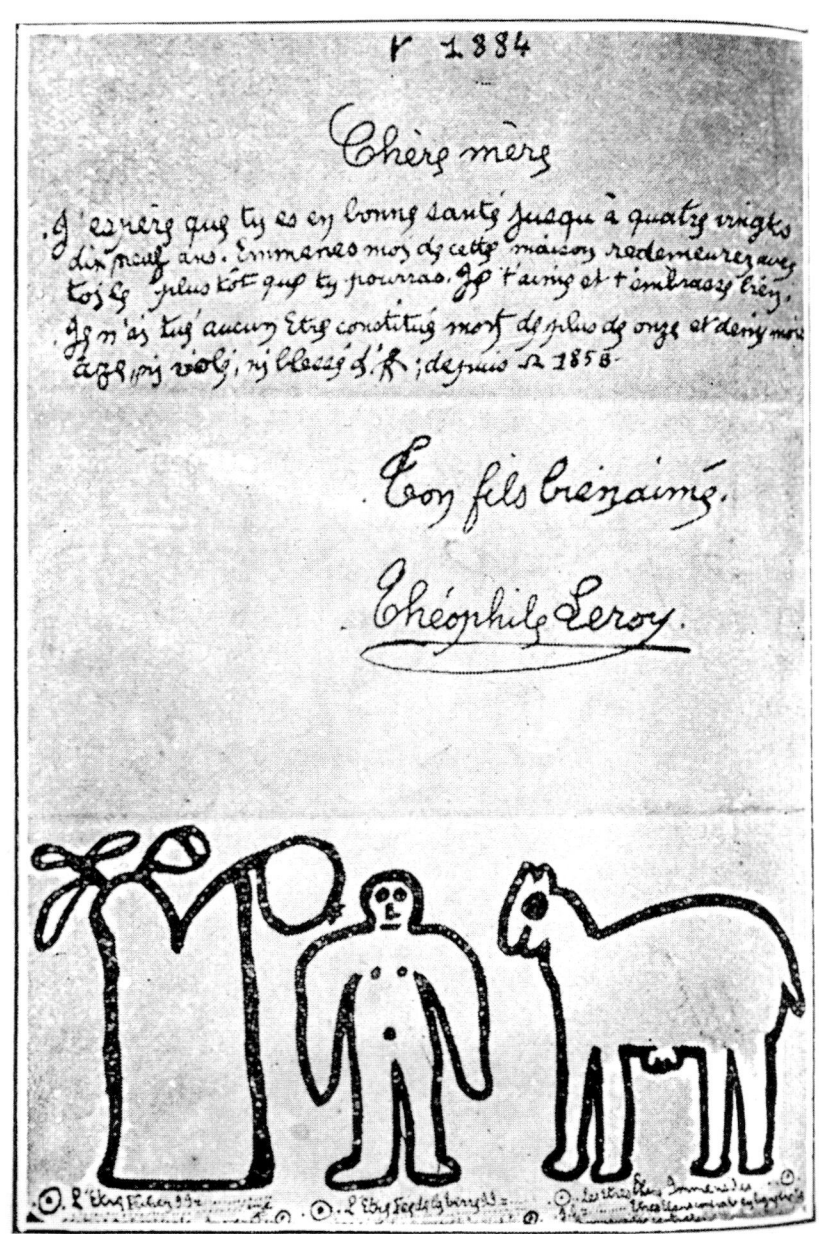

Abb. 69. Théophile Leroy, Illustrierter Brief

Abb. 70. Théophile Leroy, „Alte und römische Münzkunde"

Abb. 71. Théophile Leroy, „Alte und römische Münzkunde"

ORIGINALTEXTE

POÉSIES

Apologie de Napoléon

Onze minutes, criant, horizon.
Canons, lueurs, secondes, détonation.
Nous calculames qu'Apollon
Fasse cent dix lieues en phaéton;
Dix – huit – cent, observa Colonel,

Qu'Icare se perdit au soleil.
Donc Louis ne mourut pas, Napoléon,
Craignit d'Espagne l'inquisition,
Le duc d'Enghien ne devait pas suffire
Pour tuer souffrir, il guillotine.

(s. S. 112)

Qu'un jour avec mon Edouard je dansais en rond;
Si tu voulais Papa dis-moi je me marierais
Je griffonnes, vilaine plume: dis si tu m'excusais;
Père bien aimé Charlot dis – moi? marie toi donc?
Chère Maman Amélie? dis moi maman Eugénie
Père bien aimé Foubertot dis moi? maris – toi donc?
Oui! ma fille bien aimée l'mariage est accordé
Oui! soudain me répondent pour toi mes mères aimées.

Sais-tu, non, savez-vous que c'est ma soeur aimée
Embrasses papa dis, ah; laisses-moi … Charlot
Laisses tes vers tranquilles et dis ce que tu voudras, eh
bien attends maintenant je finis doucement mon écriture.

(s. S. 113)

Tombé à fond de cale,
Dans la Machine éteinte,
Ou bientôt il se cale,
A une Femme étreinte

Par un Mécanicien
Qui pour fuir avec elle,
Etait resté: très bien,
Au bas de son l'échelle.

Lui qui si bien armé
S'enfonce dans le sable
Et s'il vous a piqué,
Piqûre abominable,
Non comme on dit mortelle
Car le Permanganate
De soude naturelle
Vous guérira sans faste; etc. …

(s. S. 114)

Le service d'été étant rétabli,
Ma fille vient toujours dans l'après-midi;
Avec ses deux chers enfants,
Pour embrasser leur Père-Grand.

S'il vous est tout-à-fait impossible
De m'accorder quarante-huit heures;
L'écrirai à ma très chère fille,
Pour partir le Dimanche à huit heures.

(s. S. 115)

Dédié à ma brue.

– Etudes astronomiques – littérature française
Hymne à la terre

En ta révolution (1); marche, marche Terre qui me
reçûs, me donna assistance, la vie! 2
Toi que mes pieds ont foulé et foulent encore. 3
Toi, qui fut dans ma jeunesse l'objet de mes études
et que j'étudie toujours.
Toi, dont j'admire la légèreté, la vitesse, 4 la ré-
gularité: 4 *bis*
Quelle Loi te contraint depuis des siècles des
siècles!
Soecula soeculorum! 5
Dans ta course … sensée, toujours tu évites un choc
qui pour des Humains serait leur perte.
Mais Celui 6 qui fit le monde, voulut malgré ta rotation 7, qu'ils restassent debout et qu'ils
    n'ignorent point que Tu parcours, dans l'Immensité pendant une année accompagnée de
    ton Atmosphère et de ton Satellite. Lune – une étendue au minimum, de
Deux cent trente millions de lieues!
                    230.000.000!
Matin! Notes
1. En 365 jours, 6 heures.
2. Allusion au domaine de V.E.
3. 69 ans.
4. 550.000 lieues en 24 heures.
5. Indéfiniment.
6. Le Créateur.
7. En 24 heures. chont
            4 *bis* se rend toujours à son point
            de départ.

(s. S. 116)

Près des lacs du bois de Boulogne
Un jeune homme s'en va rêvant
L'air malade, son pas chancelant
Ses yeux au ciel cherchant la Madone.

De ses yeux scintillent des éclairs
De temps à autre il ramasse par terre
Quelques feuilles que le vent a tombé
Quel dommage qu'il soit seul à les ramasser!

(s. S. 116)

Le Mousse

Sur un mât perché à l'horizon,
Semblable à une mouche ou à un moucheron,
C'est le mousse du Navire
Qui part le coeur plein de plaisir.

Adieu ma vielle maman
Mon frère, ma soeur, mon petit cousin.
Je pars pour peut-être lontemps;
Mais je reviendrai un beau matin.

Deux ans se sont écoulés
Et pas de nouvelles du jeune marin.
On parle qu'il est naufragé
Mangé peut-être par un requin.

Soudain la porte s'ouvre
Et l'on voit apparaître
Non plus un gamin mais un fort homme,
Fort plus fort qu'un hêtre.
Quelle joie pour son père le brave homme.

(s. S. 117)

Mes soeurs vous me pardonnerez mon incongruité
De venir troubler votre déjeuner.
Il faut en accuser ce préjugé séculaire
Que l'on nomme nouvelle année,
Qui pour beaucoup est jour de trève.
Dans leurs querelles, quitte le lendemain à recommencer,
A se dévorer de plus belle.
Je ne viens pas pour vous flatter.
Je suis aujourd'hui ce que j'étais hier,
Et serai demain quels que soient mes procédés.
Je travaille pour l'humanité.

(s. S. 118)

Poésie sur le Panama

Notre belle France est dans la souffrance.
Les malheureux ont prêté leur argent,
Le panama les met dans la souffrance.
Il ne manque pas hélas d'intrigants.

Aux malheureux ils ont pris leurs épargnes,
Ont pris leurs ors, se les ont partagés.
Les ouvriers et les hommes des campagnes
Dites-moi hélas qui va nous protéger.
Ils représentaient notre république.
C'étaient les représentants du pays.
Voici leurs oeuvres démocratiques,
Ils ont volé ça leur est pas permis.

(s. S. 118)

Le changement est indispensable
A l'existence; chacun son tour
Pour la danse.
Il faut toujours avoir soin
De ne pas danser devant le buffet.

[...]

Tout en gardant mes agneaux
Blancs je rencontre un agent
De ville. Il me dit: combien
Gagnez-vous d'argent
En gardant vos agneaux blancs?
Six cent mille francs je lui réponds.
Peste maçon vous pouvez travailler,
A ce prix-là j'en ferai bien autant

[...]

… Car je suis persuadé
Que tout le monde doit aimer cette
Vie là. La vie de ferme, le bon
Air, les animaux, la vie solitaire
Où toute la splendeur de la nature sourit.
Quand arrive le printemps, le mois
De Mai la feuille pousse, la verdure,
Les fleurs que l'on respire,
Ce parfum délicieux des jardins
Et des champs,
Les animaux de toute espèce:
Des cailles, des perdrix, des rossignols,
Des alouettes, des hirondelles,
Des perroquets, des faisans dorés,
Tout ceci a été créé pour ma figure!
Aussi je tiens à ce qu'elle dure;
C'est pour celà que je me soigne
Bien dur et longtemps.
Temps pire pour les amours
Qui ont des maîtresses, je n'en veux point.
Je n'ai point de femme, je m'en passe tout simplement.
Ma femme c'est ma pipe.
Deux paquets de tabac par semaine
Voilà ma rente hebdomadaire;

Une petite prise de temps en temps
Que l'on m'offre avec plaisir,
Que j'accepte de même,
Voilà ma petite vie.
Et je voyage pour connaître ma géographie.

(s. S. 119)

J'en ai tant enduré!
Ma vie fut un long martyre!
De souffrance et d'ennuis!
Lorsque je ne souffrais pas, je voyais souffrir les miens
Et ne puis dire au juste
Lesquels m'étaient le plus sensibles!
J'ai temps aimé les miens!
Les ayant tous perdus!
Leur mémoire m'est chère!
Je me repais de leur souvenir!
Toute les nuits j'exhale ma souffrance!
Par la pensée je parcours les lieux
Où reposent leurs cendres!
Au Sud, au Nord je me fraie un chemin!
Et vais en souvenir dans chaque nécropole
Prier mon Dieu pour eux.
De Billancourt à Bagneux!
Le pèlerinage est long!
Que ne m'est-il donné encore une fois!
O soeur chérie et regrettée!
D'aller sur tes restes chéris!
Pleurer et espérer!
J'ai peur de ne pas pouvoir!
Le délai expire le 5 octobre
J'y fus avec ta fille il y a un an
Ne pus pas y retourner!
Vu les évènements!
Là, seulement elle était admirable!
Entourant de soins pieux
Ton tombeau!
Plantant et arrachant au gré de ses désirs
Ne trouvant rien d'assez beau,
Se rappelant sans doute ton dernier soupir
Car nous te pleurâmes beaucoup ensemble!
Et sommes aujourd'hui bien affligées!
De ne pas pouvoir renouveler la concession.
Sur ce, le règlement est formel!
Dix ans et pas plus!
C'est pourquoi ma Criquette aimée!
Nous fîmes enterrer notre mère!
Loin de toi, à Bagneux
Pour ne pas éprouver pareil ennui!
Car nous fûmes induites en erreur, lors de ton décès!

(s. S. 120)

Les troupeaux sortent des fermes
Bêlant à qui mieux mieux
Au son des clochettes,
Suivant le gai chemin
Ombragé de hauts sapins.
Dans la vallée humide de rosée,
Baignée de lumière douce,
Coule la petite source.
Fleurs et foins parfumés
Enivrent le troupeau
Conduit au son du chalumeau.

(s. S. 121)

Ayant été admis cette année à aider à moissonner le récolte de l'Asile, j'ai été à portée d'entendre la sédition des végétaux alimentaires qui se sont adressés à moi pour interpréter leurs gémissements, que j'ai traduits en vers alexandrins, car le préjudice causé aux végétaux depuis dix ans est au moins de dix mille francs: ce dialogue funèbre est de 5 strophes, 43 vers, affaire locale que j'ai soumise au tribunal de l'honorable Directeur M. Le Docteur. C'est la première partie de ce dialogue, car la narration, qui regarde la nation française, est de 13 strophes, 117 vers, ensemble 162 vers …
En ma qualité de chantre du progrès, j'aurais cru, monsieur le Sénateur, négliger mon mandat en gardant le silence, mais ma philanthropie patriotique, qui est proverbiale, ne m'a point permis une pareille lâcheté, et j'espère, Monsieur, que mon initiative sera accompagnée de la vôtre et de celle de ceux qui se disent les piliers de la Nouvelle France.

(s. S. 122)

L'infaillible Pie VII à Mahomet, le fondateur de la polygamie.

Tes immondes projets, père du paganisme,
Feront aucun progrès chez nos chers abrutis;
Léon (XIII) mon successeur veut le Christianisme
C'est notre commerce, sans lui plus de rôtis:
Plus de Mâcon, Bordeaux, plus de pâtisserie,
De poulets, de jambons qu'attirent la Beauté:
Respecte Mahomet notre polygamie (secrète),
Vivons en bons voisins durant l'Eternité,
Laissons nos partisans (*bis*) dans leur obscurité!

Le général Dodds à Béhanzin.

Béhanzin, Mahomet blâme mon inconstance,
N'est-ce pas le flaible de tous les conquérants?
Il me faut ton Etat pour agrandir la France,
Ainsi que tes femmes pour distraire mes gens (de Guerre).
Il faut te soumettre, l'emblème est l'Algérie,
Le contact des Français t'offre sécurité,
Notre gouvernement est une oligarchie,
Qu'autorise le vol et la rapacité (le faux, la violence, etc.).

Il faut prêter serment   ⎫
La main sur le Coran   ⎬ de ta fidélité.
                          ⎭

Le roi du Dahomey au parjure général Dodds

Nous préférons mourir sur le champ de bataille
Que d'être les vassaux des roturiers français;
Nous avons des alliés qu'abhorent la canaille,
Qui violent les femmes, qu'assassinent les Rois!

Béhanzin à l'Empereur d'Allemagne.

Votre protectorat paraît digne d'envie,
Seigneur délivrez-nous, que votre Majesté
Eloigne les tyrans qui menacent ma vie.
Notre religion, notre propriété,
La main sur le Coran
Recevez le serment! } de ta fidélité.

L'empereur d'Allemagne au roi du Dahomey.

Je reçois ton serment, replace ta couronne
Sur ton chef Béhanzin, face à l'usurpateur,
Je viens lui signifier de quitter en automne
Le sol du Dahomey dont je suis le tuteur.

L'Empereur d'Allemagne à son ministre de la Guerre.

Cent mille fantassins, forte cavalerie (etc.)
Pour venger les excès d'un peuple efféminé;
S'il ose résister, tombons sur l'Algérie,
Que le sol africain, partout soit délivré.
Du joug des avocats,
Et des chrétiens-prélats } qui nous ont calomnié!

Le roi du Dahomey à l'évêque d'Alger

Perfide incestueux, garde pour l'Algérie
Tes pernicieux conseils; nous avons Mahomet;
J'adore le Soleil et toi l'Eucharistie,
Il lui faut des cierges, Dieu de l'obscurité.
La main sur le coran
Oui je fais le serment } de jamais te hanter.

(s. S. 122)

Quand l'assassin
Arrive faire sa chienlit,
Vous lui dit carrément
Je suis ici arbitrairement.
Vous persistez?
A la douche et bien vite
On ouvre le robinet
Qui produit son effet
Et dans la baignoire
On vous cuit vivant,
Pour la moindre parole
On met la camisole.

(s. S. 124)

Vous épousez une petite femme
Qui vous appelle mon gros raton;
Vous adorez votre compagne
Et vous plaignez les vieux garçons.

Tant que vous apportez d'la galette
Le ménage va sur des roulettes;
Mais quand vous n'avez plus d'pognon,
La gueuse vous flanque à l'Admission.

(s. S. 124)

L'encrier brisé

Dans mes longues heures d'exil, chère Marie,
N'ayant pour me distraire, et pour te parler,
N'ayant plus que cela pour causer à ma mie
Que du papier, ma plume et mon encrier.

Je façonne des dessins. Pour toi Marie
J'écris mes chères pensées. Je cherche à proser
Des vers sur ce papier, et cela est mon envie
Pour te plaire, avec ma plume et mon encrier.

Cet encrier et cette plume, bonne Marie
C'est le seul passe-temps qui hélas! m'est accordé,
Mais j'ai toujours peur, et cela est mon ennui,
Que l'on vienne me prendre ma plume et mon encrier.

Je le garde dans ma poche, petite Marie,
Jalousement. Car j'en tremble rien que d'y penser;
Car je vois qu'à tout le monde il fait envie
Car tout le monde est jaloux de mon encrier.

Car cela fait rager les jaloux, bonne Marie,
Que par ma plume, je te puisse encore charmer,
Aussi voilà pourquoi leur cruelle jalousie
Fait que de rage, ils ont brisé mon encrier.

(s. S. 125)

Vingt ans de lourds travaux dans un gouffre de feu
Ont brisé cette force dont jadis j'étais fier.
J'ignorai toute joie et vivai de peu
Devant l'ardent foyer où bouillonnait le fer.

Ma femme et quatre enfants de mon faible salaire
Prélevaient chaque jour l'âpre bouchée de pain.
Las enfin de souffrir: pour fuir notre misère,
Nous voulûmes mourir en nous donnant la main

Tous les six enlacés près du mortel brasier
A mes lèvres monta la dernière prière.
Nous nous dîmes adieu dans un dernier baiser
Et nos âmes s'unirent prêtes à quitter la terre
Et seul je survécus!

(s. S. 126)

Laisser décider l'ínvisible
Suscitateur de vos desseins;
Qu'il règne, le seul invisible
Qui scrute les coeurs et les reins.

Laissez les sorts, Dieu, le prophète,
Bénir les enfants de l'enfant
Tout radieux et triomphant
En croisant les mains sur leur tête.

Voir un César, un paillard chauve
De la loi des majorités
Armant tous ces instincts de fauve
Asservir les autorités,

A ne servir que la fortune
De son haut mal comitial
C'est voir le Christ en Béllial
Au soleil emboîtant la Lune.

Géant fondant la République
Sur le roc de l'enseignement
Transcendantalement biblique
Dont voici le couronnement.

Extermine le privilège
Toujours et partout malfaisant
Et le proclamant malfaisant
Vite intronise le *sortège*.

(Joseph-Jacques-Xavier Cotton)

(s. S. 128)

Ah! le poète de Florence
N'avait pas dans son chant sacré
Rêvé l'abîme de souffrance
De tes murs, Bicêtre exécré!

(s. S. 128)

Monsieur le Médecin, bien triste est un état,
A la maison de fous, où le repentir pleure;
Où le jour est un siècle, et chaque instant une heure;
Où l'existence n'est qu'un éternel combat.

Cette inutile vie est celle de Lemaire
Dont le repentir vrai peut inspirer pitié.

Ah! Monsieur le Docteur, de l'abîme où j'expire,
Mes longs cris de douleur s'élèvent jusqu'à vous.
Veuillez être pour moi, contre le sort jaloux,
Brisez-lui son poignard, et daignez me sourire!
Faite ouvrir ma prison Monsieur et que j'en sorte.
Qu'un lazare nouveau surgisse du cercueil
Et dussé-je de joie expirer sur le seuil
Que mon dernier soupir franchisse au moins la porte!

(s. S. 128)

Il grandit … comme un ver dans l'ombre!
Et, serpent au soleil d'été,
Il se glisse et se mêle au nombre
Des hydres dont la haine sombre
Envenime chaque cité.

Ignoble héros de guinguette,
Faux mendiant de carrefours,
Escroc portant un masque honnête
Hideux détrousseur qui vous guette,
C'est lui partout! c'est lui toujours!

(s. S. 129)

Vous ravirez pour prouver mon délire
Mon âme et tout, tout exepté ma lyre,
Fille du Ciel qu'un jour m'envoya Dieu,
Elle me suit jusques aux gémonies,
Priant pour vous les dieux et les génies,
Dans un sanglot, un soupir, un adieu.
Reprends ton luth, fils d'Appolon, courage!
Chante ses lieux, ses gazons, son ombrage,
Dans ce cloaque où la raison se tait,
Chante ces fous, dont tu vois le délire,
Brave les sots aux accents de ta lyre,
Sur son grabat Gilbert ainsi chantait…
Et Chatterton que l'anglais idolâtre,
O Calvados, ton enfant Malfilâtre,
Ton ange, ô Loire! Elle! Elisa Mercoeur
Tous leur criaient, Pauvres fous, faites taire
Ce luth, mais tous, joyeux, les laissaient faire
Et tous chantaient sur la harpe du coeur…

Il faut Docteurs sur la terre et sur l'onde,
Mettre en des murs toute la mappemonde,
Vous serez sûrs d'avoir beaucoup de fous,
Riez de moi, riez fort à votre aise,
J'ai bonne humeur, et la gaîté française
Vous dit „l'auteur n'est pas plus fou que vous".

Ah! Pardonnez à ma muse caustique,
Plutôt portée à la rime héroique,
Ce faible trait du carquois d'Appolon,
Criez morbleu! Pour vous et la science,
Il est ma foi vraiment dans la démence!
Soutenez-le, mes pipeaux disent – non…

(s. S. 130)

Et l'illustre Zola se vautrait dans la fange,
Zola qui fait l'homme une brute qui mange,
Qui boit, qui dort, qui rêve ainsi que l'animal
N'ayant de plus qu'un seul instinct: celui du mal.

(s. S. 131)

Je vois renaître la nature,
Je vois revenir la verdure,
Et l'homme ne renaîtrait pas;
Rien, dès lors, rien qui lui survive:
Sa mort serait définitive
Serait l'immuable trépas:

Et notre éphémère existence
S'écoulerait sans espérance,
Et sans lendemain éternel!
Nous aurions l'enfer sur la terre,
Où nous trainons notre misère
Sans avoir l'avenir du Ciel.

(s. S. 131)

Sous le pouvoir de l'exorciste
La malade point ne résiste,
Elle affirme tout ce qu'il veut
Et c'est sur ce faux témoignage
Que l'inique procès s'engage:
On condamne Grandier au feu.

Pour cette tragi-comédie
De cet affreux trépas suivie,
On consulte tout le clergé,
Les médecins et la nature
Et la haute magistrature;
Mais tout ce monde est enragé

Car tout ce monde est fanatique
Et rebelle à toute critique
Voyant le Diable et Bélial
Au lieu d'un tout physique mal.

(s. S. 131)

Et puisque l'amour nous assemble,
Restons unis, restons ensemble!
Oui mon Jésus adoré, mon Jésus bien-aimé; oui, tu
es en moi et je suis en toi! oui ta chair est ma chair;
ton sang est mon sang, ta vie est ma vie!
O mon bonheur surnaturel,
Ma chaste volupté du ciel,
Mon ravissement éternel!

Jésus, Jésus, toi que j'implore,
Jésus, Jésus, toi que j'adore,
Aimons-nous, aimons-nous encore,
Saintement jouissons encore!
Toutes les nuits et tous les jours,
Sois mes plus ardentes amours,
Mes inépuisables amours,
Mes impérissables amours;
Sans fin, sans fin, toujours, toujours!

Ce bien être particulier, ce bien être délicieux; cette
volupé sereine, calme, séraphique; cette douce paix
de l'âme, ce blandicieux enivrement.

O céleste béatitude,
De mon bonheur ô plénitude!
C'est par toi que j'en jouis,
C'est en toi que j'en jouis,
Et que je m'en réjouis!

O noble et pure effervescence,
O merveilleuse incandescence,
Miraculeuse jouissance!

Trois fois et lentement {
Nous sommes unis
Tendrement unis,
Saintement unis,
C'est le Paradis!
}
Notre jouissance est commune,
Car nos deux âmes n'en font qu'une!

Je ne puis trop le révéler,
Je ne puis trop le dévoiler:

Toi seul as pu me consoler!
O ma volupté bienfaisante,
Ma chère douceur enivrante
Ma Sainte Beauté ravissante,
Et ma splendeur éblouissante,
De quel nom, Jésus, t'appeler!

Trois fois et avec une
tendre langueur {
En toi mon âme est confondue,
Dans ton amour toute fondue.
}

Etre aimé d'un Dieu bienveillant
Etre aimé d'un Dieu tout puissant,
Quel sort aimable et ravissant,
Quelle douce béatitude!

*Trois fois et avec
attendrissement*
{
        Jésus, Jésus, ô mon amour,
        Toute la nuit et tout le jour,
        Tu divinises ce séjour:
        Je ne sens plus ma solitude!

(s. S. 132)

l'Escadron volant de la reine

Et voici la Fontange avec Mons. Bassompierre
Et son énorme ventre et sous ses gros brillants,
Riche comme Crésus et les traits souriants,
Une âme de roc et des biceps de pierre.

III

Dans cet essaim voltige aussi la Gabrielle,
Personne à la cour ne fait l'amour comme elle,
        C'est la passion
        Et l'émotion
        Jusqu'au plus suprême,
        C'est l'amour lui-même.

Fille du Vert-Galant, elle a de qui tenir,
C'est du nanan qu'elle offre en tendre souvenir
Aux amants du jour, à ceux qu'elle touche,
A ceux qu'elle presse en ses doux bras

[…]

A ceux qu'elle embrasse en plein sur la bouche.

(s. S. 133)

Cléo, verse ton coeur dans mon coeur,
J'en serai le meilleur vainqueur,
Ton plus tendre amant, je le jure,
Sur mon âme mon amour dure
Autant qu'un éternel printemps.
Célébrons nos joyeux vingt ans
Au ciel brillant de la jeunesse
O ma tendre Cléo! ma charmante maîtresse.

(s. S. 134)

Femmes

D'aucunes ont des yeux si follement pervers
Qu'au choc de leur éclat ma pauvre âme candide
Egarée au chemin de la vallée splendide
A tout jamais devient l'hôte des longs hivers.

Amantes de Lesbos, pucelles de Nevers,
Dans chacun de vos coeurs demeure une arachnide
Et le mâle amoureux, mouche aveugle et stupide,
De la toile tissée, veut pénétrer l'envers.

Qu'elles soient ingénues ou qu'elles soient savantes,
Qu'elles soient banales, fidèles, décevantes,
Douces comme la laine, rudes comme tessons:

Les femmes remplirons leur mission fatale,
Distilleront toujours des venins de crotale,
Et seront Dalilahs de combien de Samsons?

(s. S. 134)

Sonnet

Pour une Eve.

Des perles et des fleurs ont jonché le chemin
Et ma reine ployant sous l'aubaine nouvelle
S'émeut et bégaie: c'est ainsi qu'un jasmin
Dont la tige n'a pas tout l'appui de la treille …

L'arbuste chancelle mais voici que la main
D'un artiste l'attache, alors c'est la merveille;
D'albes corymbes si tant fleurent que demain
Cela vous est encore une joie sans pareille.

C'est ainsi, Madame, qu'il fallait que vous vîntes
Et que vos yeux, qui sont des jais et des hyacinthes
Donnassent au rimeur l'ultime et douce foi

Pour qu'enfin ce sonnet qui veut être sincère
Ait et l'heur et le charme insigne de vous plaire.
N'est-ce pas là le but unique de sa loi?

(s. S. 135)

PROSES

Ce tableau représente l'ère du théâtre en plein air et au carrefour des secrets et mystères dévoilé du sacerdoce. C'est en traduisant les hiéroglyphes égyptiens que l'on doit cette innovation.

Cette scène représente l'école en plein air, Ecole populaire ou Instruction pour tous. Cette école reçut le titre de „Crèche de Jésus ou sauveur du monde".

Ce titre commence à être compris de nos jours; pour sauver les hommes, il leur faut à tous une éducation uniforme. Or ce tableau représente donc allégoriquement et en style ancien ce fait dont chacun des emblèmes qui s'y trouvent exprime un sens exact et défini de cette ère de César Auguste supposé créateur de l'Evangile.

L'Evangile est donc un théâtre vulgaire composé de tragédie, comédie et éloquence dogmatiquement conservées.

Un faune (la science de la critique) disposant de la mobilité du rideau ou de l'influence publique sur le théâtre.

(s. S. 31)

Madame,

Je n'ai pas l'honneur de vous connaître, mais l'intérêt que je porte à M. votre fils m'engage à vous éclairer sur le régime qu'on lui fait suivre dans la maison de santé. Depuis un mois, il va tout les jours au bain et y reste longtemps; il ne prend que des aliments peu nourrissants, et souvent même il n'en a pas assez pour satisfaire à sa faim. Je vous laisse à penser si, dans cet état, on peut avoir la tête forte. Je n'ai pas besoin de vous en dire davantage.

(s. S. 137)

Monsieur,

Cette maison est une prison où, sous prétexte de folie, on enferme les individus „sans jugement". Les personnes qui la servent ne savent pas plus ce qu'ils font; par la nature des aliments qu'ils prennent, ils préparent la nourriture de l'humanité. Des gens qui n'étaient que salés et se moutonnaient, se serrent les mains, deviennent des héros, et ces mêmes héros, qui n'étaient que salés, deviennent des âmes et envoient des gens à Dieu.

(s. S. 137)

LA RENAISSANCE

Chapitre III

Un Roman Historique

Je m'appelle Auguste-François P …, et J. Strauss; je suis né à Pest, en 1846, le 18 janvier. Ma mère, une fort jolie femme mariée à Jean Strauss, le célèbre compositeur de musique, faisait les délices de Vienne. Mon père, le plus beau garçon de son âge et le plus gai, faisait les délices des salons. Survint la guerre de Crimée; le petit P … qui se trouvait à Varna avec son père, fut appelé sous les drapeaux. C'est là que se décida sa vocation d'amiral. – C'est là qu'il devint pour la première fois fournisseur général des armées. Mousse par goût et par nature, on lui confia pendant la guerre, quoiqu'il n'eût que huit ans, le service de dépêche nautique, l'embryon des Messageries impériales. Pendant toute la campagne il se distingua par son courage et sa simplicité, les vieux généraux étaient frappés de son sang-froid; plusieurs fois à travers la mitraille il avait réussi à passer le courrier. A la fin des hostilités, il eut l'honneur de ficher le drapeau parlementaire français sur la tour de Sébastopol.

(s. S. 138)

Vos gros lots ne sont que des grelots, que vous n'osez pas attacher de vos mains tremblantes d'ataxiques; avez peur du chat, grands tas de chapardeurs, agissez comme des chacals. Ce n'est pas ce qui cale en l'espèce.

(s. S. 139)

Qu'est – ce?
Le journal de la maison de santé de Charenton est destiné à recevoir le pus de nos blessures? Pusons donc!
Quand l'homme voulut habiter le bleu, au moins après sa mort, il inventa des ficelles pour relier le ciel à la terre. Il y a quelque chose d'analogue dans les moeurs de l'autruche.

> Ainsi font, font, font,
> Les petites marionettes
> Ainsi font, font, font,
> Trois petits tours et puis s'en vont.

Si au lieu de m'appeler censure, je m'appelais tombola (on donnera des dessins, des broderies, des adaises, quoi!) Tombe, ô la censure! Or donc, Messieurs et Mesdames, nous dirons que, pour l'usage des fous sensés, quelques censés fous ont pensé à la création d'une censure. Si vous voulez faire du civet, prenez un lièvre? …

(s. S. 139)

Je crois rationnel de croire que tous ceux qui doivent assister à la soi-disant prochaine et première création ressusciteront transformés en sortant de leurs vrais tombeaux ou d'un court sommeil léthargique. Ce jour-là chacun pourra la voir sans sortir de chez soi de tous les points du globe par une réflexion miraculeuse dirigée divinement, chacun se repentira ou regrettera de n'avoir pas fait ce qu'il pouvait pour moi, Alice et Joséphine J… même mon frère qui a souffert énormément quoiqu'il soit le second génie de la terre. On verra Dupré entre mon Alsace et ma Lorraine, Joséphine Hertrich et Esther Berrier lui donnant le bras qui sera hissé du sol à l'estrade divine naturellement sans le secours d'aucun cordage. Dans un coin de la même estrade, Phylloxéra toute nue, au vu de tout le monde…Avec un sabre bien aiguisé je viendrai lui séparer le corps en deux tronçons qui tout de suite se rejoindront.
Ce ne sera qu'à cette époque que je commencerai mes cours d'histoire et de science ou je révèlerai les secrets historiques et scientifiques les plus cachés et les plus inconnus. Dieu m'a promis que la dite création aurait lieu au mois de juillet 1903, un an après la cérémoniedes armoiries de la ville de Paris, peut-on ajouter foi à des promesses toujours fallacieuses?
Dieu aura pratiqué des chemins de fers souterrains sur lesquels comme rails il n'y aura qu'à poser des barres d'argent, d'or et de platine. Par conséquent pour être clair j'aurai fait connaître les théories de la chimie nouvelle et ancienne et même la chimie organique qui s'occupe des substances telles que le sirop de Diacode qui peut servir à fabriquer de l'or …

(s. S. 140)

En effet, en ne lui demandant rien pour *vous*, en ne l'astreignant qu'à rendre, une seule fois, et à une autre personne de son choix, ce que vous avez fait pour lui, en ne lui imposant que l'obligation d'en exiger autant de celui qu'il obligera plus tard, quand il pourra le faire, vous lui forcez beaucoup plus la main qu'en le contraignant à rester votre obligé personnel d'un service qu'il ne pourra presque jamais vous rendre, surtout si vous êtes dans une situation matériellement supérieure à la sienne. Position qui le condamne le plus souvent à l'ingratitude forcée envers vous, n'est-il pas préférable à tous égards de lui imposer l'obligation de le reporter sur un autre à son choix si vous voulez lui ôter tout prétexte de s'y soustraire?

[…]

Puissiez-vous avoir bien compris ce principe de solidarité universelle et ne plus jamais rendre un service, si faible qu'il soit, sans demander à votre obligé de rendre, une fois dans sa vie, un service équivalent; surtout n'oubliez jamais de lui imposer l'obligation d'en exiger autant de celui auquel il le rendra. Là gît toute la puissance de cette idée! (Alphonse Aubertin, *Une idée et vingt francs.* – Préface)

(s. S. 141)

En présence de ces craintes, de ces hésitations et de la répugnance bien constatée que chacun éprouve à faire arrêter un coupable, les législateurs ont à s'occuper sérieusement de reviser le code et la procédure. C'est là un besoin qui, tous les jours, devient de plus en plus impérieux: je ne pense pas qu'il en soit de plus urgent que de créer une sorte d'hygiène préservatrice du vice, comme la médecine moderne a créé l'hygiène des maladies, pour n'avoir pas à les guérir. Il faudrait obtenir que la justice consentît (sauf pour des exeptions à déterminer, et des crimes par trop caractérisés) à ne point poursuivre à fond une première affaire, et ne constituer qu'un casier judiciaire qui, en cas de récidive, doublerait de droit la peine à appliquer. Il est bien entendu qu'on devrait entourer cette première procédure de toutes les garanties nécessaires, tant à la société qu'à l'individu, et que, coupable ou non, il aurait toujours le droit d'obtenir son jugement ou l'acceptation du casier judiciaire provisoire qui, en cas de récidive, devrait servir à le faire punir plus sévèrement. (Alphonse Aubertin, „*Va te faire pendre ailleurs!*" – 1886)

(s. S. 142)

L   A Monsieur Joseph Bertrand secrétaire
UI   Perpétuel de l'Académie des Sciences, et de l'Académie
T   Française.
I

Monsieur le Secrétaire perpétuel,

La composition que je place en tête de ma lettre est la base du flambeau des sciences. C'est la rotation sur l'axe des académies, l'émancipation de la Sorbonne: deux grands morts l'ont établi en action. Gambetta et Sadi Carnot, c'est la dilatation nerveuse de Gambetta et la présentation extérieure de Sadi Carnot. C'est aussi la composition de la Dilatation du Gouvernement dans la résolution plus au moins proche des cinq Frances.
L. C'est votre fils en tant que sciences, c'est la dilatation du cerveau de la Présidence des Etats-Unis, de l'Amérique du Nord qui en faisant sa rotation deviendra le lobe droit du cerveau de Gambetta et représentera la France occidentale ou Canada comme Président de la République. Nous ferons ensemble, mon cher père, en sciences la composition de l'unité aux sciences la menant de front avec le Gouvernement dont j'aurai la représentation ayant titre Président Libérateur de la République occidentale de France et République centrale de France de laquelle j'aurai apanage l'extériorité la représentation dont vous aurez la Direction.
Nous conservons la Tribune des sciences à la Sorbonne c'est la composition du grand point de rotation de la Dilatation des Sciences et du Gouvernement.

I. C'est mon cher Père en science Berthelot il est la conception du cervelet de Gambetta et de l'oeil gauche de Sadi Carnot. Il sera le Président de la République orientale de France. A la République centrale. La République orientale de France aura la partie de VV VI dont la composition par insération de l'L est la manifestation des deux T.

(s. S. 142)

Le tracé des 3 as *féminins (Santad Trinitad)* au moyen d'un compas neuf à pointes plus ou moins sèches à brisures polies et à charnières rondes.
L'as de carreau manque – il est masculin et d'une simplicité par trop franc-comtoise. Il a quatre point que l'on peut toucher ou éviter à son gré, s'adresser pour son tracé aux troupiers ou croupiers dits vulgairement culs rouges, aux forts de la treille, au blé rots virguliens ou à ceux qui y vont (sur le carreau) – La pointe en l'air il est menacant, mais n'est plus carré par la base et peut être foutu par terre au moindre souffle.(L'expérience l'a prouvé une fois de plus) – Se dessine sous le bâton infléchi, à la plume d'oie – ou de geai paré des plumes de paon la formi – table à *tic-tac*.

(s. S. 143)

Le Balayeur du Christ

Vers la fin de la nuit je vis sa figure même se présenter à moi. Un de ses yeux était voilé, et il le découvrit comme pour me dire qu'il n'avait pas encore versé sur moi toutes ses bontés, qu'il lui restait encore une œuvre à *parfaire* pour que je fusse digne de devenir son enfant, et comme pour m'ôter tous les doutes, il me fit voir peu après un de ces supports où l'on met les queues de billard et il était bien garni de queues de billard droites fortes.

(s. S. 144)

O mon maître!

Vous voulez que je reprenne aujourd'hui cette plume que j'avais quelque temps abandonnée. Je la reprends avec confiance, puisque c'est un moyen dont vous vous servez pour faire connaître votre volonté. J'écrirai ce que vous m'avez montré et ce que vous m'avez inspiré de dire, aussi facilement qu'il me sera possible.
Après m'avoir tiré de l'abîme, vous voulez me mener au port. J'étais la bête et vous avez permis qu'un cheval vînt s'abattre à mes pieds pour montrer que je ne l'étais déjà plus. Hier, après quelques visites que vous m'aviez prescrites, je suis monté dans un tramway glissant qui m'a mené au pied de la grande colonne. Puis j'ai traversé à pied des quartiers que vous aimez, vous l'homme charpentier qui voulez que l'on travaille pour votre gloire. Je suis revenu par la rue du Chemin-Vert et une femme à laquelle je demandais le pont d'Austerlitz m'a indiqué d'abord la Bastille. – Puis chez mes parents, on a servi à dîner une omelette à l'oignon. C'était pour eux un symbole. Mon père, qui était censé parler comme moi, n'a pas voulu la finir. Et quand j'ai mis dans une assiette blanche ou du moins contenant un reste de choux-fleurs, deux morceaux de l'omelette qui restaient, des signes de ma soeur et de mon père ont attiré mon attention. Puis mon père m'a proposé de l'accompagner au chemin de la croix. Contre mon ordinaire (car je ne l'accompagnais plus à l'église), j'ai accepté. Et quand nous sortîmes du salon, *ma belle-mère, mon père, et moi*, en sortîmes en même temps. Je fis attendre mon père quelque peu, puis le retrouvai en bas. A l'église, nous nous plaçâmes en évidence juste le contraire de ce que j'aurais fait si j'eusse été seul, et, malgré tout mon désir, je ne pouvais prier comme j'aurais voulu, je ne pouvais tirer mon chapelet de ma poche, mon père étant censé ignorer tout ce qui se passe.
Quand je rentrai, je me couchai, je n'avais pas de foulard à mettre sous ma tête pour éviter que mes cheveux ne puissent salir mon oreiller. Et je dus prendre une de mes serviettes de table pour cet usage. Dès que je fus sur mon lit, avant même de me coucher, je me grattai, éprouvant aux

jambes et aux pieds quelques démangeaisons. Puis je me couchai. Et quelques instants après et à plusieurs reprises, vous me dîtes de me mettre dans la position dequelqu'un qui baise la terre. Puis bientôt des puces me piquant avec rage et avec une force telle que je n'avais jamais senti de puces piquer ainsi, vous me permîtes de me gratter, ce que je fis et continuai de faire en m'endormant. Tels sont les faits dont vous avez daigné me

donner l'explication. Et ce matin encore vous m'avez commandé, avant que je puisse écrire, d'aller à Notre-Dame des Victoires, vous prier pour montrer que vous confirmiez encore par ce symbole l'authenticité de mon récit. Et même pour que le fait fût encore plus frappant, vous avez permis qu'une messe fût dite. On la commença pendant que j'étais là, et quand j'eus fini de dire les trois chapelets d'usage vous me dîtes de sortir, l'Evangile devant être aujourd'hui pour moi votre parole que je viens écrire:

O mon Maître, soyez béni à jamais.

Le cheval, c'est la bête venant expirer aux pieds de l'homme nouveau. Il passa devant le marchand de ferrailles sans s'y arrêter, et vint se jeter contre une charrette au moment où j'y arrivais moi-même. Le fait est de même sens que le tramway me conduisant en glissant jusqu'au pied de la colonne. Et vous me disiez, ô mon Maître cette colonne n'est pas la barrière temporaire qui le retient en ce moment, c'est le grand fardeau dont je veux t'accabler. Et je m'étonnais en moi-même ne comprenant pas encore ce que voulait mon Maître. L'aventure du Chemin-Vert et de la femme que j'interrogeai était déjà pour me mettre sur la voie. L'omelette en était la confirmation. Je fis deux morceaux de ce qui restait de cette omelette. Mon père en ayant refusé un, l'autre resta de même, et il y eut dans l'assiette blanche trois morceaux de choux-fleur et deux morceaux d'omelette à l'oignon. Ces deux morceaux d'omelette à l'oignon représentaient mon père et moi (car mon père était censé avoir mon rôle), quand nous sortîmes du salon, et le morceau de choux-fleurs représentait ma belle-mère qui nous précéda alors, de même que le morceau de choux-fleurs était dans l'assiette avant les deux morceaux d'omelette. Nous allâmes au chemin de la croix et on fit vénérer la vraie croix. C'est alors que vous me dîtes: O mon fils, tu vois, je me suis offert de moi-même pour les pêchés du monde. Si je t'avais imposé un pareil sacrifice, tu n'aurais aucun mérite, car tu ne ferais que supporter ce que tu ne pourrais éviter. J'ai permis que les hommes te fissent entrevoir des choses forts dures. Tu n'en auras que plus de mérite à t'offrir toi-même sans réserve, et à accepter d'avance tout ce que les hommes te réservent eu réalité, quoi que ce soit. Tu viens de donner pour ta chaise le nombre 1 (1 sou), et à la quête le nombre 10. Sois donc fort de ma parole et accepte d'avance tout ce que je permettrai sans le connaître toi-même. Et je dis à mon Maître: O mon Maître, je vous remercie de permettre que j'aie un point de plus de commun avec vous. Je bénis votre main surtout quand elle me permet de me rapprocher de votre voie. J'accepte tout ce que les hommes jugeront convenable de faire après ma faute, et j'allai tout joyeux adorer la parcelle sacrée de l'arbre de vie.

(s. S. 144)

D. S'il arrivait qu'un universelliste militant soit atteint d'une affection mentale, doit-on le conduire dans une maison de santé libre ou de l'Etat?

R. Il est impossible qu'un rénovateur et même un militant soit frappé de folie, l'impeccabilité contre les principes fondamentaux de l'Universellisme étant la sauvegarde immuable de leur santé intellectuelle et physique, depuis que leurs savants posthumes ont trouvé le secret pour la destruction des racines ataviques. Afin de faire face à l'impossible, si un adepte des phalanges supérieures perdait la raison, malheur aux rénovateurs qui laisseraient conduire un des leurs dans ces maisons réceptacles des victimes des vices de l'organisation de la société en décomposition. Gardez vos malades physiques et moraux; c'est le premier devoir des pères, mères d'une *famille*. Si vous voulez acquérir l'immortalité, n'abandonner jamais les vôtres… (Marie Andrieux Saint-Rémy, *Les Dieux des anarchistes*, 71–72)

(s. S. 146)

D. Pourquoi le secret de la vie n'est-il pas livré aux étudiants et à toute l'humanité, puisqu'il défend contre la douleur et la réincarnation charnelle en sa forme actuelle?
R. Parce que la révélation d'un secret dont dépend le bonheur ou le malheur d'une nouvelle race, et cela pour la durée de longs siècles, ne peut être confiée à des gens qui s'en serviraient, non pour l'extinction des maux qu'ont soufferts nos pères, mais au contraire pour les perpétuer. (Marie Andrieux Saint-Rémy, *Les Dieux des anarchistes*, 75)

(s. S. 146)

Si une plante a une vertu contre telle maladie, pourquoi un corps humain ne l'aurait-il pas à un degré maximum? (Marie Andrieux Saint-Rémy, *Les Dieux des anarchistes*, 192)

(s. S. 146)

En effet, jugeons de la valeur des grands docteurs de toutes les écoles du passé, sans en excepter Platon, Socrate, ni saint Augustin, ni Abélard, ni leurs conjoints, ni les grands occultistes de l'Inde, dont les théosophes d'aujourd'hui partagent les idées et ont adopté les principes. Ces hommes de bonne volonté cherchaient Dieu, la cause de la vie, de la mort, de la douleur; l'origine de l'homme, ses fins, les mouvements des mondes, leur avenir, etc., en un mot la *Vérité,* sans se douter, pas plus que ne s'en doutent les théosophes de l'heure présente, que la vérité naîtra de la justice et que les hommes ne pourront comprendre et voir la vérité dans sa radieuse nudité, que lorsqu'ils seront justes et auront conquis leurs frères à la justice. (Marie Andrieux Saint-Rémy, *Les Dieux des anarchistes,* 155)

(s. S. 147)

En Universellisme, les droits des deux sexes sont égaux.
La propriété individuelle abolie.
La peine de mort considérée comme la plus grande plaie du genre humain; les prisons, des écoles du crime.
Les frontières n'existent plus.
La crémation imposée comme salut de la santé publique.
L'esclavage patronal aboli.
Les enfants, les vieillards, les faibles, les déshérités moralement, intellectuellement, placés sous la haute protection de leurs frères, soeurs, qui ont reçu de la nature la puissance intellectuelle et physique pour les aider à graviter dans les dédales de la vie charnelle.
C'est le renversement total de la législation ou société en vigueur.
(Marie Andrieux Saint-Rémy, *Les Dieux des anarchistes,* 142)

(s. S. 147)

Je dois révéler pour l'acquit de ma conscience que j'eus vision de l'Etre apparaissant à Mlle Couesdon comme étant l'ange Gabriel.
Sa tête est ceinte d'une couronne – impériale ou royale – j'ai vu le diadème, non exactement les armoiries, ne daignant point les remarquer.
J'affirme sur ma conscience, sur mon honneur d'Universelliste que cet être, souteneur du Sénat, est agent de la restauration monarchiste en France, qu'une foule de hauts et puissants républicains – de dire – mais dont la traîtrise sera démasquée – de monarques dont je tais les noms, lui sont alliés. Tous se coalisent pour maintenir le Sénat afin de supprimer la République en France.
Mon suprême devoir est de révéler publiquement avec le plus de retentissement possible, que, malgré l'audace du soi-disant Gabriel à prétendre s'imposer par Mlle Couesdon puissancée en

outre, l'archange Michel sera suffissament puissant pour annihiler le complot et livrer à la justice immanente les traîtres infâmes méditant la réinstauration des monarques. (Marie Andrieux Saint-Rémy, *Les Dieux des anarchistes*, 264)

(s. S. 147)

Je le dis, nous avons vécu dans une existence ici-bas avec tout le monde, de là vient que ceux-ci inspirent le mépris, ceux-là le respect et l'amour … (Eulalie – Hortense Jousselin, *Les Planètes rocheuses*, 185)

(s. S. 148)

Je le dis, les vengeances et les meurtres viennent d'une autre existence. Preuve: est-il naturel que divers parents tuent leurs enfants? et que certains enfants tuent leurs parents? et tant d'autres drames de la vie (qui sont si effrayants, que je ne dis pas, car ils seraient trop longs à décrire). (Eulalie – Hortense Jousselin, *Les Planètes rocheuses*, 359)

(s. S. 148)

Eh bien, nous allons maintenant poser ces derniers au sommet des grandeurs, sans pourtant omettre ces mots: ces sujets ne sont que des perfectionneurs, les inventeurs ne sont-ils pas morts à telle époque? Oui! Ces inventeurs sont morts à telle époque. Mais je dis, ce sont eux-mêmes qui sont revenu dans la vallée du génie pour profiter de leurs oeuvres qu'ils avaient abandonnées mourants et n'est-ce pas juste? (Eulalie – Hortense Jousselin, *Les Planètes rocheuses*, 359)

(s. S. 148)

S'il n'y a pas une autre vie, pourquoi les morts nous apparaissent-ils dans nos songes: toujours jeunes et beaux, toujours souriant comme autrefois (c'est-à-dire, ceux qui meurent jeunes)? (Eulalie – Hortense Jousselin, *Les Planètes rocheuses*, 185)

Le mystère qui nous fait voir les morts habillés dans nos songes et qui nous fait vivre avec eux comme autrefois quand ils étaient sur terre est pour nous faire comprendre que les Planètes rocheuses sont habitées par des hommes. (Eulalie – Hortense Jousselin, *Les Planètes rocheuses*, 302, notes)

(s. S. 149)

Je me suis souvent demandé d'où l'araignée pouvait sortir! On la voit bien travailler à ses ingénieux filets sans s'arrêter (je crois qu'elle est l'inventrice du filet et que l'homme a du prendre exemple sur elle pour faire ce tissu), mais on ne la voit jamais en compagnie. Or, comment l'araignée est-elle fécondée? Serait-ce par les cloisons et les murs? Ma foi, je n'en sais rien! et personne, sur ce sujet, ne pourrait en dire plus que moi. (Eulalie – Hortense Jousselin, *Les Planètes rocheuses*, 288)

(s. S. 149)

Le vrai Dieu, c'est l'esprit créateur de l'animal humain, mais surtout le créateur de la Parole humaine qui est le Fils unique de l'Esprit et lui est semblable; car la parole est un être intelligent, spirituel et invisible. Il faut être aveugle pour ne pas le voir. (Jean Pierre Brisset, *La Science de Dieu*, 4)

(s. S. 149)

Nous aurons fait la preuve péremptoire de ce qui précède quand nous auront démontré la création de l'homme avec les matériaux que nous allons prendre dans la bouche, lecteur, où Dieu les avaient placés avant que l'homme fût crée. En effet, celui qui démontrera à l'homme sa création avec une évidence absolue sera bien le créateur même de l'homme, et ce sera l'Esprit et la Parole qui vont faire cette démonstration. Nous n'emploierons point des matériaux inertes, c'est la parole vivante qui parlera et c'est l'esprit qui jugera. (Jean Pierre Brisset, *La Science de Dieu*, 4–5)

(s. S. 150)

Toutes les idées énoncées avec des sons semblables ont une même origine et se rapportent toutes dans leur principe, à un même objet. Soient les sons suivants:

    Les dents, la bouche;
    Les dents la bouche;
    L'aidant, la bouche;
    L'aide en la bouche;
    Laides en la bouche;
    Lait dans la bouche
    L'est dam le a bouche
    Les dents, la bouche;

Les dents bouchent l'entrée de la bouche et la bouche aide et contribue à cette fermeture, *les dents la bouchent, l'aidant la bouche.*
Les dents sont l'*aide*, le soutien *en la bouche* et elles sont aussi trop souvent *laides en la bouche* et c'est aussi *laid*. D'autres fois, c'est un *lait*: elles sont blanches comme du *lait dans la bouche. L'est dam le a bouche* se doit comprendre: il est un *dam*, mal ou dommage, ici, à la bouche ou tout simplement j'ai mal aux dents. On voit en même temps que le premier dam a une dent pour origine. Les dents, la bouche vaut: bouche ou cache ces dents-là, ferme la bouche. (Jean Pierre Brisset, *La Science de Dieu,* 8)

(s. S. 150)

Voyons où ces ancêtres étaient *logés*: *l'eau j'ai* = j'ai l'eau ou je suis dans l'eau. *L'haut j'ai* = je suis haut, au dessus de l'eau, car les ancêtres construisirent les premières loges sur les eaux. *L'os j'ai* = j'ai l'os ou les os, on les mangeait où l'on était logé. L'ancêtre était carnivore. *Le au jet* = ou je jette cet objet: où est le jet d'eau, *l'eau jet*, je suis *logé. Loge ai* = j'ai une loge. La première loge (*l'eau-jeu, l'eau-je* = l'eau à moi) était un lieu arrangé dans l'eau. *Lot j'ai* = je tiens mon lot, être *logé* est le lot naturel. Qui n'est pas logé a perdu son lot. *L'auge ai* = j'ai mon auge, la première auge était une petite mare (*mare à bouc, Marabout*) qui servait de *lôge*. On prononce loge et *Lôge*, suivant le dialecte. On fut donc dans le principe logé dans l'eau et à *l'eau berge*, sur la berge des eaux, à l'auberge: dans les eaux t'es le = dans les hôtels. (Jean Pierre Brisset, *La Science de Dieu*, 10)

(s. S. 150)

Un jour que nous observions ces jolies petites bêtes (des grenouilles) en répétant nous- même ce cri: coac, l'une d'elles nous répondit, les yeux interrogateurs et brillants, par deux ou trois fois: coac. Il nous était clair qu'elle disait *quoi que tu dis?* …
… La grenouille n'a pas de dents. La parole en a abondamment inscrit la venue dans son livre de vie. – L'allemand *Die Zähne* ou *Zahm* = les dents; *die Zehn* = les dix ou la dizaine; *die Zehen* = les orteils et les doigts au nombre de dix.

… Cette simple similitude de sons: *die Zähne*, dizaine, fut pour moi une révélation à laquelle je n'osais qu'à peine croire; je cherchai cependant l'historique des dents: la dentition de l'enfant. Le résultat dépassa de beaucoup mon attente … (Jean Pierre Brisset, *La Science de Dieu*, 38)

(s. S. 150)

Or, un soir de juin de cette même année 1883, au moment où, pensif, nous rentrions chez nous, nous sentîmes comme un homme invisible qui tombait du ciel et nous pénétrait tout entier. Aussitôt la voix de cet esprit nous dit. Je suis Jésus: je juge les vivants et les morts.
L'esprit nous instruisit ensuite peu à peu et après plusieurs années seulement, nous pûmes comprendre notre mission entièrement et nous fîmes imprimer notre livre: *Le Mystère de Dieu*, auquel nous avons une modification à faire en ce qui concerne l'ouverture du septième sceau, après laquelle doit se faire un silence d'environ une demi-heure. (*Apoc.*, VIII, I.) (Jean Pierre Brisset, *La Science de Dieu*, 247)

(s. S. 151)

Bromure sert, s'emploie, s'utilise pour calmer, apaiser, placider les nerfs, tendons et all, l'ensemble de l'appareil nerveux pourvu aie le temps de réparer l'estomac et le ventre …
L'aimant en face des sils, des opres, des quinquets rend aveugle.
L'aimant sert à ôter, à retirer, à déplacer, à enlever les fers, le métal, le minéral des oels, des quinquets, des opres et de la chair, des os, des boues, des ivoires.

(s. S. 152)

Il est dans la force des choses fortes, suscitées par les forts que sont la descendance bâtarde ou légitime, véritable ou fictive, des forts en possession de la force = Robur … Robert!
Il est dans la force des choses … concernant le sort confortable des puissants autant que opulents descendants soit indirects soit directes des *Robert le fort* eux prétendent rester des *Roberts* de plus en plus millionnaires et *forts* aux yeux des forts réconfortés capitalisateurs millionnaires.
Il est dans la force des choses, c'est-à-dire dans la sublime volonté de la France et dans l'adorable vouloir du Dieu de Jeanne d'Arc la Pucelle d'Orléans suscitant le Puceau de Metz …, etc. …
(… Révolution et Révélation …) (République – Grandieuse – Française) (1re note) (Prospérité – Liberté – Pérégalité) (2e Note). Election législative complémentaire du 16 au 30 novembre 1890 en la 2e section du XVIIIe arrondissement de Paris – (APIQA), quartier Clignancourt (VOTA-TOV) candidature primordiale de = Xavier Cotton … actuellement à l'asile C … lequel prêtre académique = (dit très bien = *La France* = journal d'hier et la France nation = dores et déjà) = n'ayant pas pu soutenir sa candidature parce qu'il s'est vu tenir tout *sataniquement* sequestré par = l'insensé = Taule = a néanmoins eu *six voix* au scrutin du 16 novembre – ce qui prouve et démontre qu'il peut et doit en receuillir au moins 12 mille au scrutin du 30 … par l'effet de ses fulminations … Donc:
Daigne, etc. … (Joseph-Jacques-Xavier Cotton)

(s. S. 152)

C'est mon lot, mon lot d'aliéné mis en observation et qui, chaque fois qu'il est remis en observation, observe ses observateurs réfractaires – hélas! à toutes ses observations, mieux cent fois, que ses observateurs par trop insuffisamment observés ne l'observent légendairement dans les observations fastidieuses et grossissent et rendent prétentieusement volumineux leurs grands traités de folie raisonnante couronnés du prix André par leurs complaisants copains. (Joseph-Jacques-Xavier Cotton)

(s. S. 152)

… Ce n'est pas à quarante ans et encore moins à soixante ans, que l'on est poète, parce que cette faculté est le privilège du jeune âge et non de l'âge mûr.

Or, je suis devenu tout d'un coup versificateur possible à l'âge de soixante-quatorze ans et ce fait commun se maintient à l'âge de quatre-vingts ans.

Dès lors, et sans qu'on puisse m'en accuser avec raison je ne commets pas un acte de folie en me disant inspiré quelquefois par Dieu, Notre-Dame de la Salette et Jeanne d'Arc; car ce n'est pas à quatre-vingts ans que l'on devient poète, même très minuscule poète.

Et si mes écrits tout récents, vers et prose, composés ici à l'asile de V…, rendent ce fait incontestable, il faut bien admettre que le mérite de ces petites poésies revient non pas à moi, vieillard de quatre-vingts ans, ayant déjà presque les deux pieds dans la tombe, mais seulement à mes bienveillants protecteurs, à mes tout-puissants et invisibles inspirateurs, Dieu, Notre-Dame de la Salette et Jeanne d'Arc; par suite qu'eux seuls ont pu m'instruire et m'inspirer, parce que je ne cesse de les invoquer humblement, pieusement, respectueusement et avec une grande foi. Or, l'Evangile nous le dit, la foi soulève les montagnes …

Mais si je suis inspiré, je ne le suis que de temps à autre, quand je sens dans mon cœur, dans mon esprit, dans ma poitrine, un bien-être particulier et permanent, une émotion surnaturelle, divinement voluptueuse et séraphique, une chaleur bienheureuse sous l'empire de laquelle, et avec l'amoureuse imagination d'un jeune homme, j'écris en quelques minutes et avec la plus grande facilité.

Et il est tellement vrai qu'en pareil cas je suis réellement inspiré, que si je ne consigne pas tout de suite et par écrit mes subites et passagères inspirations, elles s'envolent aussitôt et pour toujours sans que je puisse jamais les rattraper. (Honoré Roustan)

(s. S. 153)

C'est au grand Tribunal de l'Entendement de la Raison et de la Philosophie que je me suis adressé et que je m'adresse; quant aux autres, je les récuse pour cause de suspicion légitime, car s'il y a des honnêtes gens parmi eux, il y a des Canet et Napoléon, on rend des services plutôt que des arrêts …

[…]

…La reproduction de cette déesse sur les becs de canne et les manches de parapluie, exportés et vendus par l'intermédiaire des factories aux Dahoméens, peut être d'un grand rapport.

[…]

Penseurs, philosophes, physiologistes, phrénologistes, vous tous enfin, vous m'avez assez étudié et observé de toutes les façons je l'ai moi-même tout seul observé et constaté de mon côté; vous devez savoir maintenant à qui vous aviez et à qui vous avez affaire. Vous me supposiez de l'intelligence et de la mémoire, mais j'en suis certain que si vous vous étiez seulement douté que j'avais autrement de mémoire et surtout que j'étais aussi physionomiste ce que vous ignoriez, vous n'auriez pas fait tout ce que vous avez fait ne voulant pas vous exposez à ce que je vous confonde et vous fasse honte par les faits précis, constants, certains que j'ai à vous opposer. Je ne vous demande pas d'arguments, mais des preuves. Vous ne pouvez pas me répondre. Votre conduite est inexcusable, elle est inexplicable, inconcevable, phénoménale.

P. de S. (Honoré Roustan)

(s. S. 153)

… Pour – une raison – que – je ne – voulais rien – dire d'après – un – Parler de – ma – mère – en – souvenir – d'un – nom – Pollet – il – y – à falluent – que – Je Parles – que Je Guellent moie – Alfred – D… – dans l'asile de – V… rapport – à – une – de – mes – soeure – Julie. Quand – elle – était – enfant – elle – rapportait touts à ma mère – de – se – qu'elle – savait – et moie – Alfred – D… Jamais – je – ne – disais – rien – mais – Je n'en pensais – pas – plus – et pas – de – moins – à Epinay-sur-Orge – l'on ma – dies – à moie Alfred – D… que mon frère Charles – D… avais – aimer – Marie – Olivier quelque – temps – avant – qu'elle – se mari – avec un peintre …

Mon – Papa qui – est mort – à l'intérieure – de l'asile – de – V… – Je l'aie rencontrer – dans –
la rue – qu'il – y – a – dans la – quatre cheminé à, – une maison – à Arceuil – dans la – même
rue j'y avais un client a qui je vendais – de Fromage – Alors un jour une de ses – Poules – c'est
envolé – Pardesues – le mur c'ette – Poule – étant uppé ça me laissais idée – des demoiselle –
Appay en 1887 un – sergent – de – ville qui fesait – son service – rue J. J. Rousseau il avait bien
1m70 a peu – près – ça femme était marchande de bric – ka – brac – de cote de la Place Maubert.
Alors se sergent de – ville la moi Alfred D… Je lai rencontré – sur – le quai – qui – aboutie – à
la morgue à Paris … (Emile Josome Hodinos)

(s. S. 154)

… J'ai eu quelquefois l'âme remplie de l'idée de t'inviter à faire des parties de billards monstrueu-
ses et des manilles, ainsi que des parties de dames et des parties d'échecs et de tric-trac, de même
que t'inviter à aller ensemble danser au bal avec nos amies d'autrefois nos belles bergères de jadis
(pour le mat plaisamment) mon cher Léon adoré, académiquement et princièrement parlant.
J'ai eu envie de te serrer dans mes bras-quoi:
Nous avons en vue mon cher Léon d'installer avec appui de l'Empereur Alexandre, papa
Monsieur H… l'un des directeurs des Grands Magasins du Bon Marché …

(s. S. 155)

Partant de là, la vie de l'homme se compose
De l'être, raisonnable ou fou.
Du paraître, raisonnable ou fou.
Du croire être, raisonnable ou fou.
Du croire paraître, raisonnable ou fou.
Et quelquefois de deux, de trois et même de ces quatre manières d'exister à la fois.
Mais quand l'homme s'aperçoit qu'il ne vit d'aucune de ces quatre manières d'exister, l'homme
existe-t-il?
Et de quelle façon existe-t-il, s'il existe?
Quand un homme, en un mot, n'existe ni en réalité ni en rêve, quelle est la nature de sa
personnalité?
Est-il encore quelque chose?
N'est-il rien?
Mais pour s'apercevoir qu'il n'est rien il faut cependant qu'il soit quelque chose.
Le „Je pense donc je suis" est-il toujours vrai?
Ne peut-on pas exister sans le penser et sans le rêver?
Mais le fait de le penser ou de le rêver constitue-t-il pour celà l'existence (!!!)?
Si un autre pensait ou rêvait en moi (!!!)
Mais si l'on dit:
"Je pense que je ne suis rien."
"Je rêve que je ne suis rien."
Est-ce vraiment raisonnable?
Pour parler ainsi faut-il concevoir un homme, un être privé des cinq sens?
Un être privé des cinq sens est-il un être?
Il peut penser, direz-vous.
Mais encore une fois, s'il pense, peut-il penser qu'il n'est rien, sans être quelque chose?
Et alors qu'est-il?
Un animal? non.
Un idiot? non. Il existerait alors, sans s'en apercevoir, d'une vie tout animale.
Pour croire qu'il n'est pas, pour penser qu'il ne paraît pas.
Pour se figurer que c'est à tort qu'il croit paraître.

Que faut-il qu'il soit?

Un fou.

Mais si c'est un fou qui écrit ça? …

Son raisonnement juste n'est-il qu'un effet du hasard?

Ou bien ce qu'il écrit, ne l'était-il que sous une inspiration extérieure, ou intérieure invisible et intangible?

Et alors: l'homme s'agite, un dieu le mène.

Mais si c'est vrai du fou est-ce vrai de l'homme raisonnable?

Et le libre arbitre? … (!!!)

[…]

(*Galimatias hystérico-philosophique ou Dissertation sur la Grrrande Névrose et ses effets immédiats et éloignés.*)

(s. S. 156)

　　Levallois-Perret, 1887

Messieurs, Mesdames, Mesdemoiselles, je vous écris pour vous demander un renseignement tout à fait extraordinaire; il s'agit de physique, de géométrie et de mathématique, ne pourrait-on pas à l'aide de procédés physiques augmenter ou diminuer à volonté la longueur du diamètre du cercle par rapport à l'étendue de la circonférence?

Ou vice versa?

Agréer, etc.

Un lecteur du *Petit Journal* et du *Supplément du Petit Parisien.*

P.-S. – Y aura-t-il aussi, Messieurs, etc., dans le vocabulaire de notre nouveau dictionnaire les mots „devinette, volt, W cathéter, uricémie, prostate, boum! Zim! crou-crou, atchou! atchoum! atchi! tra! la! la! tra! la! lire! la! la! ti! la! la! li! ti! la! lère! mordons, mordez, mordâmes, mordâtes, fleurs blanches, fleurs blanches, pertes blanches, pertes séminales, etc., etc., etc."

Aux mots désignant les couleurs comme par exemple bleu, noir, blanc, gris, etc., ces couleurs seront-elles représentées réellement par des carrés ou des cercles bleus, noirs, blancs, gris, etc., etc., etc.

Agréez, etc.

Un l. du P. J. et du 5. du P. P.

(s. S. 157)

Vous avez déjà fait des oeuvres méritoires jusqu'à ce jour, c'est bien, mais celà ne suffit pas. Prenez garde! Car bientôt toutes vos richesses, toutes vos cavernes à l'alibaba, deviendront votre coqueluche, vos pots pourris, vos bourreaux! Et certes, Messieurs, je n'éxagère pas en vous disant que si les mots révolution et mort vous effrayent, il faut vous hâter d'être plus modérés dans vos bénéfices, plus humains, plus moelleux envers les malheureux déshérités de la fortune qui bientôt seraient obligés de brouter l'herbe des champs, d'être plus vertueux, plus religieux et alors seulement vous demeureriez en toute sécurité, fermes à la tête de vos biens, comme la montagne de Sion. Cent millions de bras se tendreaient pour vous remercier, pour vous bénir et la civilisation, qui s'obstine à demeurer stationnaire et à bivaquer honteusement dans les marais de l'égoisme et de la corruption, marcherait avec des bottes de sept lieues vers l'union la paix et le bonheur. Quelle béatitude! Mais hélas! vos yeux démesurément aveugles s'ouvriront-ils assez pour entrevoir le précipice caché sous vos pieds? J'en doute fort …

Car en définitive il faut avouer que vous aussi vous êtes plus ou moins répréhensibles d'avoir toléré et de tolérer encore ces tripotages éhontés et la barbarie digne des cannibales de l'archipel de ces richissimes dévorants sans vertu ni religion, de ces égoistes nababs aux visages rôtis, carbonisés, aux yeux ternes comme des vitres d'un grenier à fourrages, à l'imagination tellement crasseuse que toute les brosses du monde seraient incapables de nettoyer, qui ne connaissent pas de musique plus harmonieuse, plus berçante que les gémissements des malheureux prolétaires sans travail et sans pain.

(s. S. 158)

… A Madapolis, les hôtels fourmillent, depuis les grands hôtels où règne un luxueux confort, jusqu'aux petits hôtels dont les prix sont modiques et la vie matérielle convenable.
Les établissements de Madapolis jouissent d'une juste célébrité et attirent à chaque saison de nombreux étrangers; la vertu curative de ses douches a une vertu colossale.
La société, dont une exellente lettre d'introduction m'a ouvert les portes est aimable, gracieuse, bienveillante.
Elle donne peu de dîners, mais beaucoup de bals, de soirées et de réunions musicales dans lesquelles brillent modestement des talents sérieux.
Quant aux femmes, quant à la musique, quant aux toilettes, nous n'en parlons pas, un de nos confrères en ayant déjà dit un mot dans un article intitulé: „La Madapolitaine".
En résumé, Madapolis est une ville agréable habiter, hospitalière, amie des beaux-arts et offre tant de charmes aux étrangers que la plupart de ceux qui y viennent pour affaires finissent par s'y établir …

(s. S. 158)

Pourquoi le maître de l'univers ne m'a-t-il pas ouvert mon tombeau dans ma brillante jeunesse? Pourquoi dans le même temps ne m'a-t-il pas éloigné de toi, puisque tu ne m'aimais pas et que je fais ton malheur?
Pourquoi suis-je devenue mère pour être malheureuse, plus que malheureuse, abandonner mes enfants qui me sont si chers. Pourquoi me hais-tu? Quand je serais les pieds dans l'huile bouillante, je dirais encore: je t'aime!
Pourquoi ne m'as-tu pas laissé mourir? Tu serais heureux, et moi et mes maux seraient finis..
Mes chers enfants, avec leurs jeux, viendraient s'asseoir sur ma tombe, je serais encore près d'eux, je les entendrais encore, dans le sombre tombeau, dire: Voilà notre mère.

(s. S. 159)

ABBILDUNGSVERZEICHNIS / QUELLENNACHWEIS

Kapitel I

Abb. 1. Stickereien auf einer Schürze, S. 23: Marcel Réja, *L'Art malade: Dessins de fous*, Revue Universelle, Paris, 1901, 913, fig. 2, Fürst Thurn und Taxis Zentralarchiv, Regensburg.

Abb. 2. Ausgeschmückte Schrift, S. 25: Marcel Réja, *L'Art chez les Fous*, Paris, 1907, 27, fig. 1, Collection de L'Art Brut, Lausanne.

Abb. 3. Albert Ravallet, ohne Titel, Zeichnung, schwarze Kreide auf Papier, S. 35: Marcel Réja, *L'Art chez les Fous*, Paris, 1907, 28, fig. 2, Collection de L'Art Brut, Lausanne.

Abb. 4. Plan einer imaginären Stadt. „rue Erésipèle", „rue Embarras-Gastrique", „rue Foie-de-Morue" („Erysipel-Straße", „Magenverstimmungs-Straße", „Lebertran-Straße"), S. 37: Marcel Réja, *L'Art chez les Fous*, Paris, 1907, 30, fig. 3, Collection de L'Art Brut, Lausanne.

Abb. 5. Holzskulptur, S. 39: Marcel Réja, *L'Art malade: Dessins de fous*, Revue Universelle, Paris, 1901, 914, fig. 3, Fürst Thurn und Taxis Zentralarchiv, Regensburg.

Abb. 6. Holzskulptur, S. 41: Marcel Réja, *L'Art malade: Dessins de fous*, Revue Universelle, Paris, 1901, 940, fig. 11, Fürst Thurn und Taxis Zentralarchiv, Regensburg.

Abb. 7. Figuren, S. 43: Marcel Réja, *L'Art chez les Fous*, Paris, 1907, 10, fig. 4, Collection de L'Art Brut, Lausanne.

Abb. 8. Gravierungen auf einer Sitzbank, S. 45: Marcel Réja, L'Art chez les Fous, Paris, 1907, 34, fig. 5, Collection de L'Art Brut, Lausanne.

Abb. 9. Stickerei, S. 47: Marcel Réja, *L'Art malade: Dessins de fous*, Revue Universelle, Paris, 1901, 942, fig. 16, Fürst Thurn und Taxis Zentralarchiv, Regensburg.

Abb. 10. Darstellung der Heiligen Dreieinigkeit, S. 49: Marcel Réja, *L'Art chez les Fous*, Paris, 1907, 36, fig. 6, Collection de L'Art Brut, Lausanne.

Abb. 11. Eugène Barbier, Kavallerie im Sturmangriff, Aquarell, S. 51: Marcel Réja, *L'Art malade: Dessins de fous*, Revue Universelle, Paris, 1901, 941, fig. 15, Fürst Thurn und Taxis Zentralarchiv, Regensburg.

Abb. 12. Fulmen Cotton [Joseph-Jacques-Xavier Cotton, Maurice N.], Le Prêtre Adamique, Tinte, Aquarell und Buntstift auf Papier, 40 × 28 cm, 23. November 1890, S. 53. Collection de L'Art Brut, Lausanne.

Abb. 13. Auguste Baerthelé, Cour et jardin du 49 Paris rue M… (Hof und Garten 49 Paris Straße M…), Zeichnung, S. 55: Marcel Réja, *L'Art chez les Fous*, Paris, 1907, 46–47, fig. 10, Collection de L'Art Brut, Lausanne.

Abb. 14. Zeichnung, S. 57: Marcel Réja, *L'Art chez les Fous*, Paris, 1907, 38, fig. 8, Collection de L'Art Brut, Lausanne.

Abb. 15. Stickerei, S. 59: Marcel Réja, *L'Art chez les Fous*, Paris, 1907, 39, fig. 9, Collection de L'Art Brut, Lausanne.

Abb. 16. Maxime G., Aquarell, S. 61: Joseph Rogues de Fursac, *Les écrits et les dessins dans les maladies nerveuses et mentales*, Paris, 1905, 291, fig. 227, Bibliothèque Nationale de France, Paris.

Abb. 17. Maxime G., S. 63: Auguste Marie, *Le musée de la folie*, Je sais tout, Paris 1905, 353–360, Staatsbibliothek Preußischer Kulturbesitz, Berlin.

Abb. 18. Maxime G., Zeichnung, S. 65: Marcel Réja, *L'Art chez les Fous*, Paris, 1907, 106/107, fig. 11, Collection de L'Art Brut, Lausanne.

Abb. 19. Le Voyageur français, Wasserfarben, S. 67: Marcel Réja, *L'Art malade: Dessins de fous*, Revue Universelle, Paris, 1901, 942, fig. 17, Fürst Thurn und Taxis Zentralarchiv, Regensburg.

Abb. 20. Le Voyageur français, Aquarell, S. 69: Marcel Réja, *L'Art chez les Fous*, Paris, 1907, 142/143, fig. 12, Collection de L'Art Brut, Lausanne.

Abb. 21. Le Voyageur français, Aquarell, S. 71: Marcel Réja, *L'Art chez les Fous*, Paris, 1907, 178/179, fig. 13, Collection de L'Art Brut, Lausanne.

Abb. 22. Emile Josome Hodinos [Josef Ernest Ménétrier], S. 73: Marcel Réja, *L'Art malade: Dessins de fous*, Revue Universelle, Paris, 1901, 942, fig. 18, Fürst Thurn und Taxis Zentralarchiv, Regensburg.

Abb. 23. Emile Josome Hodinos [Josef Ernest Ménétrier], Netoyage des Outils (Reinigung der Werkzeuge), S. 75: Marcel Réja, *L'Art chez les Fous*, Paris, 1907, 49, fig. 14, Collection de L'Art Brut, Lausanne.

Abb. 24. Zeichnung, S. 77: Marcel Réja, *L'Art malade: Dessins de fous*, Revue Universelle, Paris, 1901, 942, fig. 19, Fürst Thurn und Taxis Zentralarchiv, Regensburg.

Abb. 25. Zeichnung, S. 79: Paul Regnard, Les maladies épidémiques de l'esprit, Plon, Paris, 1887, 415, Bibliothèque Sainte Geneviéve, Paris..

Abb. 26. Ausschnitt einer Fresque, S. 81: Marcel Réja, *L'Art chez les Fous*, Paris, 1907, 214/215, fig. 17, Collection de L'Art Brut, Lausanne.

Abb. 27. Théophile Leroy, Zeichnung, S. 83: Marcel Réja, *L'Art chez les Fous*, Paris, 1907, 56, fig. 18, Collection de L'Art Brut, Lausanne.

Abb. 28. Théophile Leroy, Zeichnung, S. 85: Marcel Réja, *L'Art chez les Fous*, Paris, 1907, 57, fig. 19, Collection de L'Art Brut, Lausanne.

Kapitel II

Abb. 29. Victorien Sardou, La maison de Mozart (ville basse), 1857–1858, Radierung, 56 × 64 cm, S. 89: Collection de L'Art Brut, Lausanne.

Abb. 30. Kinderzeichnung, S. 91: Marcel Réja, *L'Art chez les Fous*, Paris, 1907, 69, fig. 20, Collection de L'Art Brut, Lausanne.

Abb. 31. Kinderzeichnung, S. 93: Marcel Réja, *L'Art chez les Fous*, Paris, 1907, 74, fig. 21, Collection de L'Art Brut, Lausanne.

Abb. 32. Kinderzeichnung, S. 95: Marcel Réja, *L'Art chez les Fous*, Paris, 1907, 76, fig. 22, Collection de L'Art Brut, Lausanne.

Abb. 33. Kinderzeichnung, S. 97: Marcel Réja, *L'Art chez les Fous*, Paris, 1907, 80, fig. 24, Collection de L'Art Brut, Lausanne.

Abb. 34. Kinderzeichnung, S. 99: Marcel Réja, *L'Art chez les Fous*, Paris, 1907, 77, fig. 23, Collection de L'Art Brut, Lausanne.

Abb. 35. Kinderzeichnung, S. 101: Marcel Réja, *L'Art chez les Fous*, Paris, 1907, 81, fig. 25, Collection de L'Art Brut, Lausanne.

Abb. 36. Kinderzeichnung, S. 103: Marcel Réja, *L'Art chez les Fous*, Paris, 1907, 83, fig. 26, Collection de L'Art Brut, Lausanne.

Abb. 37. Umhang eines Sioux-Häuptlinges, Dakota, Länge: 224 cm, Breite: 148 cm, S. 105: Musée de l'Homme, Paris.

Kapitel III

Abb. 38. Fulmen Cotton [Joseph-Jacques-Xavier Cotton, Maurice N.], Tableau destiné à recevoir les couplets de la „Marseillaise" transfigurée (Tafel, welche dafür bestimmt ist, die verklärte Marseillaise aufzunehmen), S. 127: Paul Regnard, *Les maladies épidémiques de l'esprit*, Plon, Paris, 1887, 388, Bibliothèque Sainte Geneviève, Paris.

Anhang

Weitere Bilder von:

Albert Ravallet
Joseph-Jacques-Xavier Cotton
Auguste Baerthelé
Le Voyageur français
Emile Josome Hodinos
Théophile Leroy

Abb. 39. Albert Ravallet, „Je vous annonce que je ne suis plus français." (Ich verkündige Ihnen, daß ich kein Franzose mehr bin.), Tinte auf Papier, 30 × 19,5 cm, 2. Oktober 1897, S. 167: Collection de L'Art Brut, Lausanne.

Abb. 40. Albert Ravallet, „Je voue haine éternelle au Tyran!" (Ich schwöre dem Tyrannen ewigen Haß!), Tinte auf Papier, 31 × 20 cm, 11. Oktober 1897, S. 169: Collection de L'Art Brut, Lausanne.

Abb. 41. Albert Ravallet, „Quand le vieux Ravallet inspectait ses vaches." (Als der alte Ravallet seine Kühe musterte.), Tinte auf Papier, 32 × 40,5 cm, 12. Dezember 1897, S. 171: Collection de L'Art Brut, Lausanne.

Abb. 42. Albert Ravallet, Zeichnung, S. 173: Bulletin de la Société clinique de médecine mentale, 1911, fig. 53.

Abb. 43. Albert Ravallet, Zeichnung, S. 175: Bulletin de la Société clinique de médecine mentale, 1911, fig. 54.

Abb. 44. Albert Ravallet, Zeichnung, S. 177: Les arts plastiques, no 8, 1926, L'imagerie des fous.

Abb. 45. Albert Ravallet, „La foi et le mysticisme" (Der Glaube und der Mystizismus), Rekto und Verso, Tinte auf Papier, 35,5 × 23 cm, 25. Juni 1905, S. 179: Collection de L'Art Brut, Lausanne.

Abb. 46. Fulmen Cotton [Joseph-Jacques-Xavier Cotton, Maurice N.], Wahlplakat, Zeichenstift, 112 × 80 cm, S. 181: Joseph Rogues de Fursac, *Les écrits et les dessins dans les maladies nerveuses et mentales*, Paris, 1905, fig. 230, Bibliothèque Nationale de France, Paris.

Abb. 47. Fulmen Cotton [Joseph-Jacques-Xavier Cotton, Maurice N.], Wahlplakat, Detail, S. 183: Joseph Rogues de Fursac, *Les écrits et les dessins dans les maladies nerveuses et mentales*, Paris, 1905, fig. 231, Bibliothèque Nationale de France, Paris.

Abb. 48. Fulmen Cotton [Joseph-Jacques-Xavier Cotton, Maurice N.], Zeichnung, S. 185: Paul Regnard, *Sorcellerie, magnétisme, morphinisme, délire des grandeurs* (Les maladies épidémiques de l'ésprit), Plon, Paris, 1887, 386, Bibliothèque Sainte Geneviève, Paris.

Abb. 49. Auguste Baerthelé, Plan de persécutions supportées part. les sens (Aufstellung der durch alle Sinne erlittenen Qualen), schwarze Tinte auf Papier, 30 × 20,2 cm, S. 187: Collection de L'Art Brut, Lausanne.

Abb. 50. Le Voyageur français, Wasserfarben, 43 × 33 cm, zwischen 1902 und 1905, S. 189: Collection de L'Art Brut, Lausanne.

BIOGRAPHISCHE HINWEISE

Andree, Richard, Ethnologe, schrieb *„Das Zeichnen bei den Naturvölkern"*, *Mitteilungen der Anthopologischen Gesellschaft in Wien, Neue Folge, Band VII, 1887.*

Aubertin, Alphonse, genannt Lelorrain, geboren am 26. Juli 1835 in Rombas. Er machte mit der Herstellung von Feilen Bankrott und wanderte nach England aus, wo er Erfinder wurde (er erfand unter anderem eine Mangelmaschine, einen Handwärmer, einen Fußwärmer, ein Taschen-Notiz-Wörterbuch und ein mit Phosphor betriebenes Feuerzeug). Aber ihm wurden seine Erfindungen gestohlen, was ihn in den erneuten Konkurs trieb. Nach Frankreich zurückgekehrt, versucht er am 10. Dezember 1896 den bekannten Politiker Jules Ferry zu ermorden und wird in eine Irrenanstalt eingeliefert, aus der er bald unter mysteriösen Umständen wieder entflieht.

Er wird in verschiedenen psychiatrischen Werken der Jahrhundertwende erwähnt, unter anderem bei: V. Magnan et P. Sérieux, *Sur les aliénés persécuteurs,* Revue générale des Sciences, 15 décembre 1891 und Delarras, *Délire des Inventions,* Bordeaux, 1900.

Texte: *Une idée et vingt francs,* s. S. 141; *Va te faire pendre ailleure!,* Dupont, Paris, 1886, s. S. 142.

Baldwin, James Mark, amerikanischer Psychologe und Soziologe (1861–1934). Er gründete 1892 zusammen mit G. S. Hall das *American Journal of Psychology* und die American Psychological Association. Sein Forschungsgebiet erstreckte sich vor allem auf Entwicklungs- und Sozialpsychologie (*Individuum and Society,* 1910).

Barbier, Eugène, die Identität dieses Künstlers erschließt sich uns bisher nur durch seine Unterschrift, Abb. 11.

Boileau-Despréaux, Nicolas, französischer Dichter und Literaturkritiker (1636–1711), Freund von Molière und Racine. 1674 gab er in *L'Art poétique,* einem „poème didactique" in vier Gesängen, die Regeln der klassischen Lyrik wieder. 1684 wurde er Mitglied der Académie Française.

Boucher de Perthe, Jacques Boucher de Crèvecoeur de Perthes, französischer Prähistoriker (1788–1868). Die Entdeckung von Steinwerkzeugen im Flußbett der Somme bei Abbeville (1844) bestätigte seine Hypothese der Existenz eines Menschen schon vor dem Pleistozän. Er war einer der Gründer der Prähistorie als Wissenschaft (*Antiquités celtiques et antédiluviennes,* 1846).

Brisset, Jean-Pierre, französischer Literat (30. Oktober 1837–1923?). In seinen Werken widmet er sich vor allem der Suche nach einer Ursprungssprache, durch die er die akademischen Regeln der Sprache sprengt.

Veröffentlichungen: *La grammaire logique, résolvant toutes les difficultés et faisant connaître par l'analyse de la parole, la formation des langues et celle du genre humain,* Angers, 1833; *Methode zur Erlernung der Franzoesischer Sprache,* Magdeburg, 1874; *La Grammaire logique ou Théorie d'une nouvelle analyse mathématique résolvant les questions les plus difficiles et traitant à fond: 1° du participe passé, 2° du participe présent, 3° du placement des pronoms après l'infinitif. En tout, trois règles logiques, les seules vraies et sans aucune exception, résumées en douze mots, etc.,* Paris, 1878; *Le mystère de Dieu est accompli,* Angers, 1890; *La Grande Nouvelle,* 1900; *Les Prophéties accomplies (Daniel et l'Apocalypse),* Paris, 1906; *Les Origines humaines. 2ème édition de La science de Dieu, entièrement nouvelle,* Angers, 1913.

Texte infra, 149–151. *La science de Dieu ou la Création de l'Homme.* Chamuel, Paris, 1900.

Cotton, Fulmen (Joseph-Jacques-Xavier Cotton, Maurice N.), französischer Priester (Bedouin, 10. Juli 1826 – Paris, ca. 1900). Er stammte aus einer Kunsthandwerkerfamilie und wurde auf Empfehlung des Dorfgeistlichen aufs Priesterseminar geschickt. 1860 wurde er seiner Ämter als katholischer Priester enthoben und wegen „démence précoce à forme paranoïde" in die Anstalt Villejuif eingewiesen. Stationärer Aufenthalt auch in der Anstalt Bicêtre, aus der er 1870 floh. Cotton ließ sich in den Wahlen von 1871 in der Provence und 1889 als Kandidat in Clignancourt, Paris, aufstellen. 1889 wurde er aus der Wahlkampagne heraus in die Anstalt Sainte-Anne eingeliefert und später erneut in Bicêtre hospitalisiert. Aufgrund seines reichen Schaffens war er vielen renommierten Psychiatern seiner Zeit bekannt (z. B. Campagne, Lasègue, Ball, Marie u. a.) und wird in vielen Veröffentlichungen erwähnt (Régnard, Lombroso, Rogues de Fursac, Réja, Vinchon u. a.). Seine Werke befinden sich heute in der Collection de l'Art Brut in Lausanne und in der Prinzhorn-Sammlung in Heidelberg.

   Texte: *Marseillaise*, s. S. 128; *l'est dans la force des choses fortes*, s. S. 152; *C'est mon lot, mon lot d'aliéné*, s. S. 152.

Croque-Mitaine, Phantasiegestalt, um die Kinder einzuschüchtern und sie Gehorsam zu lehren.

G., Maxime, französischer Landbriefträger. Dem Werk von Rogues de Fursac, *Les écrits et les dessins dans les maladies nerveuses et mentales*, ist zu entnehmen, daß seine Erkrankung (*démence précoce à forme paranoïde*) im Alter von 35 Jahren begann. Rogues de Fursac ist sich nicht sicher, ob Maxime G. bereits vor dem Ausbruch seiner Erkrankung über Grundkenntnisse im Zeichnen verfügte. In jedem Falle soll er keine künstlerische Ausbildung gehabt haben.

Grandier, Urbain, Pfarrer von Saint-Pierre de Loudun (1590–1634). Mondäner und freizügiger Geistlicher, der sowohl die Ordensmutter Jeanne des Anges wie auch einige andere Ursulerinnen in einen leidenschaftlichen Zustand von Hysterie versetzt haben soll. Er wurde daraufhin angeklagt, sie verhext zu haben, und landete auf dem Scheiterhaufen.

Hamy, Ernest, französischer Ethnologe und Anthropologe (1842–1908), Gründer des Musée d'Ethnographie du Trocadéro (1880). Er veröffentlichte 1870 das *Précis de paléonthologie humaine* und von 1875 bis 1882 in Zusammenarbeit mit Quatrefages de Bréau die *Crania Ethnica* (anthropologisch-prähistorische Arbeiten zur speziellen ethnischen Kraniologie). Er war einer der ersten, die sich darum bemühten, die Funde der Ethnologie aus dem Kuriositäten-Kabinett zu holen und als wissenschaftliche Dokumente zu behandeln. So vergleicht er auch die Darstellung der menschlichen Gestalt bei verschiedenen Naturvölkern mit Kinderzeichnungen, *La figure humaine chez le sauvage et l'enfant*, *L'Anthropologie*, vol. 19, 1908. Auch bemühte er sich um eine historische Einordnung seiner Wissenschaft, *Les origines du musée d'ethnographie*, Paris, 1890.

Hodinos, Emile Josome (Josef Ernest Ménétrier), französischer Kupferstecher (21. September 1853 in Paris geboren, Sterbedatum unbekannt). Er begann 1869 seine Lehre bei dem renommierten Ernest-Paulin Tasset. Am 15. Dezember 1876, im Alter von 23 Jahren, wurde Hodinos in die Anstalt von Ville-Evrard eingewiesen, wo er wahrscheinlich bis zu seinem Tode verblieb (seine letzten Arbeiten datieren aus dem Jahr 1897). In Ville-Evrard vertrieb sich Hodinos seine Zeit damit, unzählige Medaillenentwürfe mit Bleistift und Tinte zu zeichnen, die er mit einem enzyklopädischen Anspruch in sorgfältig eingefügten Texten akribisch beschreibt, als ginge es darum, eine allumfassende Bestandsaufnahme der materiellen und spirituellen Welt in der Sprache der Münzkunde zu geben. Er beschreibt sich selbst wie ein Kopfbild.

   Text: *... Pour – une raison – ...*, s. S. 154.

Jousselin, Eulalie-Hortense, von ihr ist nur bekannt, daß sie 1905 in Sainte Anne, Paris, hospitalisiert wurde, später, möglicherweise bis zu ihrem Tode, in Ville-Evrard, Paris. Sie ist Autorin eines mehrbändigen Werkes mit Titeln wie: *Les Planètes rocheuses, les Erreurs de la vie*, Nouvelle édition, Chamerot & Renouard, Paris, 1895; *Encore pour les Planètes rocheuses, les erreurs de la vie. La mort du siècle*, Paris, 1897; *Aux Nations. Le lecteur est prié de lire cette brochure avec une bienveillante attention. La mort du siècle (suite)*, Paris, 1898; *La Traite en France; et Suite; l'Assassin de l'honneur; le Traître et les documents*, Paris, 1899.

Text: *Les Planètes rocheuses*, s. S. 148–149.

Lélut, Louis-François, französischer Psychiater (1804–1877). Er arbeitete in la Roquette, in Bicêtre und in der Salpêtrière. Er war Membre de l'Institut, Membre de l'Académie de Médecine und Inspecteur général de l'Enseignement (1854). 1848 wurde er Abgeordneter in der Assemblée constituante und während des Empire Senator im Corps législatif.

Werke:*Le Génie – La Raison et la Folie – Le Démon de Socrate, Paris, 1836. Traité de l'égalité, Traité de la santé du peuple* (1859); *Physiologie de la pensée* (1861).

Leroy, Théophile, wurde wegen „démence précoce" in der Anstalt Ville-Evrard hospitalisiert. Die Existenz des Autors ist nur durch seine signierten Bilder bekannt. Jean Dubuffet nannte ihn „Le Numismate".

Le Voyageur français, französischer Industriezeichner. Wahrscheinlich vor 1900 in der Anstalt Villejuif wegen „schizophrénie" hospitalisiert. Dort zeichnete er in kleinen Heften die interstellaren Abenteuer des „Voyageur français" im *Pays des Météores* auf. Einige seiner Zeichnungen befinden sich in der Collection de l'Art Brut. Jean Vinchon berichtet, daß er seine Werke mit komplexen Aquarellzeichnungen signierte, die an polierte Schnittflächen von Onyx und Achat erinnern.

Lombroso, Cesare, italienischer Mediziner und Anthropologe (1836–1909), 1862 Professor für Gerichtsmedizin in Turin. Er vertrat die umstrittene Lehre, daß das Verbrechen notwendiges Ergebnis der physiologisch-psychologischen Eigenart des Täters sei.

Genio e folia, Mailand, 1864 (ab 5. Aufl. unter dem Titel: *L'uomo di genio*, Turin, 1888); *Genie und Irrsinn*, Leipzig, 1887; *L'uomo deliquente*, 1876.

Piron, Alexis, französischer Dichter und Dramatiker (1689–1773). Er wurde in der Literatur bekannt durch *Arlequin Deucalion* (1722), ein spritziger Monolog in drei Akten, schlagfertige Antwort auf das Verbot der Comédie Française, Theaterdialoge auch auf dem Markt zu spielen. Autor der Komödie in Versen *La Métromanie*, einer Satire über Salondichter, sowie der *Poésies*, geistreiche und obzöne Sammlung von Gedichten. Berühmt wurde er durch seine bissigen *Epigrammes*, die er an die Adresse Voltaires und an die Académie Française richtete.

Raimondi, Marcantonio, italienischer Radierer (ca. 1480–1534). Nach seiner Ausbildung als Goldschmied, während der er sich bereits der Nielloarbeit widmete, wandte er sich dem Kupferstich zu und schulte sich an Arbeiten von Dürer und später auch von Michelangelo. In Rom wurde Raphael auf ihn aufmerksam: Raimondi vervielfältigte mehrere Werke des Meisters (Das Urteil des Paris, Il Massacro degli Innocenti). Auf diese Weise trug er zur Verbreitung der Renaissance-Malerei bei.

Ravallet, Albert, französischer Versicherungsangestellter (Carantan, 1848–1917). 1885 wurde er im Alter von 37 Jahre erstmalig hospitalisiert (Anstalt Sainte Anne, Paris). Fünf Jahre später wurde er nach Evreux verlegt und kam danach in die Anstalt Allier, wo er im Alter von 69 Jahren an einer Gehirnblutung starb. Er verbrachte fast die Hälfte seines Lebens in psychiatrischen Anstalten und ist Autor unzähliger Zeichnungen und Schriften.

Roustan, Honoré, französischer Autor (Roquebrune, 1821 – ca. 1901). Wegen Störung der öffentlichen Ordnung wurde er mehrfach in verschiedenen Anstalten hospitalisiert (Sainte Anne, Charenton und Bicêtre).

Werke: *Au prince Louis-Napoléon Bonaparte. Prophétie*, Blondeau, Paris, 1853; *l'Impératrice des Français*, Blondeau, Paris, 1853; *Le Mariage de l'Empereur, l'Impératrice des Français et quelques autres Poésies politiques*, Blondeau, Paris, 1853; *De la séquestration arbitraire dans les maisons de santé. Nécessité d'adoucir et de modifier le régime de ces établissements et d'en réformer le haut personnel désigné dans une liste spéciale*, libraires, Paris, 1870; *Révision légale de la Constitution. Dieu, Jeanne Darc et Napoléon IV. Vision prophétique de l'avenir. Incident arrivé à l'Assemblée nationale de Versailles …*, Dantu, Lachaud, Paris, 1876.

Saint-Rémy, Marie Andrieux, französische Autorin (1851–?) des einbändigen Werkes *Les dieux des anarchistes. Annales de l'Universellisme,* Paris, Durville, 1899.
   Text: *Les dieux des anarchistes,* s. S. 147–148.

Sardoux, Victorien, französischer Dramatiker (1831–1908), der sich im Stil Scribes und Dumas Fils dem bürgerlichen Drama widmete (*La Famille Benoîton,* 1865). Vor allem waren es aber seine historischen Stücke, die prunkvoll, aber ohne Rücksicht auf geschichtliche Fakten uraufgeführt wurden: *Patrie* (1869), *La Tosca* (1887), *Madame Sans-Gêne* (1893). 1877 in die Académie Française aufgenommen.

Schoolcraft, Henri Rowe, amerikanischer Ethnograph und Forscher (1793 – 1864). Mehrere Jahre verbrachte er bei den Indianern im Nordwesten der Vereinigten Staaten, deren spezielle Lebensweise und Sprache er studierte: *Historical and Statistical Informations Respecting the History, Condition and Prospect of the Indian Tribes of the United States of America* (1851, 1857). Eine Zusammenfassung dieses Werkes brachte Mondot unter dem Titel *Histoire des Indiens des Etats-Unis* (1858) heraus.

Sentoux, französischer Psychiater, *De l'exitation des facultés intellectuelles dans la folie,* Paris, 1867.

Spencer, Herbert, englischer Philosoph (1820–1903), Hauptvertreter des Evolutionismus (*A System of Synthetic Philosophy,* 1862, 1896).

Steinen, Karl von den, deutscher Ethnograph und Forschungsreisender (1855–1929), nahm 1882/83 als Arzt an der Südpolarexpedition zur Insel Südgeorgien teil. 1884 befuhr er als erster von Cuiabá aus den Xingu bis zur Mündung in den Amazonas und erforschte dort die Indianerstämme der Bakairi und Bororo. 1897–98 bereiste er die Marquesas-Inseln.
   Werke: *Durch Zentral-Brasilien* (1886); *Unter den Naturvölkern Zentral-Brasiliens* (1894); *Die Marquesaner und ihre Kunst,* 3 Bd. (1925–28).

Sully, James, Psychologe, Sein Werk *Studies of Childhood, London, 1903,* enthält eine detaillierte Beobachtung der Entwicklung von Kinderzeichnungen.

BIBLIOGRAPHIE DER WERKE MARCEL RÉJAS

Marcel Réja, *La vie héroïque*, Mercure de France, Paris, 1897.

Marcel Réja, *Ballets et variations*, Mercure de France, Paris, 1898.

Marcel Réja, *Introduction* à la 2ème édition de l'Inferno d'Auguste Strindberg, Paris, 1898.

Marcel Réja, *L'Art malade: Dessins de fous*, Revue Universelle, Paris, 1901, Bd. 2, 913–915 und 940–944.

Marcel Réja, *Kranke Kunst – Bilder der Verrückten*, aus dem Französischen übersetzt und mit einem Vorwort versehen durch Christoph Eissing-Christophersen und Dominique Le Parc, *La Tinaia,* ein Werkstattbuch, Baumann und Stromer, Zürich, 1991, 38–42.

Marcel Réja, *L'Art chez les Fous*, Mercure de France, Paris, 16. 8. 1907, 628–636.

Marcel Réja, *L'Art chez les Fous*, Société du Mercure de France, Paris, 1907 und 1908.

Marcel Réja, *Die Kunst der Verrückten*, Übersetzung von L'Art chez les Fous, op. cit. 1907, 1908, 5–19 und 231–235 durch Alfred Bader in Alfred Bader, Hrsg., *Geisteskrankheit, bildnerischer Ausdruck und Kunst*, Eine Sammlung von Texten zur Psychopathologie des Schöpferischen, Verlag Hans Huber, Bern, 1975, 10–21.

Marcel Réja, *Chagrins d'amour*, pièce en un acte, Paris, 1908.

Marcel Réja et Henry Vernot, *Le pain quotidien*, pièce en un acte, Paris, 1910.

Marcel Réja, *Au pays des miracles*, Editions des Portiques, Paris, 1930.

Paul Gaston Meunier, *Mesure de quelques modifications physiologiques provoquées chez les aliénés par l'alitement thérapeutique* (Doktorarbeit), Librairie G. Jacques, Paris, 1900.

Paul Gaston Meunier et N. Vaschide, *Analogies du rêve et de la folie d'après Moreau de Tours*, Archives générales de médecine, 1903.

Paul Gaston Meunier et N. Vaschide, *Les poisons de l'intelligence; le haschich; les expériences de Moreau de Tours.* Archives générales de médecine, 1903.

Paul Gaston Meunier et N. Vaschide, *Des rêves stéréotypes*, Journal de psychologie normale et pathologique, 1905.

Paul Gaston Meunier et N. Vaschide, *Essai sur une psychologie des dessins d'enfant*, Revue d'hygiène et de Médecine, 1906.

Paul Gaston Meunier et Auguste Marie, *Notes sur les dessins stéréotypes d'un dément précoce*, Journal de psychologie normale et pathologique, 1907.

Paul Gaston Meunier et Auguste Marie, *A propos de recherches ergographiques dans la chorée avec troubles menteaux,* Journal de psychologie normale et pathologique, 1908.

Paul Gaston Meunier et N. Vaschide, *Projection du rêve sur l'état de veille*, Revue de Psychiatrie (undatiert).

Paul Meunier et René Masselon, *Les Rêves et leurs interprétations, essai de psychologie morbide*, Collection de psychologie expérimentale et de métapsychie, Paris, 1910.

Paul Gaston Meunier, *A propos de l'onirothérapie,* Archives de Neurologie, Paris, März 1910.

Paul Gaston Meunier, *Valeur séméiologique du rêve,* Journal de Psychologie, Bd. VII, Paris 1910, 41–49.

Paul Gaston Meunier, *Les rêveurs, les désemparés,* Bd. 1 und 2, Paris, 1913.

Paul Gaston Meunier, L. Lortat-Jacob, *Les patins correcteurs (contre-varus et contre-équin),* Presse médicale, Paris, 1916.

AUSGEWÄHLTE LITERATURHINWEISE

Blavier, André, *Les Fous littéraires*, Paris, 1982.

Edelmann, Michèle und A. Wolff, *La Collection du Docteur A. Marie* in Publications de la Collection de L'Art Brut, Fascicule 9, Paris/Lausanne, 1973.

Hulak, Fabienne, *Fulmen Cotton. D'un cas d'école à l'archéologie du sinthome*, in *La Mesure des Irréguliers*, hrsg. von Fabienne Hulak, Nice, 1990.

Jadi, Inge, *Nouveaux aspects de la collection Prinzhorn* in *Psychologie médicale*, 1986, 18, 9: 1403–1409.

Jadi, Inge (Hrsg.), *Leb wohl sagt mein Genie, Ordugule muß sein*, Verlag Das Wunderhorn, Heidelberg, 1995.

Levaillant, Françoise, *L'analyse des dessins d'aliénés et de médiums en France avant le Surréalisme*, in *La Mesure des Irréguliers*, Nice, 1990.

Mac Gregor, John M., *The Discovery of the Art of the Insane*, Princeton University Press, Princeton, New Jersey, 1989.

Regnard, Paul, *Sorcellerie, magnétisme, morphinisme, délire des grandeurs (Les maladies épidémiques de l'ésprit)*, Paris, Plon, 1887.

Rogues de Fursac, Joseph, *Les écrits et les dessins dans les maladies nerveuses et mentales*, Paris, 1905.

Thévoz, Michel, *Art Brut, Psychose et médiumnité*, Paris, 1990.

Thévoz, Michel, *Le langage de la rupture*, Paris, 1978.

Thévoz, Michel, *Ecrits bruts*, Paris, 1979.

Thévoz, Michel, *Détournement d'écriture*, Paris, 1989.

Jean Vinchon, *L'art et la folie*, Paris, 1924.

NAMENSREGISTER

A

Abélard 147
Aloise 12
Ameline, Sammlung 25
Andree, Richard 104, 106
Apollon 112, 130, 131
Aristoteles 17, 130
Artaud, Antonin 10
Assurbanipal 155
Aubertin, Alphonse 141, 142
Augustin, St. 147

B

Baerthelé, Auguste 55
Bagneux 120, 121
Baldwin, James Mark 87
Barbier, Eugéne 51
Bassompierre, François de 133
Baudelaire, Charles 3, 134
Béhanzin 123
Bérenger (Loi) 141
Berthelot, Marcellin 143
Boileau-Despréaux, Nicolas 112
Boucher de Perthes, Jacques 100
Brisset, Jean-Pierre 10, 149, 150, 151

C

Caesar Augustus 32
Carnot, Sadi 143
Chatterton 130
Christ 128
Claudel, Camille 12
Cotton, Xavier Fulmen 11, 53, 126, 127, 128, 152
Croque-Mitaine 98

D

Dalilah 134
de Senlis, Séraphine 12
Dodds, Alfred Amédée 123

E

Eluard, Paul 2
Enghien, Herzog von 113
Ensor, James 11, 27
Epinal 27
Ernst, Max 1, 2

Erzengel Gabriel 147
Erzengel Michael 148

F

Fontange 133
Fra Angelico 28
Freud, Sigmund 1, 4

G

G., Maxime 61, 63, 65
Gambetta, Léon 143
Gott 140, 141, 149, 153
Grandier, Urbain 131

H

Hamy, Ernest 106
Hodinos, Emile-Josome 11, 73, 155
Hodler, Ferdinand 2
Hugo, Victor 129
Hydren 129

I

Ikarus 113

J

Janet, Pierre 4, 8, 9
Jeanne d'Arc 152, 153
Jesu(s) 32, 132, 133
Jousselin, Eulalie-Hortense 148
Joyce, James 10

K

Kandinsky, Vladimir 9
Kasperle 139
Klee, Paul 1, 2, 10, 11
Krösus 133

L

Ladame, Charles 2
Larousse, Verlag 157
Laude, Jean 6
Le Voyageur français 9, 11, 67, 69, 71
Lélut, Louis-François 17
Leo XIII. 122
Leroy, Théophile 83, 85, 163
Levaillant, Françoise 1
Lévi-Strauss, Claude 6

SACHREGISTER

ZU DEN AUTOREN UND HERAUSGEBERN

Christoph EISSING-CHRISTOPHERSEN
geboren 1950 in Schleswig, Arzt, Psychotherapeut und Systemrevisor in Hamburg. Langjährige Arbeits-Beziehung zur italienischen Kunst-Cooperative „La Tinaia" in Florenz. Ausstellungsorganisation und Veröffentlichungen zum Art Brut. Er schreibt zu den Bereichen Wahrnehmung und Design von Systemen.

Dominique LE PARC
geboren 1961 in Quimper, Studium der Darstellenden Kunst und der Germanistik. Regisseur und Szenograph. Lehrtätigkeit u. a. an der Hochschule der Künste Berlin, Medienberater. Er schreibt zu den Bereichen Phänomenologie des Theaters und des Fernsehens.

Michel THEVOZ
geboren 1936, ist Direktor der „Collection de l'Art Brut" und Professor für Kunstgeschichte in Lausanne. Er ist Autor zahlreicher Werke im Überschneidungsfeld von Ästhetik, Soziologie und Psychoanalyse.

SpringerKunst

Hans Prinzhorn

Bildnerei der Geisteskranken

Ein Beitrag zur Psychologie
und Psychopathologie der Gestaltung

Mit einem Geleitwort von Gerhard Roth

Fünfte Auflage
1997. 187 Abbildungen. XIV, 361 Seiten.
Gebunden DM 98,–, öS 686,–
ISBN 3-211-82976-8

Das erstmals 1922 im Verlag Julius Springer, Berlin, erschienene Werk „Bildnerei der Geisteskranken" von Hans Prinzhorn ist heute längst ein Klassiker. Entstanden sind diese Werke zwischen 1890 und 1920. Generell galten damals Bilder von Geisteskranken als erstaunliche, aber im Grunde unverständliche Hervorbringungen eines geistigen Totenreiches. Für Prinzhorn waren sie Durchbrüche eines allgemein menschlichen Gestaltungsdranges, der den autistischen Abkapselungstendenzen der Geisteskrankheit entgegenwirkt. Prinzhorn war vor allem an den in den Bildwerken wirksamen formalen Gestaltungsprinzipien interessiert, z.B. an dem elementar sich durchsetzenden, überwuchernden Symbolbedürfnis der Kranken oder an ihren ornamentalen, iterierenden Ordnungstendenzen. Die unbestreitbare Kunstleistung mancher dieser Kranken hat ihn besonders beeindruckt und er hat es verstanden, ihre Leistungen durch seine vergleichende Methode dem Leser nahezubringen.

 SpringerWienNewYork

A-1201 Wien, Sachsenplatz 4–6, P.O.Box 89, Fax +43-1-330 24 26, e-mail: order@springer.at
Internet: http://www.springer.at
New York, NY 10010, 175 Fifth Avenue • D-14197 Berlin, Heidelberger Platz 3
Tokyo 113, 3-13, Hongo 3-chome, Bunkyo-ku